MARQUIS DE LA FRANQUERIE

LA MISSION DIVINE
DE LA FRANCE

Marquis de la Franquerie
André Henri Jean Lesage
(1901-1992)

La mission divine de la France
1955

Publié par
Omnia Veritas Ltd

www.omnia-veritas.com

PRÉFACE DE LA SIXIÈME ÉDITION 7
QUELQUES LETTRES REÇUES LORS DE LA PREMIÈRE ÉDITION 12
    Archevêché de Rouen *12*
    Archevêché de Besançon *13*
    Évêché de Maurienne *14*
    Évêché de Nîmes *15*

PRÉFACE POUR LA DEUXIÈME ÉDITION 18
AVANT-PROPOS DE LA PREMIÈRE ÉDITION 21
AVANT-PROPOS DE LA DEUXIÈME ÉDITION 26
AVANT-PROPOS DE LA CINQUIÈME ÉDITION 28

LIVRE I – LA MISSION DIVINE DE LA FRANCE 31
    LE PACTE DE TOLBIAC 41
    LE BAPTISTÈRE DE REIMS 46
    LA SAINTE AMPOULE 50
    LES ARMES DE FRANCE 54
    LE TESTAMENT DE SAINT REMY 57
    LE SACRE DES ROIS DE FRANCE 63
        ORIGINE DU SACRE DES ROIS CONSIDERATIONS GENERALES *63*
        SA SIGNIFICATION *68*
        LA VILLE DU SACRE *69*
        LA CÉRÉMONIE DU SACRE *70*
    LES MIRACLES DES ROIS DE FRANCE LA GUÉRISON DES ÉCROUELLES 85
    LE JEUDI SAINT DES ROIS DE FRANCE 92
    LE ROI PÈRE DE LA FRANCE ET DE TOUS SES SUJETS 95
    LE CHRIST CLEF DE VOÛTE DE L'ANCIENNE FRANCE ET ROI UNIVERSEL DES SIÈCLES ET DE L'ÉTERNITÉ 105
    CONCLUSION DU LIVRE I : VERS L'AVENIR LA LOI SALIQUE ET LE CHOIX DIVIN 107
        PRIERE DES FRANCS *123*

LIVRE II – LA MISSION DE LA FRANCE PROUVÉE PAR SON HISTOIRE 125
    PREMIÈRE PARTIE : LES DROITS DE DIEU CHARTE DE LA FRANCE JUSQU'À 1789 125
        DE CLOVIS À SAINT LOUIS *125*

La France et ses rois entraînent le monde chrétien aux croisades 134
L'incarnation vivante du roi très chrétien : Saint-Louis 145
La première infidélité de la France entraîne son premier châtiment 151
La mission de Jeanne d'Arc 155
JEANNE D'ARC : TELLE FUT LA REPONSE DIVINE. *155*
Les fautes des derniers Valois entraînent leur châtiment 167
Le règne de Louis XIII et la consécration de la France à la Vierge 172
Fondation de Notre-Dame-des-victoires et institution de la procession du 15 aout *173*
Naissance miraculeuse de Louis XIV 177
CONSÉCRATION DE LA FRANCE À LA VIERGE *180*
Louis XIV 188
Louis XV 196
Louis XVI, le roi martyr 199
L'esprit apostolique de la royauté française 234

DEUXIÈME PARTIE : LA NÉGATION DES DROITS DE DIEU LES DROITS DE L'HOMME CHARTE DE LA FRANCE DEPUIS 1789 241

Les régimes se succèdent et s'écroulent 241

LE PLUS GRAND DES CHÂTIMENTS : LA RÉPUBLIQUE 266

I – La troisième république 266
LA RÉPUBLIQUE CONTRE LA FAMILLE. *278*
LA DIPLOMATIE RÉPUBLICAINE. *281*
LA RÉPUBLIQUE CONTRE L'ARMÉE ET LA MARINE. *286*
LA RÉPUBLIQUE CONTRE LES TRAVAILLEURS. *288*
LA JUSTICE RÉPUBLICAINE. *290*
II – Le gouvernement restaurateur du maréchal Pétain 293
III – La Quatrième République proclame la laïcité de l'état et consomme la destruction de la France 296

CONCLUSION CERTITUDE DU SALUT MIRACULEUX DE LA FRANCE 300

COURAGE ET CONFIANCE. *303*

DÉJÀ PARUS 310

Préface de la sixième édition

« *Aimons les défenseurs de la Vérité. Ils ne sont que des hommes et peuvent avoir des défauts ; mais en défendant la Vérité, ils rendent à la Société, à l'Église et à Dieu Lui-même, le premier de tous les services. Plus je réfléchis, plus je suis consterné de la masse d'idées fausses dans lesquelles nous nous noyons ; plus je comprends cette décadence absolue de tant de peuples que nous retrace l'histoire.*

« *C'est l'erreur plus que le vice qui les a perdus. Le grand mal vient des sophistes qui se font une renommée en donnant une forme entraînante à l'erreur. Le vice et même le crime ont des limites, l'erreur n'en a pas.*

« *Il faut donc dire la vérité sans finesse, ni stratégie habile. Je ne connais rien de plus dangereux que les gens qui propagent des idées fausses, sous prétexte que la nation ne voudra jamais y renoncer. Si elle n'y renonce, elle périra ; mais ce n'est pas un motif pour accélérer la décadence en adoptant l'erreur. Il n'y a d'autre règle de réforme que de chercher le vrai et de le confesser sans réserve quoiqu'il arrive. Je conçois qu'un homme prudent se taise momentanément sur le vrai, bien que je condamne cette prudence, mais je repousse tout homme qui se rallie par politique à l'erreur* ».

MGR DELASSUS,
SEMAINE RELIGIEUSE DE CAMBRAI, 1884, P. 735

Le Marquis de La Franquerie fut pour ma génération un Maître, un exemple, un ami, un conseiller, un apôtre.

Un Maître, car ils furent peu nombreux[1] ceux qui nous firent

---

[1] Ne pas oublier aussi les noms des Léon de Poncins, Pierre Virion, Jean Vaquié, qui

découvrir et enseigner les vérités historiques et religieuses qui, combattues, haïes, oubliées, sauveront demain la France et l'Église. Il nous fit découvrir le Cardinal Pie, Mgr Jouin, Mgr Delassus, les abbés Lémann, les Holzhauser, Barbier, Ayrolles, Dessailly, Vial, et tant d'autres dont plus personne ne parlait. Pour lui, et pour nous maintenant, un seul vœu : que *SON Règne arrive*.

Un exemple de courage, d'obstination, d'humilité, de prière. Ne reniant rien, fidèle à ce qui a toujours été cru et fait, ridiculisé, moqué, méprisé, il fut pourtant à l'origine de nombreuses et durables conversions. Je n'oublierai jamais la leçon qu'il nous donnait en allant, malgré son grand âge, faire des conférences aux quatre coins de la France, à dix ou vingt fidèles, lui qui avait parlé devant des assemblées où se bousculaient des centaines d'auditeurs, dont des évêques et même des cardinaux. Il fallait transmettre le flambeau. Il fallait faire prier pour que *SON Règne arrive*. Il le fit. Il nous apprit à le faire.

Un ami attentif, indulgent, chaleureux. Pendant cinq ans, en sa présence et par son enseignement nous avons pu approfondir, lors des *Universités d'été Le Christ Roi de France*, tout ce que nous devions purifier dans notre mémoire, notre intelligence, notre volonté pour que *SON Règne arrive*.

Il nous fut aussi un conseiller prudent, sûr, compétent, dans notre projet de recherche exhaustive et d'étude approfondie des vrais Maîtres, ceux que nous avons appelés : *L'École antilibérale*. Seuls, ces Maîtres ont bien compris, expliqué l'origine du mal ; seuls ils

---

furent ses amis les plus chers et les rares défenseurs des mêmes idées.

ont donné les véritables solutions pour que *SON Règne arrive.*

Enfin, il restera pour nous l'apôtre qui sait enseigner, pardonner, encourager. Exemple de Foi et de vertu, de patience, de confiance, d'amour de Dieu et du prochain, supportant avec indulgence et sourire notre fougue impétueuse, il sut nous apprendre, à moi et mes amis, qu'*Il Règnera*, mais seulement quand nous aurons compris que toute *Sa Sainte Volonté sera Faite quand SON NOM sera Sanctifié.*

Au *Jésus hors-la-loi de la Révolution*, il n'y a qu'une réponse : *Jésus-Christ, Roi de France.* AU NON REPOND LE NOM.

Terminons par cette page prophétique, que l'éminent Père Ayroles en 1885, dans *Jehanne d'Arc sur les autels et la régénération de la France* (p. 352), nous a transmise. Il nous confirme que ces vrais Maîtres ont enseigné avec persévérance *ce que Dieu veut :*

"Prends l'Étendard de par le roi du ciel, et cela hardiment, Dieu t'aidera ; les saintes aimaient à répéter ces paroles à la libératrice.

"Du haut des autels, elle nous les fait entendre à son tour. S'il est une parole qui puisse RESSUSCITER LA VRAIE FRANCE, c'est celle-là ; s'il est un drapeau qui puisse rallier tous ceux qui veulent voir la patrie se redresser, c'est le DRAPEAU DE JEHANNE D'ARC. Tout le programme de la contre-révolution y est inscrit, puisqu'il signifie : JESUS-CHRIST ROI.

"Rien de plus court, et rien de plus plein : rien de plus patriotique, rien de plus propre à remuer toute fibre française. "On peut être

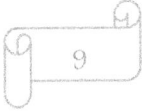

divisé sur une foule d'autres points accessoires, et aimer la France ; on ne peut renier celui-là, sans se ranger dans le parti de la *fausse France* et renier le pays.

"Ce programme fut celui que la France proclama au lendemain de son baptême, c'est-à-dire de sa naissance. On lit en tête de la loi salique : « Vive Jésus-Christ qui aime les Francs », et encore : « Quand par la grâce de Dieu Clovis eut reçu le premier le baptême, tout ce qui se trouva de contraire au christianisme dans le PACTE (code) fut amendé excellemment et corrigé ainsi qu'il suit ».

"La France n'a jamais abjuré ce pacte et ceux qui en son nom en inscrivirent un tout contraire agissaient sans mandat, ou plutôt au rebours de leur mandat.

"Jésus-Christ roi ! Ce programme, la vieille France nous le lègue brûlant des ardeurs de quatorze siècles (quinze aujourd'hui) scellé du sang de cent générations.

"La vieille et glorieuse mère "tressaillera dans la poussière du tombeau et des siècles, "le jour ou des hommes de cœur le publieront hautement ; "elle nous reconnaitra pour ses fils ; "elle nous reconnaitra de son sang, "parce qu'elle retrouvera ses accents dans notre voix, "et ses enthousiasmes dans les flammes de notre cœur. "Elle se sentira revivre.

"Ce qui fut l'âme de la vieille France sera l'âme de la nouvelle ; "et la chaine des temps sera renouée".

LA MISSION DIVINE DE LA FRANCE

Il veut régner sur la France et par la France sur le monde

Mgr Delassus.

Le Marquis de La Franquerie aurait voulu voir le Règne du Sacré-Cœur et assister à Reims au Sacre de Son LieuTenant. Le Bon Dieu ne le permit pas. Mais s'Il l'a rappelé à Lui, c'est pour lui faire partager du Ciel le Triomphe de Sa Sainte Mère qui sera par Elle, le Triomphe de Son Divin Cœur. C'est certainement l'objet des prières qu'il fait avec tous les Saints de France auprès de la Très Sainte Trinité. Unissons-nous à leur prière.

Pour nous le Marquis de la Franquerie restera dans l'histoire

L'apôtre de *la mission divine de la France.*

Le 1er octobre 2001
en la fête de saint Rémy,
apôtre des francs

Louis-Hubert Rémy président des *amis du christ roi de france.*

MARQUIS DE LA FRANQUERIE

QUELQUES LETTRES REÇUES
LORS DE LA PREMIÈRE ÉDITION

Rome, 23 décembre 1926.

Le Cardinal Billot offre ses meilleurs remerciements à M. de la Franquerie pour l'hommage de son livre sur *La Mission Divine de la France*. On y trouve assurément beaucoup de belles pages, mais aucunes ne valent celles du dernier chapitre : Le plus grand des châtiments : la République.

Archevêché de Rouen

Rouen, le 24 septembre 1926,

Votre livre, *La mission divine de la France* n'est, suivant votre propre expression, qu'une ébauche. Comment épuiser en un court volume les immenses miséricordes et la complaisance de Dieu pour Son peuple ? En nous annonçant une œuvre puissante, cette étude nous en donne l'avant-goût. À certaines heures de notre histoire, les signes de Dieu furent éclatants, s'ils se font plus rares aujourd'hui, nous n'oublions pas cependant les apparitions célèbres du XIXè siècle. Elles ont été des rappels de la vocation de la France. Notre mission continue, mais notre ingratitude envers le Seigneur, depuis la guerre, risque de la faire passer en d'autres mains. Votre livre ramène opportunément aux plus fécondes réflexions sur les desseins de la Providence à notre endroit et les conditions de notre grandeur nationale. Prenons conscience de notre glorieux destin,

Croyez, Monsieur, à mes félicitations et à mes sentiments dévoués.

ANDRÉ, Archevêque de Rouen.

Archevêché de Besançon

Besançon, le 1er octobre 1926.

Monsieur de la Franquerie,

J'ai lu avec le plus vif intérêt votre beau livre *La Mission Divine de la France.*

Que Notre Seigneur Jésus-Christ ait fait de la France Son royaume, et de notre peuple, Son peuple de prédilection, il est difficile de le nier !

Je vous félicite donc de l'avoir prouvé surabondamment, et mis en relief saisissant, les gloires ou les abaissements de notre Nation, selon qu'elle s'est montrée, unie à ses Chefs, fidèle ou infidèle à sa mission, à sa vocation.

Veuillez agréer, Monsieur de La Franquerie, avec mes remerciements, l'assurance de mes respectueux sentiments, LOUIS, Archevêque de Besançon.

Mgr. A. Baudrillart, de l'Académie Française, Évêque d'Himéria, Recteur de l'Université Catholique, s'excuse de remercier si tardivement M. de la Franquerie de l'envoi de son ouvrage, arrivé pendant une de ses absences. Il le félicite de sa haute inspiration et de ce commentaire éloquent du *Gesta Dei per Francos*.

Paris, le 12 décembre 1926.

Évêché de Maurienne

Saint-Jean-de-Maurienne, le 30 septembre 1926.

J'ai reçu en effet l'ouvrage dont vous avez bien voulu me faire gracieux hommage. Merci de tout cœur. Je l'ai parcouru vivement et me suis laissé entraîner à le lire jusqu'au milieu. C'est vous dire l'intérêt qu'il m'a inspiré. Oui ! ce sont des idées vraies... Il me souvient les avoir exposées, dans les grandes lignes à Gênes, en une conférence donnée à la Jeunesse Universitaire catholique. C'était en mai 1914 ! Ces idées frappèrent l'auditoire et je me permis même d'annoncer la prochaine guerre (je ne la croyais pas imminente ! !) et son résultat avec l'Italie revenue à sa Sœur Latine... J'avoue que ce ne fut pas accepté de même façon. Je tins bon, avec l'affirmation très nette et catégorique de ma certitude du succès Latin... Je finis par en imposer à mon auditoire quelque peu turbulent. J'ai revu, je revois ces jeunes hommes depuis... et nous reprenons ce thème ! Hélas ! l'Italie actuelle est plus loin de nom que l'Italie de 1914 ! Et il devrait, et si facilement il eût pu en être tout autrement. Pauvres gouvernants de notre France !

Reste l'avenir... Il est à Dieu ; mais il faut y croire fermement et le préparer ; des ouvrages comme le vôtre y contribuent surtout si au lieu de la simple esquisse qu'il est, il devient un ouvrage plus important.

Merci de tout cœur et religieux sentiments.

Auguste GRUMEL, Évêque de Maurienne.

P.S. J'oubliais de vous féliciter d'avoir bien noté et fait ressortir la différence essentielle qui vous sépare du point de vue de Bainville, dont l'Histoire a quelque peu étonné nombre de catholiques et de prêtres. Pour nous, Français catholiques, il y a erreur historique à démarquer l'histoire de France en y voyant seulement une suite d'éléments humains, ce qui la rend absolument incompréhensible et inexplicable.

Le Puy, 17 novembre 1926.

L'Évêque du Puy-en-Velay vous remercie vivement de votre hommage.

Vous avez réuni dans un faisceau serré et lumineux toutes les gloires saines, parce que chrétiennes, de notre France. C'est une heureuse et féconde idée d'établir le parallèle des fidélités et des gloires de la France, des abandons et des humiliations de notre pays. Vous l'avez mis en relief avec une belle clarté, avec une conviction qui trahit vos nobles sentiments de chrétien et de patriote. Avec ses plus chaleureuses félicitations.

NORBERT, Évêque du Puy-en-Velay.

Évêché de Nîmes

Nîmes, le 23 octobre 1926.

Vous avez eu la délicate attention de m'envoyer votre ouvrage : *La Mission Divine de la France*, qui n'est, dites-vous qu'une ébauche et les premières pierres d'un plus bel édifice. Je vous remercie. Vos pages sont fortes et consolantes. Les heures sombres que nous vivons risqueraient de nous faire douter de l'avenir de notre pays, si l'étude du passé, l'action visible de la Providence ne nous avertissait pas que nous avons des promesses de vie. Votre ouvrage apportera ce qui manque à l'histoire de France de Bainville. Les événements ont un fil conducteur que la belle intelligence de Bainville a cherché dans une évolution fatale, tandis que c'est Dieu qui le tient dans Sa main. Je vous félicite d'avoir complété le grand historien et d'avoir écrit l'histoire d'une France Catholique d'une plume catholique.

Veuillez agréer, Cher Monsieur, l'assurance de mes sentiments dévoués.

JEAN, Évêque de Nîmes.

Versailles, le 3 avril 1928.

Cher Monsieur,

Je vous remercie de m'avoir fait remettre *La Mission Divine de la France*. C'est avec la plus entière satisfaction que je le lis.

Il mériterait d'être entre les mains de tous les vrais Français. Ils y verraient que, de par Dieu, le salut de la France est dans son retour

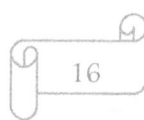

à une Monarchie Chrétienne.

Veuillez croire, Cher Monsieur, à tout mon religieux dévouement.

CARON, Prélat de la Maison de Sa Sainteté,
Ancien Supérieur du Petit Séminaire.

* * *

À ces lettres, nous tenons à associer le souvenir de S.G. Monseigneur Nègre, Archevêque de Tours, qui aimait à répandre notre étude. Il nous l'a bien souvent affirmé. Nous n'oublions pas non plus l'intrépide Monseigneur Marty, Évêque de Montauban, qui, le jour même où il avait reçu ce petit livre, avant même de le lire, avait voulu immédiatement nous écrire : « Dès aujourd'hui, je veux vous envoyer mon affectueux merci avec mes vœux pour le plein succès de votre ouvrage ». Tous deux nous témoignaient une très affectueuse bienveillance et nous honoraient de leur confiance. Ils ont été des guides très sûrs, un réconfort puissant et une lumière très vive pour notre âme au milieu de nos luttes pour la défense de la vérité totale, vérité qui unit dans un même amour Dieu, la France et le Roi.

Préface pour la deuxième édition

Le temps est aux histoires et à la philosophie de l'histoire. Un récent travail de M. Jacques Bainville, par exemple, a connu un des plus gros succès de librairie de ces dernières années. Mais on sait les lacunes de l'ouvrage. Il est d'un royaliste d'Action Française malheureusement incroyant, et l'auteur vise, surtout à y définir l'œuvre politique de la monarchie capétienne : d'où l'unité, l'intérêt et aussi les limites de son remarquable essai. Car, au-dessus des desseins même les plus sages d'un gouvernement ou d'une dynastie, plane, pour nous catholiques, l'action de la Providence. Action permanente et visible, sinon pour nos faibles yeux dans tout le détail de la vie des peuples, du moins dans ses lignes principales au courant des siècles. Ainsi saint Augustin, Bossuet, de Maistre ont-ils su saisir les traits de ce gouvernement divin à travers l'histoire universelle. Et comment n'en trouverait-on pas les traces à travers nos quinze cents ans d'histoire de France ? M. A. L. de la Franquerie s'est efforcé à bon droit de les relever.

Oui, au-dessus de nos dynasties nationales, il est un Souverain qui n'a cessé de régner sur notre pays depuis les origines. Roi Tout-Puissant, maître de la terre entière, mais qui S'est réservé d'exercer plus particulièrement sur nous Son empire. C'est Jésus-Christ. Et ce Roi, mieux encore que Ses lieutenants en terre, a eu sur nous Ses manifestes desseins séculaires, attentifs et persévérants, attestés par des milliers de monuments authentiques et par de glorieuses légendes incorporées aujourd'hui à toute notre vie nationale. Il n'est pas permis à un catholique d'ignorer, de méconnaître ou de taire cette autre Histoire de la France sur le plan surnaturel. Elle seule rend pleinement compte, plus que la constance politique de nos princes ou la valeur militaire de nos soldats, de ces longues réussites qui ont placé, au-dessus du miracle grec ou du miracle romain, ce qu'il est beaucoup plus légitime d'appeler le « miracle français », chef-d'œuvre le plus complet de la plus haute civilisation « indivinement » irréalisable parmi les hommes, selon le grand mot de Joseph de Maistre.

M. A. L. de la Franquerie donne excellemment les actes de cette souveraineté, très réellement exercée par le Christ sur la France, depuis le baptême de Clovis jusqu'à nos jours ; et s'il ne se pique, dans le choix de ses documents ni de sévérité critique ni d'érudition oiseuse, du moins a-t-il le mérite de fournir toutes les pièces importantes, susceptibles d'être versées au procès, depuis le légendaire testament de saint Remy jusqu'au secret de la Salette. Sous ce rapport, son travail, complet, clair, bien ordonné, peut rendre les meilleurs services au lecteur et même aux conférenciers.

Il complète et corrige ce que celui de M. Jacques Bainville avait de trop rationaliste pour des catholiques d'Action Française [2], soucieux de ne laisser laïciser ni notre passé ni notre avenir par leurs amis pas plus que par leurs ennemis. Le rôle des Sectes est suffisamment indiqué, et nul doute que sur ce canevas facile, à

---

[2] L'auteur tient à préciser qu'il n'appartient pas à l'Action Française et est Royaliste de droit divin.

force de recherches, de mises au point et d'éloquence, le jeune écrivain n'arrive à élever peu à peu un monument de dimensions plus vastes sur des bases consolidées, tout à fait digne de sa foi, de son zèle et de son talent.

Telle puisse être du moins sa récompense.

E. JOUIN, Protonotaire apostolique,
Curé de Saint-Augustin.

Avant-propos de la première édition

L'an dernier, nous devions prendre la parole, dans une réunion de Jeunesse au Sacré-Cœur ; à cet effet nous avions jeté quelques pensées sur le papier ; mais une cérémonie de famille nous a empêché de réaliser notre désir. Les idées que nous voulions développer alors résument le but de cet ouvrage : éclairer les âmes droites et servir la France. Nous croyons donc pouvoir en transcrire ici quelques-unes à titre d'avant-propos :

MES CHERS AMIS,

Sans autre préambule, entrons dans le vif du sujet. Depuis longtemps déjà, mais plus spécialement depuis la Guerre, nous assistons à un spectacle effrayant d'anarchie dans tous les domaines : religieux [3], international, politique, intellectuel, artistique, social, économique, financier, etc. et enfin familial. Si la Famille elle-même est atteinte, c'est la preuve que le mal est très profond ; quand le Père n'est plus respecté, la société court aux abîmes, car la Famille est à la base de tout l'édifice.

---

[3] Nous appliquons le terme *anarchie* dans le domaine religieux aux ravages causés par les hérésies et les erreurs de l'américanisme, du sillonnisme, du modernisme et de l'immanentisme qui découlent toutes du libéralisme et ont imprégné un grand nombre d'âmes, pleines de bonne volonté, qui le plus souvent ne se rendent pas compte de l'erreur dans laquelle elles vivent.

Pourquoi la Famille, après la société, a-t-elle été atteinte ? La raison est simple, on a voulu rejeter Dieu de la Nation !

Le mal remonte très loin, à ces philosophes tous soudoyés par la Prusse et l'Angleterre qui pervertirent l'Âme Française en lui inoculant, goutte à goutte, le venin maçonnique et protestant.

L'école historique actuelle tend de plus en plus à montrer que, ce que certains appellent la « grande Révolution » fut avant tout, l'œuvre de l'étranger... N'est-ce pas un Anglais, Robert Pigott, qui inventa le bonnet phrygien ; un autre, Thomas Paine, qui rédigea les « Immortels Principes de la Déclaration des Droits de l'Homme et du Citoyen » !

Quel intérêt avaient donc les Puissances Protestantes à provoquer la Révolution chez nous ? Le voici : En 1789, la France était le premier Pays du Monde. Pas un coup de canon ne se pouvait tirer en Europe sans son consentement. C'était elle qui dirigeait les autres Peuples !... Aujourd'hui nous la voyons tantôt à la remorque de l'Angleterre, tantôt à celle de l'Allemagne ; tellement peu respectée que notre belle langue française qui avait, même après la défaite de 1870, conservé le privilège d'être la seule langue diplomatique, l'a perdu après la victoire de 1918 !

Avant la Révolution, la France était le Pays le plus prolifique et le plus peuplé... Aujourd'hui le fléau de la dépopulation nous ronge et s'il continue, nous fera descendre au rang de petite Puissance.

Hier elle était le Pays le plus prospère, le plus riche et le plus uni... Aujourd'hui, on ne veut plus travailler, on veut jouir ; la banqueroute est à nos portes et aussi la guerre civile, qui débute le plus souvent par la guerre religieuse !

Naguère on était passionné pour la gloire de la Patrie... Aujourd'hui on traîne le Drapeau dans le fumier ! Un seul mot poignant résume la situation : la France se meurt !... La France se meurt d'avoir renié son Dieu et ses traditions ancestrales.

Le voilà le résultat qu'ils ont recherché, nos ennemis ! C'est qu'ils avaient bien compris que tant que notre France serait fidèle à ses traditions catholiques, elle serait forte : l'Histoire était là pour le leur prouver. Que fallait-il donc pour nous arracher le premier rang que nous tenions ? Nous déchristianiser... Et pour nous déchristianiser... abattre tout d'abord le Trône, pour pouvoir atteindre ensuite l'Autel, ainsi préalablement désarmé... »

Ce sont ces traditions ancestrales, c'est cette mission providentielle de la France dans le Monde, que nous voulons exposer brièvement. Combien de Français vont répétant : « *GESTA DEI PER FRANCOS* », qui ne pourraient pas prouver seulement par quelques faits l'exactitude de ce glorieux adage. Elle est trop ignorée, cette mission, et pourtant elle est la clé de voûte de toute notre Histoire, l'explication du passé et le garant de l'avenir.

Des ouvrages importants ont été publiés sur ce sujet, mais la plupart de nos Prêtres et des Fidèles ne les connaissent pas. Nous avons pensé qu'un petit livre pourrait être utile pour rappeler aux Catholiques le glorieux passé de notre France, de cette France qui unissait dans un même amour les deux Architectes qui ont cimenté tous ses éléments épars et en ont fait un bloc d'une solidité telle qu'aucune épreuve n'a pu le désagréger : DIEU ET LE ROI !

Le lecteur verra que nous nous sommes appuyés tout au long du récit sur le témoignage et les appréciations de Prêtres, de Prélats, de Papes ; c'est à dessein, le sujet chevauchant également sur les questions politiques et religieuses. Puisse ce petit livre, en faisant connaître un peu plus notre Histoire, faire l'union de tous les honnêtes gens « au Saint Royaume de France ». « L'histoire imparfaitement observée nous divise : c'est par l'Histoire mieux connue que l'œuvre de conciliation doit commencer », a dit l'un des plus grands Maîtres de la science historique Fustel de Coulanges. C'est là tout le but de ce modeste travail.

Il soulèvera sans doute des critiques, nous serons heureux de les connaître. Mais dès maintenant nous tenons à déclarer que nous ne répondrons pas à ceux qui nous blâmeraient de nous appuyer sur des faits surnaturels, dûment contrôlés ; car nous faisons nôtre ce jugement de l'Abbé Darras dans son Histoire de l'Église[4] :

« La physionomie d'une époque n'est vraie, qu'autant qu'elle est complète : la scinder, c'est la travestir et au lieu d'un portrait il ne nous reste entre les mains qu'une caricature...

« Voilà pourquoi on peut considérer comme un crime de lèse-Nation chez les Écrivains modernes, le silence de parti-pris ou de détestable respect humain, qui force les uns ou les autres à supprimer dans notre Histoire nationale tout ce qui est

---

[4] *Histoire Universelle de l'Église*, t. XII, p. 387-388.

profondément vital, c'est-à-dire l'intervention de Dieu ou de Ses Saints ».

Nous ne voulons pas être de ceux-là ! nous souvenant, comme le dit Pierre l'Ermite, que « le plus pauvre écrit qui défend les idées éternelles, pèse plus devant Dieu que le volume à succès que s'arrachent les mains impies du monde ».

Écrit en ce jour de la Canonisation de la Petite Thérèse de l'Enfant Jésus, 17 Mai 1925.

Avant-propos de la deuxième édition

Nous tenons à préciser que pour répondre au désir qui nous a été exprimé à plusieurs reprises par quelques-uns de nos Archevêques et Évêques de France, nous avons ajouté dans cette seconde édition les chapitres sur les Croisades, sur l'Esprit Apostolique de la Royauté et sur la Loi Salique et le choix Divin. Nous avons en outre profondément modifié et complété ceux relatifs au Sacre, au Miracle des Écrouelles, au Caractère familial de la Royauté, à Charlemagne, saint Louis, Jeanne d'Arc, Henri IV, Louis XVI, Napoléon, et au plus grand des châtiments : la République. Les autres modifications sont sans importance : quelques précisions, quelques détails qui ne changent en rien le fonds de l'ouvrage.

À Bétous par Sorbets, Gers, le 15 août 1935.

Au Sacré-Cœur, roi de France.
À Notre-Dame, reine de France.
À saint Michel, ange gardien de la France et du roi.
À Jeanne la Pucelle,
Martyre pour la France et pour le roi Et héraut de la royauté universelle du Christ. À sainte Thérèse de l'Enfant Jésus, patronne secondaire de la France.
À saint Louis, roi de France Et à tous les saints protecteurs de la France. Au grand roi que Dieu va révéler, dont le règne assurera le triomphe du Sacré-Cœur et du Cœur Immaculé de Marie

La vérité vous délivrera. Saint JEAN.

À qui veut régénérer une Société quelconque en décadence, on prescrit avec raison de la ramener à ses origines.

LÉON XIII, *Rerum novarum*, 15 mai 1891

De parti de l'ordre, capable de rétablir la tranquillité au milieu de la perturbation des choses, il n'y en a qu'un : Le parti de ceux qui veulent Dieu, le parti de Dieu.

Pis X, *E. Supremi*, 4 oct 1903)

Il faut pour que la France soit sauvée, que Dieu y rentre en Maître pour que j'y puisse régner en Roi.

Comte de CHAMBORD.

Bien comprise, la fidélité à la Monarchie est un hommage rendu à la majesté divine.

R. Mère Camille de Soyecourt, carmélite.

Avant-propos de la cinquième édition

Le Christ, comme Dieu et même comme Homme uni à la Personne Divine, a droit de régner sur le monde. Il est libre de choisir Ses instruments pour établir Sa Royauté. Si donc Il a choisi la France et ses rois, qu'on le veuille ou non, il faut bien s'incliner. Mais pour accepter, il convient que cette mission soit prouvée.

Trop nombreux affirment : « *Gesta Dei per Francos* » qui établiraient difficilement la vérité de ce glorieux adage. Il nous a donc paru plus opportun que jamais (en présence de l'anarchie spirituelle, intellectuelle et morale du monde moderne) d'exposer brièvement cette mission providentielle de la France qui a valu à notre pays d'être, au dire de Jeanne d'Arc, « le plus beau Royaume après celui du Ciel ».

Il faut que les Français connaissent cette mission et en pénètrent l'exceptionnelle grandeur afin qu'ils puissent être les dociles instruments de la Providence dans l'exécution des desseins divins sur le monde et, par l'élan de leur dévouement et de leur amour envers Dieu se montrent dignes de cette mission qui est la clé de voûte de l'Histoire de France, l'explication de son passé et le garant de son avenir ; mission qui constitue, après celle du peuple d'Israël, le privilège le plus glorieux et le plus transcendant qui ait jamais été accordé à aucun peuple : promouvoir la Chrétienté et assurer le triomphe de la Royauté du Christ sur le monde. *Non fecit taliter omni nationi...*

Il importe également que les autres peuples et leurs Gouvernements se convainquent de la réalité de cette mission divine de la France – tant de fois affirmée solennellement par Dieu à la Pucelle et par tant de papes, au nom du Christ. Alors seulement ils s'inclineront devant la volonté divine et reconnaîtront cette primauté du Roi et de la France sur tous les autres Souverains et États comme voulue et établie par Dieu, en vue du bien commun des peuples, afin que triomphe la Royauté Universelle du Christ, seule garante de la paix générale et de la prospérité dans la charité et l'amour ici-bas, et de la béatitude éternelle en vue de laquelle les hommes ont été créés.

Certains diront que l'auteur de cette étude fait le jeu d'un parti politique ou d'un nationalisme intransigeant, étroit et condamnable. Il s'y refuse et se situe sur un plan infiniment supérieur à toutes ces contingences humaines, sur le seul plan solide, celui de la volonté de Dieu tant de fois affirmée. Car la seule réalité qui importe et compte, la seule qui doive dicter tous les actes des États comme des individus est cette volonté divine devant laquelle, tôt ou tard, de gré ou de force, il faudra bien s'incliner.

Le seul problème à résoudre est donc le suivant :

Oui ou non, Dieu a-t-il voulu et affirmé que le Roi et la France inséparables l'un de l'autre ont une mission divine à remplir dans le monde, que la France est, par excellence, le Royaume de Dieu, et le Roi de France Son Lieutenant, en vue d'assurer le triomphe de la Royauté universelle du Christ ?

Ce livre basé sur des documents irréfutables n'a pas d'autre but que d'apporter la réponse affirmative à cette question, résumée par ces deux fulgurantes et solennelles déclarations du pape Grégoire IX, écrivant à saint Louis :

« Ainsi, Dieu choisit la France de préférence à toutes les autres nations de la terre pour la protection de la Foi catholique et pour la défense de la liberté religieuse. Pour ce motif, LE ROYAUME DE FRANCE EST LE ROYAUME DE DIEU ; LES ENNEMIS DE LA FRANCE SONT LES ENNEMIS DU CHRIST » ; et de la Pucelle, proclamant au nom de Dieu :

« Vous ne tiendrez pas le Royaume de France, de Dieu le Roi du Ciel... mais le tiendra le Roi Charles, VRAI HÉRITIER, CAR DIEU LE ROI DU CIEL LE VEUT.

« GENTIL DAUPHIN, VOUS SEREZ LIEUTENANT DU ROI DES CIEUX QUI EST ROI DE FRANCE.

« TOUS CEUX QUI GUERROIENT AU SAINT ROYAUME DE FRANCE, GUERROIENT CONTRE LE ROI JÉSUS, ROI DU CIEL ET DE TOUT LE MONDE ».

Puisse cette étude éclairer les âmes et les intelligences et contribuer ainsi à l'accomplissement des desseins d'infinie miséricorde de Dieu sur le monde : à savoir, grâce à l'action concertée du Souverain Pontife et du Roi de France, l'instauration et le triomphe du règne conjoint du Sacré-Cœur et du Cœur Immaculé de Marie.

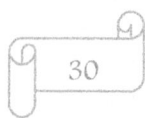

Livre I – La mission divine de la France

« Chaque Nation, comme chaque individu, a reçu une mission qu'elle doit accomplir » a dit Joseph de Maistre. Celle de la France est d'exécuter les gestes de Dieu, « *Gesta Dei per Francos* ».

Et le grand Philosophe d'ajouter :

« Le châtiment des Français sort de toutes les règles ordinaires et la protection accordée à la France en sort aussi ; mais ces deux prodiges réunis se multiplient l'un par l'autre, et présentent un des spectacles les plus étonnants que l'œil humain ait jamais contemplés[5] ».

Strabon, le grand Géographe de l'Antiquité, semble l'avoir pressenti quand il écrit de la Gaule :

« Personne ne pourrait douter, en contemplant cette œuvre de la Providence, qu'Elle n'ait disposé ainsi ce Pays avec intention et non au hasard ».

En effet, Dieu a toujours préparé Ses voies. De toute éternité, dans Sa prescience des événements, Il avait jeté Son dévolu sur notre pays et choisi notre peuple pour succéder au peuple Juif et remplir, pendant l'ère chrétienne, la mission divine qui avait été

---

[5] *Considérations sur la France*, ch. II, p. 8 et p. 27.

assignée à ce dernier sous l'Ancien Testament.

Cette mission a été et demeure la plus glorieuse, assurément, de toutes celles qu'Il a jamais confiées à une nation. Aussi, parce que cette mission en raison même de son importance fera encourir fatalement à la France les assauts répétés de l'Enfer déchaîné, va-t-Il, dans Sa prescience des événements, lui donner un protecteur d'autant plus puissant que les attaques infernales seront plus farouches. Il choisit alors le plus puissant et le premier de tous les Anges, le Chef de toutes les Milices Célestes, le grand vainqueur de Satan : saint Michel, qui est associé à toutes les grandes pages de notre histoire, inspira personnellement notre Jeanne d'Arc et lui déclara « Je suis Michel, le Protecteur de la France[6] ».

Déjà, les peuplades de la Gaule croyaient à l'immortalité de l'âme et méprisaient la mort et, bien avant la naissance du Christ, avaient le culte de la Vierge qui devait enfanter le Sauveur du Monde, culte que Notre-Dame de Chartres a continué en le christianisant.

Dans la lutte engagée entre Vercingétorix et César cinquante ans avant l'avènement du christianisme ne peut-on voir encore l'un des signes de la prédestination de notre pays, dont le jeune chef inflige à Rome (c'est-à-dire au paganisme officiel) la sanglante défaite de Gergovie ? Éphémère victoire, sans doute, puisque l'héroïque chef gaulois est vaincu en définitive et que,

---

[6] Voir : de la Franquerie : *Mémoire pour le renouvellement de la Consécration de la France à Saint Michel*, préfacé par S. Exc. Monseigneur de la Villerabel, Évêque d'Annecy.

magnanimement pour sauver son peuple des représailles romaines, il s'offre en holocauste, est traîné en esclave derrière le char de César et est égorgé à Rome dans cette prison Mamertine où, un siècle plus tard, le premier Vicaire du Christ, saint Pierre, sera crucifié.

Autre marque de la prédestination de notre Pays : le seul être qui ait volontairement apporté un soulagement matériel au Divin Maître au cours de sa Passion, Véronique, n'était-elle pas une Gauloise, originaire de Bazas ? Le premier converti du Sacré-Cœur, qui fut aussi le premier à oser proclamer la divinité du Sauveur, Longin, n'était-il pas gaulois lui aussi ? N'est-il pas logique, puisque notre Patrie a une mission divine à remplir, que Dieu ait voulu que ce soit une femme de chez nous qui transmît au monde entier l'image de sa Sainte Face et qu'un soldat de notre Pays ouvrît son Cœur adorable d'où devaient jaillir tous les trésors de grâce, d'amour et de résurrection qui, depuis lors, ne cessent d'embraser les âmes droites et qui doivent les irradier davantage encore à l'approche des derniers temps.

Ajoutons encore qu'en mourant, Notre-Seigneur regardait du côté de l'Occident, et que, le jour de son Ascension glorieuse en montant au ciel, Son regard se portait toujours du même côté, comme s'Il avait voulu unir dans un même geste d'amour suprême Rome et notre France, Son Église et Son Royaume de prédilection[7].

Enfin, les premiers Évangélistes qui apportent à la Gaule « la bonne Nouvelle » sont Madeleine, Marthe et Lazare. Lazare, image

---

[7] Voir les recherches de saint Ignace de Loyola par les Bollandistes.

de la résurrection de la France. Madeleine, la grande pécheresse, mais l'âme au grand repentir et au grand amour qui symbolise à l'avance notre France pécheresse d'aujourd'hui, et notre France repentante et amoureuse de demain ; Madeleine, que le Christ a sauvée d'un regard et pour laquelle Il eut une toute particulière et tendre affection. En donnant à notre Pays Ses amis de dilection, le Sauveur pour la première fois lui donnait Son Cœur.

De son côté, la Vierge Immaculée voulut également manifester avec éclat l'amour dont Son Cœur débordait pour notre Pays. À ces Amis de dilection que Son Fils envoie en Gaule, Elle confie ce qu'Elle a de plus sacré au monde, le corps de Sa Mère, sainte Anne, pour qu'ils le déposent dans notre sol, pour bien montrer qu'Elle considérait que notre Peuple était plus capable qu'aucun autre de La remplacer sur terre pour entourer cette tombe si chère de respect, de vénération et d'amour.

Puis, si l'on en croit le Martyrologe Romain, le Pape saint Clément envoie dans notre pays Denys de l'Aréopage, converti par saint Paul et qui a assisté la Vierge à ses derniers moments. Denys s'installe à Lutèce et fait de nombreuses conversions.

Après plusieurs arrestations et supplices, il est décapité avec quelques autres Chrétiens, sur la Colline de Mars, appelée depuis lors Mons Martyrum ou Montmartre[8], et enseveli à Saint-Denis. Ses restes furent, de tous temps, l'objet d'une vénération particulière, et il y a bien peu d'événements de notre Histoire auxquels l'Abbaye de Saint-Denis ne soit mêlée. La Basilique est le

---

[8] À l'endroit même où a été édifié le Sacré-Cœur.

sanctuaire où sont enterrés tous nos Rois et où est déposée la vieille Bannière qui nous a si souvent conduits à la victoire au cri de « Mont-joye Saint-Denis ». Aussi n'est-on pas surpris de voir un Allemand, l'auteur de « La Mystique divine, magique et diabolique[9] » s'écrier :

« Détruisez la basilique de Saint-Denis ; dispersez au vent les ossements de leurs Rois ; abattez, réduisez en cendres cette Basilique de Reims, où fut sacré Klodowig, où prit naissance l'Empire des Francs, faux frères des nobles Germains ; incendiez cette Cathédrale ».

Il avait bien compris, le misérable, ce que sont Reims et Saint-Denis : les deux symboles de notre Histoire Nationale. Il ne faisait, il est vrai, que continuer les traditions sauvages de sa race. Déjà, au début des invasions barbares, le général romain Cérialis disait très justement aux Gaulois :

« Les mêmes motifs de passer en Gaule subsistent toujours pour les Germains : l'amour des plaisirs, celui de l'argent, et le désir de changer de lieu. On les verra toujours, quittant leurs solitudes et leurs marécages, se jeter sur les Gaules si fertiles, pour asservir vos champs et vos personnes...[10] »

Cérialis avait dit vrai. Pendant plusieurs siècles, les tribus germaniques ne cessèrent de ravager la Gaule. C'était le temps où nos Évêques prenaient la tête de la résistance aux envahisseurs et

---

[9] Voir Santo : *Les crimes allemands* et *La chaîne infernale et ses 33 anneaux*.
[10] P. Champion : *Galerie des Rois*, p. 22.

méritèrent de s'appeler les défenseurs de la cité ; le temps où les Monastères étaient les refuges de la civilisation et où les moines défrichaient non seulement le sol de notre France, mais son âme et y semaient à profusion toutes les vertus qui devaient y germer en une éclosion magnifique et nulle part égalée. Comment ne pas citer saint Martin, le grand apôtre de nos campagnes et le fondateur de Ligugé... ? Déjà, à cette époque, la foi rayonnait de la Gaule sur les autres Pays : saint Patrick qui convertit l'Irlande n'était-il pas un disciple de l'Évêque de Tours... ?

Au milieu du Vè siècle, pour châtier le monde tombé dans l'arianisme, Dieu permit qu'Attila ravageât, avec ses Huns, les peuples hérétiques. Redoutable par son génie et par sa cruauté, il mit tout à feu et à sang sur son passage, égorgeant les populations terrifiées. Quand le châtiment eut été assez grand, Dieu suscita alors un autre Chef pour vaincre celui qui s'appelait justement "le fléau de Dieu" et sauver son Église : Mérovée, le Roi des Francs. Mérovée était païen, mais il avait l'âme généreuse et le cœur droit ; il souffrait de voir les tortures des populations chrétiennes et résolut d'arrêter l'envahisseur. Il le rencontra aux Champs Catalauniques, non loin de Reims, où son petit-fils, Clovis, devait être baptisé et sacré. Il tailla en pièces les Huns qui s'enfuirent de l'autre côté du Rhin, laissant au vainqueur un immense butin. Mérovée avait sauvé le monde chrétien et magnifiquement inauguré les gestes de Dieu par les Francs. Aussi Dieu permit-Il qu'il donnât son nom à la première branche de nos Rois.

Comme s'Il voulait que notre Pays ne fût étranger à aucun des grands événements chrétiens, Dieu permit qu'il fût mêlé au triomphe de l'Église sur l'Empire Romain. L'homme choisi par le Christ pour être le sauveur de la chrétienté fut Constantin l'Empereur des Gaules. Et c'est sur notre sol, à la tête de ses légions, composées en partie d'hommes de chez nous que la croix lumineuse lui apparût avec cette fulgurante promesse de victoire : *In hoc signo vinces !* et qu'il se convertit[11].

« Quand le temps fut arrivé, que l'Empire Romain devait tomber en Occident, Dieu, qui livra aux Barbares une si belle partie de cet Empire, et celle où était Rome, devenue le Chef de la Religion, destina à la France des Rois qui devaient être les défenseurs de l'Église. Pour les convertir à la Foi, avec toute la belliqueuse Nation des Francs, Il suscita un saint Remy, homme apostolique, par lequel Il renouvela tous les miracles qu'on avait vus éclater dans la fondation des plus célèbres Églises, comme le remarque saint Remy lui-même dans son testament.

« Ce grand Saint et ce nouveau Samuel, appelé pour sacrer les Rois, sacra ceux de France, en la personne de Clovis, comme il dit lui-même, pour être les perpétuels défenseurs de l'Église et des pauvres, qui est le plus digne objet de la Royauté. Il les bénit et leurs successeurs, qu'il appelle toujours ses enfants, et priait Dieu, nuit et jour, qu'ils persévérassent dans la Foi : prière exaucée de Dieu avec une prérogative bien particulière, puisque la France est le seul Royaume de la Chrétienté qui n'a jamais vu sur le trône que

---

[11] La tradition bourguignonne place l'apparition de la Croix dans la région de Paray-le-Monial (cf. le musée du Hiéron à Paray-le-Monial), d'autres disent que ce fut lorsqu'il traversait les Alpes.

des Rois enfants de l'Église[12] ».

Le savant Cardinal Baronius écrit dans ses *Annales ecclésiastiques*[13] :

« À la chute de l'Empire d'Occident, trois races de barbares occupaient les Gaules : les Goths, les Burgondes et les Francs.

« Tout marchant à la dérive, la Divine Providence destina à survivre et à s'épanouir dans les âges futurs, le seul de ces peuples où devait s'épanouir aussi, au plus haut degré, le culte de la piété, de cette piété dont Childéric fut la fleur et Clovis le fruit[14].

« Pour protéger son Église naissante contre les flots envahissants de l'hérésie[15] et de la barbarie qui régnaient sur tous les trônes d'Orient et d'Occident...

« ...Dieu paraît avoir institué les Rois de France et les a fait s'élever sur les ruines des peuples non Catholiques disparus.

« C'est pour cela que tous les peuples entachés d'hérésie... furent expulsés ou absorbés par les Francs, suivant la parole de Notre Seigneur : *Tout arbre que n'a point planté mon Père sera arraché*

---

[12] Bossuet : *Politique tirée de l'Écriture Sainte*, L.v. VII, art. 6, 14è prop.
[13] Cæsar Baronius, Annales ecclesiastici, 1593-1607, t. IV, p. 420. Bibl. Nat. H. 106.
[14] « Deproratis penitus rebus Divina Providentia factum est ut ejus tantum modo gentis regnum ad posteros feliciter propagaretur, penes quam cultus piEtatis foret excellentius effusurus, cujus in Childerico ut dictum est flores apparuerunt, in Clodoveo autem collecti sunt fructus ».
[15] L'Arianisme.

(Mat, XV, 13)

« C'est pour cela que le Royaume des Francs s'est épanoui dans une riche et luxuriante végétation arrosée par sa piété...

« Tout cela est d'une évidence qui se touche du doigt.

« ...Il ne fallait rien moins qu'un tel saint (Remy), d'une telle vertu, d'une telle inspiration divine pour amener des ténèbres de la gentilité à la lumière de l'Évangile, la noble Nation des Francs et son très illustre Roi.

« Comme il ne fallait rien moins qu'un tel Roi (Clovis), pour illustrer le premier de tous et à jamais, son royaume de l'impérissable éclat de la religion du Christ, pour entourer d'un amour sans défaillance, d'une protection perpétuelle, cette même religion du Christ ».

C'est ce que reconnaissait le Pape Pélage II :

« Ce n'est pas en vain, ce n'est pas sans une admirable disposition que la Providence a placé la catholique France aux portes de l'Italie et non loin de Rome ; c'est un rempart qu'Elle ménageait à toutes deux[16] ».

Mission providentielle de la France, proclamée par Grégoire IX écrivant à saint Louis :

---

[16] Migne : *Patrologiae cursus completus, patres latini*, t. LXXII, p. 706, Bibl. Nat. A, de 112 à 329.

« De même qu'autrefois la tribu de Juda reçut d'en haut une bénédiction toute spéciale parmi les autres fils du Patriarche Jacob ; de même le royaume de France est au-dessus de tous les autres peuples, couronne par dieu lui-même de prérogatives extraordinaires. La tribu de Juda était la figure anticipée du royaume de France[17] ».

---

[17] Labbe, Tome XI, p. 366 et 367. Lettre rappelée par saint Pie X le 13 décembre 1908 lors de la béatification de Jeanne d'Arc (actes de Pie X, t. V, p. 204 et 205).

Le Pacte de Tolbiac

Trois grands saints de France se trouvent participer à la Conversion de Clovis :

– saint Remy, dont nous allons voir les principaux Miracles en faveur de ce Prince et des Rois ses successeurs ;

– sainte Clotilde qui, par son exemple, a une grosse influence sur le Roi, son époux ;

– et la Patronne de Paris[18], l'amie de la Reine, sainte Geneviève qui 30 ans auparavant avait sauvé la ville des hordes d'Attila (451), et lui évita la famine au moment où, encore entre les mains des Romains, elle était assiégée par Clovis, dont elle avait préparé la

---

[18] « À sa mort en 512, sainte Geneviève avait été inhumée, par ordre de la Reine (sainte Clotilde), avec les membres de la famille royale. Tous nos souverains eurent en grande vénération la mémoire de la Patronne de Paris ; beaucoup se plurent à enrichir son tombeau. En 1757, Louis XV fit construire, par Soufflot, sur un plan grandiose, une basilique nouvelle qui devait remplacer la vieille église mérovingienne. On sait que la Révolution Française (cette entreprise satanique, disait Pie IX) fit brûler publiquement, puis jeter à la Seine, en novembre 1793 les reliques de sainte Geneviève. La chasse fut envoyée à la Monnaie et un décret de la Convention transforma la basilique en Panthéon pour la sépulture des grands hommes. Marat fut l'un des premiers hôtes de l'église profanée. Le gouvernement tutélaire de la Restauration rendit la basilique au culte de sainte Geneviève... En 1885, la 3è République a de nouveau désaffecté la basilique et en a fait un Panthéon dans lequel, à côté de Voltaire et de Rousseau, elle a placé Zola le pornographe, le cœur du métèque Gambetta, complice de Bismarck, et les cendres de Jaurès le mauvais Français ». Commandant Dublaix : *A. F.*, Chronique religieuse, 26 août 1925.

conversion dès le règne de Childéric, sans être parvenue, malgré sa très grande influence, à amener ce dernier prince aux lumières de la foi ; sainte Geneviève qui voulait reconstruire un temple magnifique en l'honneur de saint Denis.

Comme tout se tient dans notre Histoire de France ! Il semble qu'un lien mystique unit tous ceux que Dieu a envoyés pour nous sauver miraculeusement ; saint Denis, qui aurait approché la mère du Sauveur, et sainte Madeleine inspirent à notre pays un culte tout spécialement confiant à la Vierge qui, en retour, lui marque sa prédilection par ses nombreuses apparitions. Sainte Geneviève revivifie le culte de saint Denis ; Jeanne d'Arc (que Dieu fait naître à Domremy[19]) renouvelle le pacte de Clovis et de saint Remy, et dépose en hommage ses armes à l'Abbaye de Saint-Denis, etc... Comme si chacun d'eux voulait faire toucher du doigt au peuple de France, qu'il n'est qu'un des artisans du même édifice ; qu'il ne fait que continuer l'œuvre du précédent missionnaire divin ; et cela de par la volonté du Tout-Puissant !

Sur le point de succomber sous les forces ennemies à Tolbiac, Clovis invoque le Dieu de Clotilde, le Christ, et promet de se convertir au Catholicisme s'il est vainqueur. Il obtient une victoire éclatante contre les Allemands.

« C'est dans toute l'exaltation de sa victoire surnaturelle qu'il dicta, dans un magnifique élan de foi et de reconnaissance, le superbe décret, vibrant d'enthousiasme et d'amour, qui voue la France à jamais, aussi longtemps qu'elle existera au règne de

---

[19] C'est-à-dire *La Maison de Remy*.

Jésus-Christ, exigeant qu'il fût placé comme loi constitutionnelle du Royaume des Francs[20], la loi salique[21] que complétèrent ses successeurs et dont voici quelques passages :

« La nation des francs, illustre, ayant dieu pour fondateur, forte sous les armes, ferme dans les traites de paix, hardie, agile et rude au combat, depuis peu convertie à la foi catholique, libre d'hérésie.

« elle était encore sous une croyance barbare.

« mais avec l'inspiration de dieu, elle recherchait la clé de la science, selon la nature de ses qualités, désirant la justice, gardant la piété.

« alors la loi salique fut dictée par les chefs de cette nation qui en ce temps commandaient chez elle .....

« puis lorsque avec l'aide de dieu, Clodwigh le chevelu, le beau, l'illustre roi des francs eut reçu, le premier, le baptême catholique, tout ce qui dans ce pacte était juge peu convenable fut amende avec clarté par les illustres rois Clodwigh, Childebert et Clotaire.

« et ainsi fut dresse ce décret :

« vive le christ qui aime les francs !

« qu'il garde leur royaume et remplisse leurs chefs des lumières

---

[20] De Maricourt et de la Morlière : *La vraie Histoire de France*.
[21] Traduction de l'abbé Lemann d'après les *Leges Salicæ illustratæ* de Godefroy Wandelin (Anvers 1649).

de sa grâce !

« qu'il protège l'armée !

« qu'il leur accorde des signes qui attestent leur foi, leur joie, la paix, la félicité !

« que le seigneur Jésus-Christ dirige dans le chemin de piete ceux qui gouvernent !

« car cette nation est celle qui, petite en nombre, mais brave et forte, secoua de sa tête le dur joug des romains et qui, après avoir reconnu la sainteté du baptême, orna somptueusement les corps des saints martyrs que les romains avaient consumes par le feu, mutiles par le fer, ou fait déchirer par les bêtes... »

Voilà notre première Constitution !

Elle repose sur l'Évangile ! Deux phrases la résument :

VIVE LE CHRIST, QUI EST ROI DE FRANCE !

VIVE LE ROI DE FRANCE, QUI EST LIEUTENANT DU CHRIST !

Ainsi, « la France a eu ce bonheur inespéré, unique au monde, d'avoir la première bâti sa civilisation non pas sur une vérité philosophique ou religieuse quelconque, sur une vérité plus ou moins diminuée ou discutée, mais sur la vérité totale, intégrale, universelle, sur le catholicisme qui signifie la religion universelle. « Qu'en est-il résulté ?

« C'est que la France a fondé une civilisation merveilleuse comme le monde n'en a jamais vu, qu'elle est devenue cet astre lumineux qui a couvert le monde de sa lumière, de sa chaleur et de ses bienfaits.

« On dit « La civilisation française » et on a raison ; mais cette civilisation n'est pas autre chose que la civilisation catholique, apostolique et romaine et elle n'est dite française que parce que c'est la France qui en a tenu le flambeau !

« Aujourd'hui encore, dans tout l'Orient, malgré les Combes, les Clemenceau, les Briand, catholiques et français sont synonymes, et tous les catholiques, fussent-ils espagnols, anglais ou italiens, etc... sont désignés sous le nom générique de Francs !

« Ah ! la France avait pris pour base la pierre angulaire même de l'Église : le Christ ; quoi d'étonnant qu'elle ait bénéficié de l'universalité du Christ et de l'Église ?

« Et voilà, pour le dire en passant, le véritable Internationalisme de la France ! Mais c'est celui de l'Évangile, non celui du Talmud ou de la libre pensée, celui de l'Église romaine, non celui de la synagogue de Jérusalem, du temple de la rue Cadet ou de l'Église de Genève ! Mais cet internationalisme loin de détruire la personnalité de la France, la suppose ! Comment le flambeau de la Vérité catholique rayonnera-t-il, si vous supprimez le porte-flambeau ?[22] »

---

[22] Abbé Vial : *Jeanne d'Arc et la Monarchie*, chapitre II, p. 26 et 27.

LE BAPTISTÈRE DE REIMS

Le miracle auquel on ne veut plus croire existe à l'état permanent : c'est notre HISTOIRE. On peut dire avec l'Abbé Vial[23] que

« Lourdes, La Salette, Pontmain, Notre-Dame des Victoires, etc,... ne sont que les avant-derniers anneaux d'une longue chaîne de miracles qui va du Baptistère de Reims, où est née la France, à la Basilique du Sacré-Cœur où elle ressuscitera, en passant par les cycles bénis de saint Bernard, de saint Louis, de Jeanne d'Arc, du Curé d'Ars » ; nous ajouterons aussi de sainte Thérèse de l'Enfant Jésus.

SAINT RÉMY ET LE BAPTISTÈRE DE REIMS SONT POUR LA FRANCE CE QUE MOÏSE ET LE SINAÏ FURENT POUR LE PEUPLE JUIF.

Le 19 décembre 1907, à l'Archevêque de Reims, Monseigneur Luçon, nouvellement promu Cardinal, saint Pie X déclarait[24] :

« Reims conserve la source baptismale d'où est sortie toute la France Chrétienne, et elle est justement appelée pour cela le Diadème du Royaume. C'était une heure ténébreuse pour l'Église de Jésus-Christ. Elle était d'un côté combattue par les Ariens, de l'autre assaillie par les Barbares ; elle n'avait plus d'autre refuge

---

[23] Abbé Vial, op. cit. p. 62, sans oublier les apparitions de la rue du Bac et de Pellevoisin.
[24] Bulletin du Diocèse de Reims, 28 déc. 1907, p. 621.

que la prière pour invoquer l'heure de Dieu. Et l'heure de Dieu sonna à Reims, en la fête de Noël 496. Le baptême de Clovis marqua la naissance d'une grande nation : la tribu de Juda de l'ère nouvelle, qui prospéra toujours tant qu'elle fut fidèle à l'orthodoxie, tant qu'elle maintint l'alliance du Sacerdoce et du Pouvoir public, tant qu'elle se montra, non en paroles, mais en actes, la Fille aînée de l'Église ».

Dans la nuit de Noël 496, à minuit, au jour anniversaire et à l'heure même de Sa naissance, le Christ lors de la naissance spirituelle de notre France et de nos Rois voulut par un miracle éclatant affirmer la mission divine de notre Pays et de la Race Royale de Mérovée, au moment même où saint Remy va proclamer cette mission au nom du Tout-Puissant, pour sanctionner solennellement les paroles divinement inspirées de Son ministre. À minuit, alors que le Roi, la Reine et leur suite sont là,

« Soudain, raconte Hincmar, archevêque de Reims, une lumière plus éclatante que le soleil inonde l'église ! Le visage de l'évêque en est irradié ! En même temps retentit une voix : la paix soit avec vous ! C'est moi ! N'ayez point peur ! Persévérez en ma dilection ![25] »

Quand la voix eut parlé, ce fut une odeur céleste qui embauma l'atmosphère.

« Le Roi, la Reine, toute l'assistance épouvantés, se jetèrent aux

---

[25] Migne : *Patr. lat.* T. CXXV, p. 1159 et 1160.
Hincmar : *Vita Sancti Remigii,* Cap. 36 et sv. Bibl. Nat. A, 112 à 329.

pieds de saint Remy qui les rassura et leur déclara que c'est le propre de Dieu d'étonner au commencement de Ses visites et de réjouir à la fin. « Puis soudainement illuminé d'une vision d'avenir, la face rayonnante, l'œil en feu, le nouveau Moïse s'adressant directement à Clovis, Chef du nouveau Peuple de Dieu, lui tint le langage identique quant au sens de l'ancien Moïse à l'Ancien Peuple de Dieu :

« APPRENEZ, MON FILS, QUE LE ROYAUME DE FRANCE EST PRÉDESTINÉ PAR DIEU A LA DÉFENSE DE L'ÉGLISE ROMAINE QUI EST LA SEULE VÉRITABLE ÉGLISE DU CHRIST.
« CE ROYAUME SERA UN JOUR GRAND ENTRE TOUS LES ROYAUMES.
« ET IL EMBRASSERA TOUTES LES LIMITES DE L'EMPIRE ROMAIN !
« ET IL SOUMETTRA TOUS LES PEUPLES À SON SCEPTRE !
« IL DURERA JUSQU'À LA FIN DES TEMPS !
« IL SERA VICTORIEUX ET PROSPÈRE TANT QU'IL SERA FIDÈLE À LA FOI ROMAINE.
« MAIS IL SERA RUDEMENT CHÂTIÉ TOUTES LES FOIS QU'IL SERA INFIDÈLE À SA VOCATION[26] ».

Au IXè siècle, Raban Maur, Archevêque de Mayence, a rendu public le passage suivant qui aurait été prononcé également par saint Remy à la fin de son allocution :

« VERS LA FIN DES TEMPS, UN DESCENDANT DES ROIS DE FRANCE RÈGNERA SUR TOUT L'ANTIQUE EMPIRE ROMAIN.

---

[26] Migne. *Patr. lat.* CXXXV, p. 51 et sv.
Flodoard : *Historia Ecclesiæ Remensis.* Lib. 1, cap. 13. Bibl. Nat. A. 112 à 329.

« Il sera le plus grand des rois de France et le dernier de sa race.

« Après un règne des plus glorieux, il ira à Jérusalem, sur le mont des oliviers, déposer sa couronne et son sceptre, et c'est ainsi que finira le saint Empire romain et chrétien[27] ».

Commentant cette magnifique vision d'avenir, l'Abbé Vial écrit :

« La prophétie comprend quatre points :

1° La vocation de la France : elle est le Soldat de Dieu !

2° Sa gloire future : elle sera sans égale !

3° Sa durée : celle de l'Église.

4° La sanction divine : récompense ou châtiment uniques au monde, comme sa gloire ».

Et il ajoute en note :

« Bien remarquer que la prophétie est faite directement à la race, à la postérité, à la famille royale, « *semini, generi regio, posteritati* » comme si la race était aussi inséparable de la France que la France est inséparable de l'Église ».

---

[27] Voir : *Bloc Catholique*, mars-avril 1923, n° 187, p. 51 : *Les Francs, peuple élu de Dieu*, par le Marquis de la Vauzelle.

LA SAINTE AMPOULE

Un nouveau miracle devait se produire le jour même au Baptistère ; laissons parler Hincmar[28].

« Dès qu'on fut arrivé au baptistère, le clerc qui portait le chrême, séparé par la foule de l'officiant, ne put arriver à le rejoindre.

« Le saint Chrême fit défaut.

« Le pontife alors lève au ciel ses yeux en larmes et supplie le Seigneur de le secourir en cette nécessité pressante.

« SOUDAIN APPARAIT, VOLTIGEANT À PORTÉE DE SA MAIN, AUX YEUX RAVIS ET ÉTONNÉS DE L'IMMENSE FOULE, UNE BLANCHE COLOMBE TENANT EN SON BEC, UNE AMPOULE D'HUILE SAINTE DONT LE PARFUM D'UNE INEXPRIMABLE SUAVITÉ EMBAUMA TOUTE L'ASSISTANCE.

DÈS QUE LE PRÉLAT EUT REÇU L'AMPOULE, LA COLOMBE DISPARUT ! »

C'est avec le saint chrême contenu dans cette ampoule, qu'ont été sacrés tous nos Rois[29].

---

[28] Hincmar : *Vita Sancti Remigii*, cap. XXXVIII, (Migne, t. 125, p. 1160).

[29] La sainte ampoule fut brisée en 1793 par le révolutionnaire Ruhl, mais : « Un ecclésiastique et un magistrat de cette ville qui, dans ces temps affreux craignirent de compromettre un grand nombre de gens de bien, s'ils enlevaient ce précieux vase, avaient eu le soin d'en retirer une partie du baume qu'il contenait. Partagé entre cet

Comme au baptême du Christ, c'est « le Saint-Esprit qui par l'effet d'une grâce singulière apparut sous la forme d'une colombe et donna ce baume divin au pontife[30] » voulant assister visiblement au sacre du premier de nos Rois, pour marquer ainsi d'un signe sacré de toute spéciale prédilection notre Monarchie, consacrer tous nos Rois et imprimer sur leur front un caractère indélébile qui leur assurerait la Primauté sur tous les autres Souverains de la terre ; enfin les munir de Ses sept dons pour qu'ils pussent accomplir leur mission providentielle dans le monde.

Ainsi, pour le Sacre de nos Rois, Dieu a voulu non d'une huile terrestre, mais d'une huile céleste afin que le Roi de France (tout comme le Christ) fut non pas fictivement mais très réellement et véritablement « l'oint » du Seigneur. Ce privilège UNIQUE était reconnu dans le monde entier. Dans toutes les cérémonies diplomatiques, en effet, l'ambassadeur du Roi de France avait le pas sur ceux de tous les autres Souverains parce que son Maître était « sacré d'une huile apportée du ciel » ainsi que le reconnaît un décret de la République de Venise daté de 1558. Hommage universel rendu au miracle de la Sainte Ampoule et reconnaissance éclatante de la prééminence du Roi Très Chrétien

---

ecclésiastique et ce magistrat, ce baume a été gardé religieusement. En 1819, les parcelles en ont été réunies dans le tombeau de saint Remy sous la garde du Curé de Saint-Remy de Reims, et des preuves authentiques, constatées dans un procès-verbal lequel a été déposé au greffe du Tribunal de Reims, ne laissent aucun doute sur la fidèle conservation de ce précieux monument du sacre de Clovis ». Clausel de Coussergues : *Du Sacre des Rois de France*, mai 1825, p. 127.

[30] *Cérémonial du Sacre des Rois de France* : Prière à saint Remy.

sur tous les autres Princes de la terre[31].

C'était pour commémorer toutes ces merveilles que le peuple, à chaque sacre ou dans chaque grande réjouissance publique, criait : Noël ! Noël ! Vive le roi ! Noël ! Noël !

À l'occasion de son baptême et de son sacre, Clovis reçut des félicitations de nombreux évêques gaulois et étrangers ; il est deux lettres qui, entre toutes, méritent d'être mentionnées, celle de saint Avit, évêque de Vienne.

« Le Noël du Seigneur, écrit saint Avit[32], est aussi le Noël des Francs ; vous êtes né au Christ, le jour où le Christ est né pour nous... Votre foi est notre victoire, et nous sommes les vainqueurs partout où vous combattez[33] ».

Et celle du Pape Anastase II :

« Glorieux Fils, nous nous félicitons que votre avènement à la foi inaugure notre pontificat. Un si grand événement fait tressaillir de joie le siège de Pierre... Que la joie de votre Père vous fasse

---

[31] Sur l'authenticité de tous ces faits, voir l'étude que nous avons publiée dans le *Bloc Anti-Révolutionnaire* n° de janvier-février 1933 sous le titre : *Dom Mabillon, défenseur des privilèges miraculeux des Rois de France*.
Clausel de Coussergues : op. cit.
Abbé de Vertot : *Dissertation sur la Sainte Ampoule*. (Histoire de l'Académie des Inscriptions et Belles Lettres, II, p. 619, 1736). Annales Benedict : toutes les études de Dom Mabillon sur ces questions.
Chanoine Desailly : *L'authenticité du grand testament de saint Remy*, Dumoulin à Paris.
[32] Acta Sanctorum, 12 octobris, Sanctus Remigius.
[33] Cité par Zeller : *Les Francs Mérovingiens : Clovis et ses fils*, p. 34.

croître dans les saintes œuvres. Comblez nos désirs, soyez notre couronne et que notre mère l'Église s'applaudisse des progrès du grand Roi qu'elle vient d'enfanter à Dieu.

« Illustre et glorieux Fils, soyez sa gloire, soyez POUR ELLE UNE COLONNE DE FER !

« Nous louons Dieu, qui Vous a retiré de la puissance des ténèbres, pour faire d'un si grand Prince le DÉFENSEUR DE SON ÉGLISE et opposer votre gloire aux attaques des pervers.

« Continuez donc cher et glorieux Fils, afin que le Dieu tout-puissant entoure votre sérénité et votre royaume de Sa protection et commande à Ses anges de vous protéger dans toutes vos voies et vous donne la victoire sur tous vos ennemis[34] ».

---

[34] Anast. II, ép. II ad Clod. t. VI, Conc. Col. 1282, cité par Bossuet : *Politique tirée de l'Écriture Sainte*, t. I, livre VII, p. 529, ed. Delestre Boulage 1822, et par Zeller : op. cit. p. 38.

LES ARMES DE FRANCE

Le Christ allait encore accomplir de nouveaux prodiges en faveur de Clovis :

« On lit... en auculnes escriptures qu'en ce temps avoit un hermite, prudhomme et de saincte vie qui habitoit en un bois près d'une fontaine, au lieu qui de présent est appelé Joye-en-Val, en la chastellenie de Poissy, près Paris auquel hermite ladicte Clotilde, femme dudict Roy Clovis avoit grande fiance et pour sa saincteté le visitoit souvent et luy administroit ses nécessitez.

« Et advint un jour que ledict hermite estant en oraison, un ange s'apparut à luy en luy disant qu'il feist raser les armes des trois croissans que ledict Clovis portoit en son escu (combien qu'aucuns disent que c'estoient trois crapeaux) et au lieu d'iceux portast un escu dont le champ fust d'azur, semé tout de fleurs de liz d'or, et luy dict que Dieu avoit ordonné que les Rois de France portâssent doresnavant telles armes.

« Ledict hermite revela à la femme dudict Clovis son apparition ; laquelle incontinent feit effacer lesdicts trois croissans ou crapeaux, et y feit mettre lesdictes fleurs de liz et les envoya audict Clovis son mari qui, pour lors, estoit en guerre contre le Roy Audoc, sarrazin qui estoit venu d'Allemagne à grande multitude de gens, es parties de France et avoir son siège devant la place de Conflans Saincte Honorine, près Pontoise.

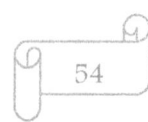

« Clovis se combattit et eut victoire ; et combien que la bataille commençast en la ville, toutefois fut achevée en la montaigne, en laquelle est à présent la tour de Montjoye.

« Et là fut pris premièrement et nommé le cry des François et les armes, c'est à savoir Montjoye et depuis y a été adjousté Sainct Denis.

« Et, en la révérence de la mission desdictes fleurs de liz, fut illec en la vallée fondée un monastère de religieux qui fut et encore est appelée l'abbaye de Joye-en-Val, pour la mission de la saincte Ampolle et desdictes fleurs de liz qui furent envoyées à ce grand roy Clovis, premier roy chrestien.

« Enquoy appert évidemment que Dieu notre Père et Sauveur a singulièrement aimé les Rois de France et les a voulu décorer et garnir de singulières grâces et prééminences pardessus tous autres rois et princes terriens et d'iceux faire les deffenseurs de la saincte Foy et Loy de Jésus-Christ[35] ».

Et Guillaume de Nangis, dans la chronique de saint Louis, explique ainsi la signification symbolique des armes de France :

« Puisque Notre Père Jhésus-Christ veut espécialement sur tous autres royaumes, enluminer le royaume de France de Foy, de Sapience et de Chevalerie, li Roys de France accoustumèrent en leurs armes à porter la fleur de liz paincte par trois fueillées (feuilles), ainsi come se ils deissent à tout le monde : Foi, Sapience

---

[35] Nicolle Gilles : *Histoire de France* (1492).

et Chevalerie sont, par la provision et par la grâce de Dieu, plus habondamment dans nostre royaume que en ces aultres, Les deux fueillées qui sont oeles (ailes) signifient Sapience et Chevalerie qui gardent et défendent la tierce fueillée qui est au milieu de elles, plus longue et plus haute, par laquelle Foy est entendue et segneufiée, car elle est et doibt estre gouvernée par Sapience et deffendue par Chevalerie. Tant comme ces trois grâces de Dieu seront fermement et ordénement joinctes ensemble au royaume de France, li royaume sera fort et ferme, et se il avient, que elles soient ostées et desseurées (séparées), le royaume cherra (tombera) en désolacion et en destruiement[36] ».

Les trois fleurs de lys du blason donné par Dieu à nos Rois ont d'autres significations plus belles encore que l'histoire, la science héraldique et les révélations nous enseignent : Charles V fixa définitivement à trois les fleurs de lys des armes de France qui souvent, étaient nombreuses et en semis. Il prit cette décision en l'honneur et pour représenter les trois personnes de la Sainte Trinité[37]. Elles représentent également la Sainte Famille et aussi le triangle symbolique manifesté à la vénérable Philomène de Sainte Colombe : le Christ, Sa Divine Mère et Saint Michel, les trois grands vainqueurs de Lucifer[38].

---

[36] Cité par Monseigneur Delassus : *L'Esprit familial*, p. 225, note 1.

[37] Voir l'acte d'enregistrement des lettres de fondation du Couvent et de la chapelle des Célestins de Limay (Seine-et-Oise) par le Roi Charles V, en l'honneur de la Sainte Trinité. L'original de la charte de fondation existe aux Archives Départementales de Seine-et-Oise et ce document a été publié intégralement par Antoine Becquet dans : *l'Histoire des Célestins de France*.

[38] Voir : Comte de Place : *Problèmes héraldiques*.

LE TESTAMENT DE SAINT REMY

Le testament de saint Remy a une importance capitale pour nous Français ; c'est une véritable vision d'avenir qui prend une autorité toute particulière du fait que le grand Pape saint Hormisdas écrivit à saint Remy lorsqu'il l'institua en ces termes Légat pour toute la France[39] :

« Nous donnons tous nos pouvoirs pour tout le Royaume de notre cher Fils spirituel Clovis, que par la grâce de Dieu vous avez converti avec toute sa Nation, par un apostolat et des miracles dignes du temps des Apôtres ».

De ce testament saint Pie X disait le 13 décembre 1908 à l'Évêque d'Orléans, lors de la lecture du Décret de béatification de Jeanne d'Arc[40].

« Vous direz aux Français qu'ils fassent leur trésor des testaments de saint Rémy, de Charlemagne, et de saint Louis, qui se résument dans ces mots si souvent répétés par l'héroïne d'Orléans :

« Vive le Christ qui est roi de France.

« À ce titre seulement la France est grande parmi les nations. À

Père Pie de Langogne : *Vie de la Vénérable Philomène de Sainte Colombe.*
[39] Migne, t. 125, p. 1168. Hincmar : *Vita Sancti Remigii* cap. LIV. Baronius, *Annales Ecclesiastici* t. VI, p. 635.
[40] Actes de saint Pie X, t. V, pp. 204 et 205.

CETTE CLAUSE DIEU LA PROTÈGERA ET LA FERA LIBRE ET GLORIEUSE. À CETTE CONDITION, ON POURRA LUI APPLIQUER CE QUI DANS LES LIVRES SAINTS EST DIT D'ISRAËL : QUE PERSONNE NE S'EST RENCONTRÉ QUI INSULTÂT CE PEUPLE, SINON QUAND IL S'EST ÉLOIGNÉ DE DIEU... »

Voici ce testament :

« QUE LE PRÉSENT TESTAMENT [41] QUE J'AI ÉCRIT POUR ÊTRE GARDE RESPECTUEUSEMENT INTACT PAR MES SUCCESSEURS LES ÉVÊQUES DE REIMS, MES FRÈRES, SOIT AUSSI DÉFENDU, PROTÉGÉ PARTOUT ENVERS ET CONTRE TOUS PAR MES TRÈS CHERS FILS LES ROIS DE FRANCE PAR MOI CONSACRES AU SEIGNEUR À LEUR BAPTÊME, PAR UN DON GRATUIT DE JÉSUS-CHRIST ET LA GRÂCE DU SAINT-ESPRIT.

« QU'EN TOUT ET TOUJOURS IL GARDE LA PERPÉTUITÉ DE SA FORCE ET L'INVIOLABILITÉ DE SA DURÉE...

« MAIS PAR ÉGARD SEULEMENT POUR CETTE RACE ROYALE QU'AVEC TOUS MES FRÈRES ET COÉVÊQUES DE LA GERMANIE, DE LA GAULE ET LA NEUSTRIE, J'AI CHOISIE DÉLIBÉRÉMENT POUR RÉGNER JUSQU'À LA FIN DES TEMPS, AU SOMMET DE LA MAJESTÉ ROYALE POUR L'HONNEUR DE LA SAINTE ÉGLISE ET LA DÉFENSE DES HUMBLES.

« PAR ÉGARD POUR CETTE RACE QUE J'AI BAPTISÉE, QUE J'AI REÇUE DANS MES BRAS RUISSELANTE DES EAUX DU BAPTÊME :

CETTE RACE QUE J'AI MARQUÉE DES SEPT DONS DU SAINT-ESPRIT, QUE J'AI OINTE DE L'ONCTION DES ROIS, PAR LE SAINT CHRÊME DU MÊME SAINT-

---

[41] Migne, t. 135, p. 60 à 68. Flodoard, Historia Remensis Ecclesiæ, lib. I. ch. XVIII (Testamentum ab ipso editum).

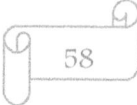

Esprit, j'ai ordonné ce qui suit :

I – MALEDICTIONS

« Si un jour cette race royale que j'ai tant de fois consacrée au Seigneur, rendant le mal pour le bien, lui devenait hostile, envahissait ses églises, les détruisait, les dévastait ;

« Que le coupable soit averti une première fois par tous les évêques réunis du diocèse de Reims.

« Une deuxième fois par les églises réunies de Reims et de Trèves[42].

« Une troisième fois par un tribunal de trois ou quatre archevêques des Gaules.

« Si à la septième monition il persiste dans son crime, trêve à l'indulgence ! Place à la menace !

« S'il est rebelle a tout, qu'il soit séparé du corps de l'église par la formule inspirée aux évêques par l'Esprit-Saint : parce qu'il a persécuté l'indigent, le pauvre, au cœur contrit ; parce qu'il ne s'est point souvenu de la miséricorde ; parce qu'il a aimé la malédiction, elle lui arrivera ; et n'a point voulu de la bénédiction, elle s'éloignera.

« Et tout ce que l'église a l'habitude de chanter de Judas le traitre et des mauvais évêques, que toutes les églises le chantent de ce roi

---

[42] Ainsi, à l'origine même de notre histoire, nous trouvons indiquée, comme frontière naturelle de notre pays, la rive gauche du Rhin.

INFIDÈLE.

« Parce que le Seigneur a dit : tout ce que vous avez fait au plus petit des miens, c'est à moi que vous l'avez fait, et tout ce que vous ne leur avez pas fait, c'est à moi que vous ne l'avez pas fait.

« Qu'à la malédiction finale on remplace seulement, comme il convient à la personne, le mot épiscopat par le mot royauté :

« Que ses jours soient abrégés et qu'un autre reçoive sa royauté !

« Si les archevêques de Reims, mes successeurs, négligent ce devoir que je leur prescris, qu'ils reçoivent pour eux la malédiction destinée au prince coupable, que leurs jours soient abrégés et qu'un autre occupe leur siège. »

II – BENEDICTIONS

« Si notre Seigneur Jésus-Christ daigne écouter les prières que je répands tous les jours en sa présence, spécialement pour la persévérance de cette race royale, suivant mes recommandations, dans le bon gouvernement de son royaume et le respect de la hiérarchie de la Sainte Église de Dieu.

« Qu'aux bénédictions de l'Esprit-Saint déjà répandues sur la tête royale s'ajoute la plénitude des bénédictions divines !

« Que de cette race sortent des rois et des empereurs [43] qui,

---

[43] Comme les Rois de France ont été fidèles ! Le nombre des couronnes que leur race a portées est là pour le prouver ; la Race Royale de France a régné en effet en France, en

CONFIRMES DANS LA VÉRITÉ ET LA JUSTICE POUR LE PRÉSENT ET POUR L'AVENIR SUIVANT LA VOLONTÉ DU SEIGNEUR POUR L'EXTENSION DE SA SAINTE ÉGLISE, PUISSENT RÉGNER ET AUGMENTER TOUS LES JOURS LEUR PUISSANCE ET MÉRITENT AINSI DE S'ASSEOIR SUR LE TRÔNE DE DAVID DANS LA CÉLESTE JÉRUSALEM OU ILS RÈGNERONT ÉTERNELLEMENT AVEC LE SEIGNEUR. AINSI SOIT-IL[44] ».

Ce testament signé du grand Évêque le fut également par six autres Évêques et d'autres Prêtres. Trois de ces Évêques sont réputés pour leur sainteté : saint Vedast, Évêque d'Arras, saint Médard, Évêque de Noyon, saint Loup, Évêque de Soissons. Ils le signèrent sous la formule suivante :

« X.... Évêque.

« Celui que mon Père Remy a maudit, je le maudis, celui qu'il a béni, je le bénis.

« Et j'ai signé ».

Et Baronius, le savant Cardinal[45], après onze siècles d'expérience, de constater :

« Malgré les crimes de ses Rois, le Royaume de France n'a jamais

---

Lorraine, en Allemagne, en Hongrie, en Pologne, en Savoie, en Italie, à Constantinople, en Espagne, à Parme, à Naples, en Sicile, au Portugal, en Autriche, au Brésil, etc...

[44] L'authenticité indiscutable de ce document capital pour notre Histoire a été prouvée par l'Abbé Dessailly, de l'Académie de Reims, dans un ouvrage fondamental et décisif sur la question : *L'authenticité du grand Testament de saint Remy*, publié au siècle dernier, chez Dumoulin, à Paris. Nous y renvoyons nos lecteurs.

[45] César Baronius : *Annales* t. VI, Bibl. Nation. H. 106, p. 635 et 636.

passé sous une domination étrangère et le peuple Français n'a jamais été réduit à servir d'autres Peuples.

« C'est cela qui a été accordé par une promesse divine, aux prières de saint Remy, suivant la parole de David (Ps. 88) : Si Mes Fils abandonnent Ma loi ; s'ils ne marchent point dans la voie de Mes Jugements ; s'ils profanent Mes justices et ne gardent point Mes commandements, Je visiterai leurs iniquités avec la verge et leurs péchés avec le fouet ; MAIS JE N'ÉLOIGNERAI JAMAIS DE CE PEUPLE MA MISÉRICORDE ».

En lisant le Testament de Saint Remy, ne croirait-on pas entendre Moïse sur le Nebo :

« Voici que je vous mets aujourd'hui devant les yeux la bénédiction et la malédiction. La bénédiction, si vous obéissez aux Commandements du Seigneur votre Dieu, que je vous prescris aujourd'hui ; la malédiction, si vous n'obéissez point à ces mêmes commandements et vous retirez du chemin que je vous montre maintenant... (Deut. XI, 26-30).

LE SACRE DES ROIS DE FRANCE

ORIGINE DU SACRE DES ROIS
CONSIDERATIONS GENERALES

Jésus-Christ, Roi des Rois, est le principe de toute Royauté, puisque tout pouvoir émane de Lui, comme Dieu ; Il est le modèle parfait des Rois de la terre. Il est Roi par droit héréditaire, comme Fils de Dieu, et Sa Souveraineté est infinie, Son pouvoir absolu. Il est Roi par le sacre, par l'onction : « Dieu Vous a oint d'une huile de joie au-dessus de ceux qui ont été sacrés comme Vous ». (Ps. XLIV) et « c'est Dieu, Son Père qui le consacre de Sa propre main » personne n'étant digne de sacrer le Christ.

C'est la Royauté Universelle du Christ, c'est Son sacre qui ont été l'occasion de la chute de Lucifer et des mauvais anges. C'est aussi cette Royauté et ce Sacre qui ont été pour saint Michel et les bons anges l'occasion de leur victoire. Il est donc logique que Satan poursuive d'une haine inextinguible tous les oints du Seigneur dont le rôle est d'être des images du Christ-Roi, mais aussi, que ceux-ci jouissent de la spéciale protection de saint Michel, le chef de toutes les milices célestes.

C'est par le Sacre du Verbe que Lucifer a été vaincu, c'est par celui des Rois et des Évêques représentants spirituels et temporels de la Royauté du Christ qu'il continuera de l'être. Aussi « Satan qui veut anéantir le bonheur de l'homme et qui tend par tous les moyens dont il dispose à détruire le règne de Dieu pour mettre le sien à sa place n'a pas trouvé de plus sûr moyen pour arriver à son but que de faire disparaître LE POUVOIR PONTIFICAL ET LE POUVOIR ROYAL : le pontife et le roi qui sont les deux colonnes de l'édifice social sont l'objet des attaques particulières et constantes de l'enfer ; le pontife et le Roi qui sont les canaux des grâces spirituelles et temporelles dont le Seigneur veut combler les Peuples ; les témoins de Sa Providence à travers les âges ; les deux fils de l'huile sainte qui sont devant le Seigneur de la terre (Apoc. XI). Satan s'efforce de les supprimer (Zach. IV, 14)[46] ».

Mais le Christ ne pouvait descendre que d'une Famille Royale, aussi Dieu le Père établit-Il la Royauté sur Israël, comme étant la forme du Gouvernement « la plus naturelle, la plus parfaite et celle qui pouvait le mieux assurer la paix et la durée de l'État ».

Non seulement Dieu établit la Royauté, mais Il choisit la Race Royale qui devait donner naissance à Son Fils : « Vous établirez celui que le Seigneur votre Dieu aura choisi du nombre de vos frères ». Et Dieu fait choix de la Maison d'Isaïe. Mais avant de faire monter sur le trône cette maison Il veut que les exemples et les fautes d'un Roi d'une autre race lui servent d'exemple, aussi ordonne-t-il au Grand Prêtre Samuel de sacrer Saül.

Pour bien montrer à quel point la grâce du sacre est efficace, Il choisit un simple pâtre sans instruction et sans intelligence :

---

[46] Dans ce chapitre nous nous sommes inspiré de la remarquable étude *Dieu, la Royauté et le salut de la France*, malheureusement épuisée.

« Samuel prit une petite fiole d'huile qu'il répandit sur la tête de Saül et il le baisa et lui dit : c'est le Seigneur qui par cette onction vous sacre prince sur Son héritage ». (I Rois, X, 1).

Le sacre est le lien qui unit le Roi à Dieu et le canal par lequel la puissance, l'assistance et le rayonnement de la majesté divine se communiquent au Roi au moment où il devient l'oint du Seigneur « personne sainte et sacrée ». (I Rois, IX, 15 à 17 et X, I etc...)

Samuel ajoute à Saül « En même temps l'esprit du Seigneur se saisira de vous et vous serez changé en un autre homme ». (I Rois, X, 6).

Et le Livre des Rois (I, X, 9) constate « Dieu lui changea le cœur et lui en donna un autre ».

Ainsi, « par l'onction Dieu créa en lui une personne morale douée d'une grande supériorité. De cet israélite simple, timide, irrésolu, Dieu fit un roi sage, prudent, plein de fermeté et d'énergie, capable de conduire dans sa voie la nation choisie[47] ».

Et Samuel termine son allocution au nouveau Roi par cette recommandation : « Faites hardiment tout ce qui se trouvera à faire, parce que le Seigneur sera avec vous ». (I Rois, X, 7).

Il n'est donc pas nécessaire que le Roi soit un homme de génie puisque Dieu supplée aux qualités qui lui manquent par la vertu du sacre. Aussi, Saül est-il vainqueur en toutes circonstances,

---

[47] *Dieu, la Royauté et le salut de la France*, p. 54.

réalisant cette grande prophétie d'Isaïe vraie pour tous les temps : « LE JOUG TOMBERA EN POURRITURE EN PRÉSENCE DU SACRÉ ». (X, 17)

Mais Saül s'étant arrogé les droits du sacerdoce, il est rejeté. Dieu donne l'ordre à Samuel « de prendre l'huile sainte et d'aller à Bethléem où Il s'est choisi un Roi parmi les enfants d'Isaïe (I Rois, XVI, 1) ; le plus jeune, David. Sacrez-le présentement car c'est lui que J'ai choisi ». (I Rois, XVI, 12).

Ainsi, du vivant même de Saül, David est le seul Roi légitime, et pourtant il est inconnu de tous, (hors Dieu, le Grand Prêtre et sa Famille) Roi caché que Dieu ne veut pas faire connaître encore afin de le préparer à sa mission future, et de le mettre à l'abri des ennemis jusqu'au jour fixé par Sa Providence pour l'accomplissement de cette mission[48].

Dès lors David est rempli de l'Esprit Saint ; tout ce qu'il entreprend réussit et seul il peut arrêter la folie de Saül de l'esprit duquel Dieu s'est retiré, pour faire place à Satan. L'esprit de David, en effet, étant

« uni par le sacre à l'Esprit de Dieu devient supérieur à l'esprit mauvais et se trouve par ce secours en position de le dominer et de le vaincre. Voilà pourquoi l'institution de la Royauté a une si grande importance et que Dieu a voulu, ainsi que le constate

---

[48] David est la préfiguration parfaite du grand Roi que Dieu va révéler et qui va monter sur le Trône de France. Roi qui, pour les mêmes raisons, restera caché jusqu'au dernier moment.

l'Écriture, y mettre Lui-même la main[49] ».

Par le sacre Dieu constitue donc un homme Son représentant officiel et le munit d'une armature divine pour défendre la société contre les attaques de l'enfer.

Après la mort de Saül, toutes les tribus d'Israël vinrent trouver David à Hébron et lui dirent :

« Nous sommes vos os et votre chair ». (II, Rois, V, 1).

« Paroles remarquables qui rappellent celles qu'Adam applique à Eve : Voilà maintenant l'os de mes os, la chair de ma chair ».

« Comme l'homme doit être uni à son épouse, ainsi le peuple doit être uni au Roi. Comme l'homme est le chef de la femme, ainsi le Roi est le chef et la tête du peuple et ne fait qu'un avec lui.

« C'est par la tête que la bénédiction de Dieu descend sur le corps tout entier : par le Roi qu'elle descend sur la société. Ainsi, le Roi devient par le sacre la source et le canal des faveurs multiples de Dieu sur le peuple[50] ».

Cette étude sur le Sacre sous l'Ancien Testament n'était pas inutile pour mieux éclairer celle du Sacre de nos Rois, car les leçons qui s'en dégagent s'appliquent également à l'ère chrétienne.

---

[49] *Dieu, la Royauté et le salut de la France*, pp. 67 et 68.
[50] *Dieu, la Royauté et le salut de la France*, pp. 74 et 75.

SA SIGNIFICATION

« Le sacre de nos Rois est la cérémonie la plus solennelle que la religion ait établie pour rendre nos Monarques respectables », dit Alletz dans son *Cérémonial du Sacre*.

Le sacre[51] est en France la consécration nécessaire de l'autorité royale. « Gentil Dauphin » disait Jeanne d'Arc à Charles VII, tant qu'il ne fut pas sacré[52].

L'éminent Bénédictin, Dom Besse, expose la signification du sacre dans une page magistrale, qu'il est impossible de ne pas reproduire :

« LE ROI PRENAIT POSSESSION DE SON TRÔNE LE JOUR DU SACRE. JÉSUS-CHRIST LUI CONFÉRAIT DANS LA BASILIQUE DE REIMS L'INVESTITURE DU ROYAUME.

« Il recevait du prélat consécrateur, avec le caractère royal, les aptitudes au gouvernement. Nous les appelons, dans la langue chrétienne, les grâces d'état. UN CARACTÈRE SACRÉ S'IMPRIMAIT SUR TOUTE SA PERSONNE, IL EN FAISAIT UN ÊTRE À PART, UN CONSACRÉ. LE PEUPLE CHRÉTIEN LE PRENAIT POUR L'ÉLU DE DIEU, L'OINT DU SEIGNEUR ; IL VOYAIT EN DIEU LA SOURCE DES DROITS QUI LUI ARRIVAIENT PAR LA NAISSANCE. De

---

[51] Toutes les prières et consécrations reproduites dans ce chapitre sont spéciales aux Rois de France, à l'exception de celles précédées d'un astérisque.
On pourra comparer les textes du *Pontificale Romanum Clémentis VIII ac Urbani VIII jussu editum et a Benedicto XIV recognitum et castigatum...* avec ceux de Alletz : *Cérémonial du Sacre*, 1775, Clausel de Coussergues : *Du sacre des Rois de France*, 1825.
[52] Madame de Witt-Guizot *Les chroniqueurs de France*, t. III : *Jeanne d'Arc et la guerre de cent ans*, p. 714.

son côté, le Souverain acceptait sa fonction comme un mandat. IL RÉGNAIT AU NOM DU TOUT-PUISSANT, EN VERTU D'UNE DÉLÉGATION OFFICIELLE.

« Il y avait plus encore : un lien religieux se formait entre le Roi et son Royaume pour s'adjoindre à celui que le droit héréditaire avait déjà formé. Leur union devenait ainsi plus forte et plus féconde. LE ROI APPARTENAIT À LA FRANCE ET LA FRANCE APPARTENAIT AU ROI. LE ROI LUI DEVAIT LE SERVICE D'UN GOUVERNEMENT FERME, SAGE ET CHRÉTIEN. LA FRANCE LUI DONNAIT TOUTE SA FIDÉLITÉ ET SON DÉVOUEMENT. L'ÉGLISE EN CONSACRANT CETTE UNION LUI DONNAIT UN NOUVEAU DROIT AU RESPECT PUBLIC, CEUX QUI AURAIENT TENTÉ DE LE ROMPRE SE SERAIENT RENDUS COUPABLES D'UN SACRILÈGE. LE SACRE FAISAIT DU PRINCE UN HOMME ECCLÉSIASTIQUE, SA SOUVERAINETÉ APPARAISSAIT COMME UNE FONCTION SAINTE[53] ».

LA VILLE DU SACRE

« Reims est la ville du Sacre. Voilà le grand fait qui s'impose ; c'est une mission que la Providence lui donne. Elle y est préparée par son histoire. Le baptême de Clovis l'a marquée pour cette fin. Hugues Capet y reçut l'onction royale... Quel chef-d'œuvre a germé de son sol sous l'influence des idées du Sacre ! Vous avez vu l'admirable Basilique de Sainte-Marie de Reims. C'est une épopée de pierre. Elle a pour elle la majesté, la grâce, l'harmonie et la force de résistance.

« La poussée vers le ciel de ses voûtes en fait un monument plus

---

[53] Dom Besse : *Église et Monarchie*, ch. VIII, p. 240 et 255.

qu'humain. Elle est autre chose que l'Église-mère d'un vaste diocèse ; force est d'y reconnaître le Sanctuaire royal, la Basilique de la Monarchie Chrétienne... L'acte de foi en la Royauté de Jésus-Christ sur la France s'y affirme mieux qu'ailleurs... Notre-Dame de Reims est le témoin délicat et obstiné d'un passé glorieux ; elle est, en outre, le symbole prophétique de l'avenir. Saluons en elle le signe sensible de la France Chrétienne[54] ».

C'est précisément parce que la Basilique incarne toute notre Histoire, parce que tout cœur passionnément Français y respire toutes les vertus de la race, que l'Allemagne s'est acharnée, mais en vain, à faire disparaître ce monument, impérissable témoin de nos gloires passées et futures ! Les ruines se relèvent, seul l'Ange a perdu son merveilleux sourire comme pour rappeler aux Français la tristesse que lui cause le reniement de toutes leurs traditions. Mais le sourire refleurira sur ses lèvres... quand reviendront les Lys.

LA CÉRÉMONIE DU SACRE

Avant le Sacre, des prières publiques sont ordonnées dans le Royaume. Le Roi jeûne pendant trois jours et se confesse afin de communier à la Messe du Sacre. À l'Église, tous les Corps de l'État sont représentés.

« La France assiste au Sacre de son Roi. Elle a pleine conscience de ce qui se passe devant ses yeux. C'EST JESUS- CHRIST QUI VA LUI DONNER SON SOUVERAIN. Sa présence est un acte de foi qui

---

[54] Dom Besse, id., p. 240 et 255.

s'élève jusqu'à Dieu, source du pouvoir dans les Sociétés... LA FRANCE ENTIERE, ROI ET SUJETS, FAIT HOMMAGE D'ELLE-MEME A DIEU, JESUS-CHRIST. Tous communient à la même pensée catholique qui rayonne sur l'ordre politique et social. Les idées et les sentiments entraînent l'union des cœurs et des esprits. Cette union des âmes concourt nécessairement à l'unité Nationale[55] ».

Quelques-unes des prières et des formules du Sacre montreront l'importance de cette cérémonie et des serments qui y sont prononcés tant au point de vue National que Catholique, si tant est que l'on puisse séparer l'un de l'autre. À l'arrivée du Roi :

« Voilà que Je vais envoyer Mon Ange devant vous pour vous garder. Si vous écoutez Mes paroles et si vous les observez, Je serai l'ennemi de vos ennemis et J'affligerai ceux qui vous affligeront, et Mon Ange marchera devant vous[56] ».

Le Grand Prieur de Saint-Remy, en remettant la Sainte Ampoule au Prélat consécrateur :

« Monseigneur, je remets entre vos mains ce précieux trésor envoyé du Ciel au grand saint Remy, pour le sacre de Clovis et des

---

[55] Dom Besse, id., p. 235.
[56] Cet Ange est saint Michel, le grand vainqueur de Satan, auquel tous les Rois de France, à l'exception de Louis XV, se sont consacrés. L'Archange saint Michel est donc le spécial protecteur de nos Rois et de notre France.
Voir notre étude : *Mémoire pour servir à une nouvelle consécration de la France à Saint Michel*, honorée d'une préface de S. E. Monseigneur du Bois de la Villerabel, Évêque d'Annecy.

Rois ses successeurs... »

L'oraison suivante est récitée par le Consécrateur :

« Prions. Dieu Tout Puissant et éternel qui par un effet de Votre bonté avez voulu que la race des Rois de France reçût l'onction sainte avec le baume qui est ici présent et que Vous avez envoyé du Ciel au saint Évêque Remy, faites que notre Roi, Votre Serviteur, ne s'écarte jamais de Votre service et qu'il soit délivré, par Votre miséricorde, de toute infirmité, par Notre-Seigneur ».

Puis le Roi prête les serments suivants :

« Je promets de conserver à chacun de vous (les Évêques), et aux Églises qui vous sont confiées, les privilèges canoniques, les droits et la juridiction dont vous jouissez, et de vous protéger et défendre autant que je le pourrai, avec le secours de Dieu, comme il est du devoir d'un Roi, dans son Royaume, de protéger chaque Évêque, et l'Église qui est commise à ses soins.

Et après que le Peuple a accepté le Roi pour son Souverain, celui-ci la main sur l'Évangile :

« Je promets, au nom de Jésus-Christ, au Peuple Chrétien qui m'est soumis :

« Premièrement de faire conserver en tous temps à l'Église de Dieu, la paix par le peuple chrétien.

« D'empêcher les personnes de tous rangs de commettre des

rapines et des iniquités de quelque nature qu'elles soient.

« De faire observer la justice et la miséricorde dans les jugements, afin que Dieu, qui est la source de la clémence et de la miséricorde, daigne la répandre sur moi et sur vous aussi.

« De m'appliquer sincèrement, et selon mon pouvoir, à expulser de toutes les terres soumises à ma domination les hérétiques nommément condamnés par l'Église.

« Je confirme par serment toutes les choses énoncées ci-dessus : Qu'ainsi Dieu et Ses Saints Évangiles me soient en aide[57] ».

Et Dom Besse de conclure :

« Le serment lie le souverain à Dieu dont il est le représentant sur terre. Dieu lui a donné le royaume ; il promet de le gouverner conformément à ses volontés. Il y a entre eux un contrat. L'Église en est le témoin ».

Après le serment, le Roi se « prosterne tout de son long, les Évêques, le Clergé, tout le monde fléchit les genoux. Le spectacle est grandiose. C'est la France entière qui est là, suppliante. Le Ciel est entrouvert au-dessus de la Basilique. Dieu, entouré de la Cour de Ses Saints, contemple. Il bénit. C'est la France qu'il bénit en la personne de son Chef. Il lui donne tout ce qui peut rendre son Gouvernement prospère[58] ».

---

[57] C'est une véritable constitution.
[58] Dom Besse, op. cit, p. 261.

Puis, avant de procéder à l'onction sainte, le Prélat consécrateur remet l'épée entre les mains du Roi et dit :

« Prenez cette épée, qui vous est donnée avec la Bénédiction du Seigneur ; afin que par elle et par la force de l'Esprit Saint, vous puissiez résister à tous vos ennemis, et les surmonter, protéger et défendre la sainte Église, le Royaume qui vous est confié et le camp du Seigneur, par le secours de Jésus-Christ, le triomphateur invincible. Prenez, dis-je, de nos mains consacrées par l'autorité des saints Apôtres, cette épée dont nous vous avons ceint, ainsi qu'on en a ceint les rois, et qui, bénite par notre ministère, est destinée de Dieu pour la défense de Sa sainte Église. Souvenez-vous de celui dont le prophète Daniel a parlé ainsi dans ses psaumes : O VOUS QUI ETES LE FORT D'ISRAËL ! PRENEZ VOTRE EPEE ET DISPOSEZ-VOUS AU COMBAT ; AFIN QUE PAR SON SECOURS VOUS EXERCIEZ LA JUSTICE, VOUS BRISIEZ LA MACHOIRE DES INJUSTES ; QUE VOUS PROTEGIEZ ET DEFENDIEZ LA SAINTE ÉGLISE DE DIEU et de Ses enfants ; que vous n'ayez pas moins d'horreur pour les ennemis secrets[59] du nom chrétien que pour ceux qui le sont ouvertement, et que vous

---

[59] Un peu plus loin une autre oraison dit : « Qu'Il vous fasse triompher de vos ennemis invisibles ». Une autre encore : « Qu'Il éloigne de vous tous ceux qui voudraient vous nuire ».
Ainsi, par la répétition réitérée de ces formules, Dieu semble vouloir mettre nos Rois en garde à l'avance contre les agissements des sociétés secrètes et notamment de la judéo-maçonnerie.
La chose est d'autant plus certaine que Notre Seigneur Lui-même au cours de ses apparitions à Marguerite-Marie réemploie à dessein la même formule : « Ce Divin Cœur se veut rendre protecteur et défenseur de sa sacrée personne (celle du Roi) contre tous ses ennemis visibles et invisibles ». 5è lettre, du 28 août 1689.

travailliez à les perdre ; que vous PROTEGIEZ avec bonté les veuves et les orphelins ; que vous REPARIEZ les désordres ; que vous CONSERVIEZ ce qui a été établi ; que vous PUNISSIEZ l'injustice ; que vous AFFERMISSIEZ tout ce qui a été mis dans l'ordre ; afin que, couvert de gloire par la pratique de toutes ces vertus et faisant régner la justice, vous méritiez de régner avec notre Sauveur, dont vous êtes l'image, et qui règne avec le Père et le Saint-Esprit dans les siècles des siècles. Ainsi soit-il ».

Et un peu plus loin, en ceignant le Roi de son épée :

« Passe le glaive autour de tes reins, ô très puissant, et souviens-toi que les saints ont vaincu les royaumes, non avec le glaive, mais avec leur foi... »

Puis : « Seigneur, daignez le combler des bénédictions de Votre grâce spirituelle et revêtez-le de la plénitude de Votre puissance. Que la rosée du Ciel, la graisse de la terre, procure dans ses états une abondance de blé, de vin et d'huile, et que par Vos divines largesses la terre soit couverte de fruits pendant de longues années... afin que sous son règne les peuples jouissent de la santé. QU'IL SOIT LE PLUS PUISSANT DES ROIS... Que pour la suite des siècles, il naisse de lui des Successeurs à son trône ».

Ensuite a lieu la préparation du Saint Chrême, pendant laquelle le chœur chante les versets suivants par lesquels l'Église affirme que c'est le Saint-Esprit qui est venu en personne apporter le baume destiné au Sacre de nos Rois :

« Le bienheureux Remy, ayant pris de ce baume céleste, sanctifia d'une grâce sans fond la race illustre des Français en même temps que leur noble Roi et LES ENRICHIT DE TOUS LES DONS DU SAINT-ESPRIT.

« QUI PAR L'EFFET D'UNE GRACE SINGULIERE, APPARUT SOUS LA FORME D'UNE COLOMBE ET DONNA CE BAUME DIVIN AU PONTIFE[60].

Enfin a lieu le sacre proprement dit :

« JE VOUS SACRE ROI AVEC CETTE HUILE SANCTIFIEE, AU NOM DU PERE, DU FILS ET DU SAINT-ESPRIT ».

Pendant le sacre la prière suivante est récitée :

« ...Qu'il réprime tous ses ennemis visibles et invisibles ; qu'il n'abandonne pas ses droits sur les royaumes des Saxons, des Merciens, des Peuples du Nord et des Cimbres ; qu'en inspirant à ces peuples des sentiments de paix, il change leurs cœurs et qu'il les rappelle à leur ancienne fidélité ;... que sa puissance inspire de la terreur aux infidèles... »

Puis le Prélat consécrateur remet au Roi la main de justice en disant :

« Recevez cette verge de vertu et d'équité ; qu'elle vous serve à

---

[60] « Gentem Francorum inclytam, simul cum Rege nobili, beatus Remigius sumpto cœlitus Christmate, sacra sanctificavit gurgite atque Spiritus Sancti, plene ditavit munere. Qui dono singularis gratiæ, in columba apparuit et divinum Christma cœlitus pontifici ministravit ».

pacifier les pieux, et à terrifier les méchants, à mettre les errants dans le bon chemin, à corriger les orgueilleux et à relever les humbles ».

Ensuite, c'est le couronnement :

« RECEVEZ LA COURONNE DE VOTRE ROYAUME, AU NOM DU PERE, DU FILS ET DU SAINT-ESPRIT ».

« Comprenez qu'elle symbolise la gloire de la Sainteté, l'honneur et la force de la puissance. N'oubliez point que par elle, vous participez à notre ministère. Si nous sommes les Pasteurs et les Recteurs des âmes, chargés de leurs besoins intérieurs, soyez dans les choses extérieures le véritable serviteur de Dieu. ASSISTEZ VAILLAMMENT LA SAINTE ÉGLISE CONTRE TOUTES LES ADVERSITES : ACQUITTEZ-VOUS UTILEMENT DE LA FONCTION ROYALE, QUE VOUS AVEZ REÇUE DE DIEU ET QUI VOUS EST REMISE PAR LE MINISTERE DE NOTRE BENEDICTION AU NOM DES APOTRES ET DE TOUS LES SAINTS ».

« Qu'Il établisse autour de vous Ses bons anges pour vous garder, vous accompagner et vous suivre toujours et en tous lieux... Qu'Il tourne le cœur de vos ennemis vers la paix et la douceur, qu'Il couvre d'une confusion salutaire ceux qui vous persécuteraient et vous haïraient avec obstination... Qu'Il vous fasse toujours triompher de vos ennemis invisibles... ».

Puis, s'adressant à Dieu :

« Soyez son aide et sa protection dans toutes les occasions, ainsi

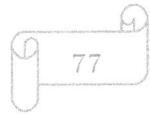

que de ceux en faveur de qui il vous implorera ».

Dom Besse écrit :

« On ne peut célébrer avec plus de force l'union des Représentants de l'Église et de celui qui personnifie l'État... L'Évêque en intronisant le Souverain dans l'Église, lui assigne SA FONCTION ECCLESIASTIQUE. Il n'appartient pas au Clergé, mais le Sacre le met au-dessus des simples Fidèles ; sa place est entre la hiérarchie qui gouverne et la masse du Peuple Chrétien qui est gouvernée. ON COMPREND DES LORS LES HONNEURS LITURGIQUES DECERNES AUX ROIS ET LE CARACTERE RELIGIEUX DE LEUR AUTORITE ET AUSSI DE LEUR PERSONNE... LE ROI EST UN ENFANT PRIVILEGIE DE L'ÉGLISE. ELLE VEUT ETRE POUR LUI UNE AUXILIAIRE...[61] »

Nous ne pouvons passer sous silence ce que dit du Sacre de nos Rois l'un des Théologiens les plus estimés, Monseigneur Delassus.

« L'onction sainte donnait la personne du Roi à la France, de telle sorte que LE ROI APPARTENAIT PLUS AU PAYS QU'IL NE S'APPARTENAIT À LUI-MEME. APRES LES ÉTATS DE L'ÉGLISE, C'EST EN FRANCE QUE LA ROYAUTE ETAIT LA PLUS DEGAGEE DES LIENS TERRESTRES, LA PLUS SPIRITUALISEE, PEUT-ON DIRE, LE ROI ETAIT PLUS VERITABLEMENT LE PERE DE SON PEUPLE QUE DE SES PROPRES ENFANTS. Il devait sacrifier ceux-ci à celui-là ; et il savait le faire, comme les tables de marbre de Versailles en font foi. Ou plutôt ses enfants n'étaient plus à lui, c'étaient les

---

[61] Dom Besse, op. cit., p. 266 à 270.

« FILS DE FRANCE ».

« L'ONCTION SAINTE DONNAIT AU ROI UN CERTAIN CARACTERE DE SAINTETE[62], non point de cette sainteté qui rend l'homme capable de voir Dieu tel qu'Il est dans les splendeurs éternelles, mais de CELLE QUI ETABLIT DES RAPPORTS PARTICULIERS ENTRE DIEU ET TELLE OU TELLE DE SES CREATURES, C'EST SAINT THOMAS D'AQUIN QUI LES A QUALIFIEES DE CE NOM :

SAINTETE. Et il donne en preuve de leur existence ce qui s'est passé au Baptême de Clovis et ce que Dieu a renouvelé de siècle en siècle jusqu'à nos jours[63] ».

L'éminent théologien ajoute :

« Le sacre de ses rois a longtemps été un privilège réservé à la France. Aucun empereur romain, ni Constantin, ni Théodose n'avait demandé à l'Église de consécration religieuse. Quand le moment vint où la Providence voulut avoir en France des rois protecteurs du Saint-Siège et propagateurs de la Foi catholique, saint Remy, comme un nouveau Samuel, donna l'onction sainte au fondateur de la monarchie française.

---

[62] « Nous trouvons, écrit saint Thomas d'Aquin, une preuve de cette sainteté dans les gestes des Francs et du Bienheureux Remy. Nous la trouvons dans la Sainte Ampoule apportée d'en haut par une colombe pour servir au sacre de Clovis et de ses successeurs, et dans les signes, prodiges, et diverses cures opérées par eux ». (De Regimine Principum, II 16.)

[63] Mgr Delassus : *Le Problème de l'heure présente*, t. II, p. 604.

Ce ne fut que bien plus tard que l'Espagne voulut avoir, elle aussi, un roi oint de l'Huile sainte. L'Angleterre, puis les autres nations de l'Europe, exprimèrent ensuite le même désir.

Mais le sacre des rois de France a conservé un cérémonial particulier...

« Le roi de France était sacré avec le Saint Chrême, la plus noble des Huiles Saintes, celle qui est employée au sacre des évêques (auquel on mélangeait une parcelle de l'huile apportée du Ciel par le Saint-Esprit et conservée dans la Sainte Ampoule). Lorsque d'autres rois demandèrent à l'Église de les sacrer eux aussi, elle ne voulut leur appliquer que l'huile des catéchumènes.

« Le roi était oint à la tête d'abord, comme l'évêque, pour montrer que de même que l'évêque a la première dignité dans le clergé, le roi de France avait la prééminence sur tous les souverains...[64] »

Les prières suivantes compléteront bien l'idée que les Français doivent se faire du sacre de leurs Rois

« QU'IL SOIT HONORE PLUS QUE LES ROIS DES AUTRES NATIONS ; qu'il règne heureusement sur ses peuples ;

QUE LES NATIONS LE COMBLENT DE LOUANGES ET CELEBRENT TOUTE SA MAGNANIMITE ».

« Bénissez, Seigneur, la force de notre Prince et coopérez à toutes ses œuvres ; et que par Votre bénédiction le pays de sa domination

---

[64] Mgr Delassus, op. cit, pp. 602 et 604.

soit rempli des fruits de la terre, des fruits du ciel, de la rosée des vallées, des fruits du soleil et de la lune, de ceux du haut des montagnes et des collines éternelles ; de ceux que la terre donne en abondance de son sein... »

Et celle-ci que récite le prélat consécrateur, après avoir conduit le Roi sur son trône et en le tenant par le bras droit :

« Tenez-vous debout et restez ainsi jusqu'à ce que vous teniez la succession paternelle qui vous est déléguée en vertu du droit héréditaire, par l'autorité du Dieu tout-puissant et dont nous vous mettons en possession, nous et tous les Évêques et tous les serviteurs de Dieu ; et COMME VOUS VOYEZ LE CLERGE PLUS PRES DES SAINTS AUTELS QUE LE RESTE DES FIDELES, PLUS VOUS DEVEZ AVOIR ATTENTION À LE MAINTENIR DANS LA PLACE LA PLUS HONORABLE, ET EN TOUS LIEUX CONVENABLES, AFIN QUE LE MEDIATEUR DE DIEU ET DES HOMMES VOUS ETABLISSE LE MEDIATEUR DU CLERGE ET DU PEUPLE ».

Le Roi s'assied sur son trône et cette dernière :

« Prions : Dieu, Auteur ineffable du monde, créateur du genre humain, qui consolidez les trônes, qui avez choisi dès le sein de Votre fidèle ami, notre Patriarche Abraham, le Roi qui devait venir dans la suite des siècles, par l'intercession de la bienheureuse Marie toujours vierge et de tous les saints, enrichissez de Votre féconde bénédiction ce Roi insigne et son armée ; fixez-le sur son trône inébranlablement, visitez-le, comme Vous avez visité Moïse dans le buisson ardent... répandez sur lui cette bénédiction céleste et cette rosée de sagesse que le bienheureux David reçut... SOYEZ-LUI CONTRE L'ARMEE DE SES ENNEMIS UNE CUIRASSE, UN CASQUE QUI LE GARANTISSE DE L'ADVERSITE, la sagesse qui le modère dans la prospérité, le bouclier QUI LE PROTEGE SANS CESSE. Faites que ses peuples lui restent fidèles, que les grands vivent en paix, qu'ils s'attachent à la charité et s'éloignent de la cupidité, qu'ils observent la justice et la vérité dans leurs discours. Que ce peuple, chargé de la bénédiction éternelle, se multiplie sous son gouvernement. Que tous tressaillent dans la paix et la victoire. Que Celui qui vit et règne avec Vous dans l'unité du Saint Esprit, Dieu, dans tous les siècles des siècles, daigne nous exaucer. Ainsi soit-il ».

À la fin du sacre l'Officiant s'écrie :

VIVAT REX IN ÆTERNUM !

VIVE LE ROI POUR L'ETERNITE !

« La messe continue. Le Roi fait la Sainte-Communion [65]. Il s'associe de la sorte au Sacrifice Eucharistique. Ses énergies divines descendent en son âme et le pénètrent tout entier pour confirmer l'œuvre Sainte qui vient de s'accomplir. Quand l'office liturgique est terminé, les Évêques laissent le Roi au peuple. Il lui appartient sans réserve[66] et c'est pour faire des miracles en sa faveur. Alors la Basilique résonne des ovations de ceux qui ont le bonheur d'assister à cette grandiose cérémonie ; les cloches

---

[65] Sous les deux espèces. Clausel de Coussergues, p. 646.
[66] Dom Besse : dito, p. 269.

mêlent leurs joyeux sons à l'enthousiasme général et le peuple, dehors, ne cesse d'acclamer son Roi au cri mille fois répété par nos Pères et que bientôt, espérons-le, nous crierons, nous aussi :

Noël ! Noël ! Vive le roi ! Noël ! Noël !

Après le festin royal, le Roi, accompagné de la Reine, se promène sans garde au milieu de son peuple et s'entretient avec les uns et les autres, comme un père au milieu de ses enfants ; le peuple peut l'approcher, lui parler sans protocole.

Ainsi, à chaque changement de règne, à chaque sacre, la France demandait à Dieu, et l'Église ratifiait sa demande, si le Roi, qu'Elle reconnaissait l'aîné de tous les Princes de la terre, et le peuple, restaient fidèles à leur mission privilégiée de Protecteurs de l'Église : la bénédiction et le secours divins ; des Héritiers pour la Couronne ; une population toujours plus nombreuse et forte ; la force pour l'Armée ; la victoire, en cas de guerre ; la prospérité dans la paix ; la justice, la charité, la concorde entre tous ; l'abondance de tous les biens.

Aussi, la Protection Divine était-elle manifeste et toujours plus abondante sur la France que sur les autres Peuples. On ne connaissait ni la haine entre citoyens, ni la crise de la natalité, ni la dégénérescence de la race, ni la pauvreté, ni la famine, etc... Toutes ces malédictions s'abattaient sur notre Pays, s'il venait à s'écarter de la route à lui tracée par Dieu Lui-même pour l'expiation de ses péchés.

Dans tous les domaines, la France l'emportait sur les autres

Empires.

C'est qu'alors, Roi et Peuple demandaient leur pain quotidien au Dieu Tout-Puissant. Comme ils cherchaient d'abord le royaume de Dieu, Dieu leur donnait tout le reste par surcroît.

LES MIRACLES DES ROIS DE FRANCE LA GUÉRISON DES ÉCROUELLES

Les marques de la faveur divine ne s'arrêtèrent pas là ; à tant de miracles, Dieu en ajouta un qu'Il accorda à tous les Rois de France : LE POUVOIR DE GUERIR MIRACULEUSEMENT LES ECROUELLES.

Comme le montre très bien Claude de Seyssel, Archevêque de Turin, ce privilège n'est pas accordé à tel ou tel de nos Rois à titre personnel, mais exclusivement à la fonction de Roi de France, quel qu'en soit le détenteur, dès qu'il est l'héritier légitime de la couronne et qu'il a été sacré.

« Quant à l'origine de ce don, écrit M. Frantz Funck-Brentano, d'après la croyance générale, dont on trouve trace jusque dans les écrits de saint Thomas d'Aquin[67], elle se serait également rattachée à l'onction par la Sainte Ampoule[68] ».

Certains auteurs la font remonter à "Saint Marcoul[69]".

Ce miracle n'était possible au Roi qu'autant qu'Il était en état de grâce et venait de recevoir la Sainte Communion. Le Roi touchait les malades, puis les embrassait, en disant : « DIEU TE GUERISSE,

---

[67] *De Regimine Principum.*
[68] Frantz Funck-Brentano : *L'ancienne France : le Roi*, p. 177.
[69] Mgr Delassus, op. cit., pp. 215 et suivantes.

LE ROI TE TOUCHE ».

Non seulement nos Rois pouvaient accomplir ce miracle en France, mais encore à l'étranger ; c'est ainsi que l'on vit Jean II, après la bataille de Poitiers, prisonnier à Londres, et François Ier, après Pavie, à Madrid, guérir « bien des malheureux atteints de semblables maladies[70] ».

« Marie-Thérèse, la femme de Louis XIV, avait fait disposer une maison à Poissy où étaient reçus et logés les malheureux qui venaient souvent de contrées lointaines afin de se faire toucher par le Roi ; ils y attendaient le jour fixé pour la cérémonie ».

On cite même des Jésuites qui furent envoyés de Portugal, d'Espagne, etc., dans notre pays par leur Compagnie, pour être guéris par le Roi de France.

Les derniers miracles, enregistrés avec le plus grand soin, se produisirent au sacre de Charles X en 1825[71].

Dans la *Revue de Philosophie*[72], le Docteur Robert Van der Elst, dans la magistrale critique qu'il fait du livre de M. Bloch, *Les Rois Thaumaturges*, affirme la guérison des écrouelles et conclut :

« Le fait ne s'explique donc que par une cause transcendante. Et cette cause, c'est la prédilection marquée par Dieu envers la

---

[70] Relation Chigi ; comparer également avec les témoignages de Saint-Simon, du Marquis de Sourches, d'Argenson, etc...
[71] Mgr Delassus, op. cit., p. 66, et *l'Esprit familial*, p. 215 et suivantes.
[72] *Revue de Philosophie*, novembre-décembre 1925, p. 621.

Dynastie des Rois de France. Est-ce parce qu'ils sont Rois ? Non, certes, car les Rois des autres Pays ne sont pas favorisés du même prestige. Est-ce parce qu'ils sont saints ? Non, pas davantage, car ils le sont très inégalement et quelques-uns ne le sont pas. Qu'y a-t-il donc en eux qui justifie cette sorte d'alliance entre leur race et Dieu ? Eh ! précisément la vocation de leur règne ! Ils sont Rois pour concourir au règne de Dieu. Ils sont de la race élue pour cette fonction, ils reçoivent ce privilège à la façon d'une grâce, sans doute imméritée comme toute grâce, mais motivée par leur devoir sur le sens duquel le peuple est ainsi renseigné. C'est ce que rappelle le traité *de Regimine Principum*, commencé par saint Thomas, achevé sans doute par le docte Tolomée, imbu, quoi qu'il en soit, de la pensée de l'Ange de l'École. De ce point de vue, pour l'esprit humain affamé de justes rapports et non de probabilités, indéfiniment discutables, une claire relation s'établit entre deux ordres de faits inégalement patents : d'une part la destinée de la France, surnaturellement soumise, dans l'intention de Clovis, aux fins de l'Église et parfois honorée, comme au temps de Jeanne d'Arc, d'une libération miraculeuse ; d'autre part le privilège des Rois qui n'est qu'un moyen de leur influence et un motif de leur confiance en Dieu, subordonnées elles-mêmes aux fins que ce privilège signifie ».

Au surplus, ces miracles sont attestés dans la bulle de canonisation de saint Louis (11 août 1297) ; le Souverain Pontife, Boniface VIII, prend soin de distinguer les miracles que faisait le saint Roi en vertu de sa sainteté et ceux qu'il faisait de par sa dignité de Roi de France, la guérison des écrouelles ; et Benoît XIV écrit :

« Citons, par exemple, le privilège qu'ont les Rois de France de guérir les écrouelles, non par une vertu qui leur est innée, mais par une grâce qui leur a été accordée gratuitement soit lorsque Clovis embrassa la foi, soit lorsque saint Marcoul l'obtint de Dieu pour tous les Rois de France[73] ».

Enfin, saint François de Sales, dans ses *Controverses pour convertir les Protestants*, s'appuie, entre autres miracles certains, indubitables sur ceux que faisaient les Rois de France pour montrer que la « vraye Église doit reluire en miracles » et que l'Église catholique romaine est la seule vraie parce qu'elle seule jouit du miracle. Il écrit :

« Le bon père Louys de Grenade, en son *Introduction sur le Symbole*[74] récite plusieurs « miracles récens et irréprochables. Entre autres, il produit la guérison que les Roys de France catholiques ont faict, de nostre aage mesme, de l'incurable maladie des écrouelles, ne disant autre que ces paroles : *Dieu te guérit, le Roy te touche* n'y employant autre disposition que de se confesser et communier ce jour-là[75] ».

Ces deux seules conditions mises par Dieu s'expliquent :

Sans l'état de grâce, l'âme étant éloignée de Son Créateur est hors d'état de pouvoir faire aucun bien, à plus forte raison un miracle.

---

[73] Mgr Delassus, op. cit., p. 606, *De Canon. Sanct*, livre IV, ch. III.
[74] Père Louis de Grenade : *Introduction sur ce symbole* pars II, chap. XXIX, VIII.
[75] Saint François de Sales op. cit. p. 102 et 103, 1ère Partie ch. III. Article VII, Grande édition d'Annecy (1892).

N'est-il pas logique aussi que la Communion soit nécessaire dans une œuvre de charité et d'amour comme la guérison de malades incurables. Le Christ n'est-Il pas la source de tout amour et de toute charité, et la Communion n'est- elle pas le moyen par lequel Il se donne et nous nous donnons à Lui pour qu'Il vive en nous. Quoi d'étonnant alors qu'au moment où Il vit réellement dans le cœur du Roi, Son Oint et Son Représentant dans l'ordre temporel, Il accomplisse des miracles par son bras ?

Ainsi, Dieu a voulu orner le front de nos Rois d'un rayon de Sa Puissance, et Il a choisi l'un des plus beaux : celui du miracle source de la santé, c'est-à-dire du bien le plus précieux à l'homme après la foi. Comme s'Il avait voulu montrer à notre France qu'elle ne recouvrera sa force et sa santé que par son retour aux traditions monarchiques, qui ont assuré sa gloire et sa prospérité dans le passé. Privilège unique dans sa permanence puisqu'il ne dépend que du Roi une fois sacré d'en prodiguer sans cesse les effets.

Dans le même ouvrage saint François de Sales s'appuie sur le miracle pour prouver la divinité de l'Église[76].

« Dieu donnait témoignages à la foy qu'il annonçait par miracles. Dieu mit en mains de Moyse ces instruments afin qu'il fust creu (Exod. IV) dont Notre-Seigneur dit que s'il n'eus faict des miracles, les Juifs n'eussent pas été obligés de Le croire. (Jean. XV, 24).

« ... Pour vray ce que nous avons toujours veu, en toutes sortes de saisons, accompagner l'Église, nous ne pouvons que nous ne

---

[76] Saint François de Sales, op. cit., pp, 100 à 108.

l'appelions propriété de l'Église ; la vraye Église doncques fait paraître sa sainteté par miracles... »

« L'Église a toujours été accompagnée de miracles solides et bien assurés, comme ceux de son Espoux, doncques c'est la vraye Église car me servant en cas pareil de la rayson du bon Nicodème (Jean, III, 2) je diray : *nulla societas potuit facere quae haec facit, tam illustria aut tam constanter, nisi Dominus fuerit cum illa*[77]... « ainsy oyant qu'en l'Église se font de si solemnelz miracles, il faut conclure *que vere Dominus est in loco isto*[78]. (Gen. XXVIII, 16)... La nostre doncques seule est la vraye Église ».

Ce raisonnement irréfutable s'applique rigoureusement aussi à la royauté française. IL S'ENSUIT DONC QU'EN FRANCE LE SEUL RÉGIME POLITIQUE VOULU PAR DIEU EST LA ROYAUTÉ, PUISQUE, SEULE, ELLE A ÉTÉ ÉTABLIE MIRACULEUSEMENT ET QU'AU COURS DES ÂGES, ELLE A TOUJOURS JOUI DE PRIVILÈGES MIRACULEUX, À ELLE SEULE ACCORDÉS PAR DIEU. LES AUTRES RÉGIMES SONT DONC SEULEMENT PERMIS PAR DIEU POUR LE CHÂTIMENT DES FAUTES DE NOTRE PAYS. Que si ces autres formes de gouvernement prétendent à la légitimité, avec saint François de Sales on leur « imposera silence avec ces saintes paroles : *si filii abrahae estis, opera abrahae facite !*[79] (Jean VIII, 39).

Et saint François de Sales ajoute pour nous obliger à croire, sous

---

[77] « Il n'est aucune société qui puisse faire ce que celle-ci fait, ni des choses aussi éclatantes, ni d'une manière aussi constante, si Dieu n'était avec Elle ».
[78] « Vraiment le Seigneur est dans ce lieu ».
[79] « Si vous êtes les fils d'Abraham, faites les œuvres d'Abraham ».

peine de péché, à la vérité de ce qui repose sur le miracle[80] :

« Si Nostre Seigneur n'eust faist tant de miracles on n'eust pas péché de ne le croire pas... Saint Pol témoigne que Dieu confirmait la foy par miracle (Heb. II, v. 4) doncques le miracle est une juste rayson de croire, une juste preuve de la foy, et un argument pregnant pour persuader les hommes à créance ; car si ainsy n'estait, nostre Dieu ne s'en fut pas servi.

« Là où il plaict à la bonté de Dieu d'en fayre pour confirmation de quelque article, nous sommes obligés de le croire. Car, ou le miracle est une juste persuasion et confirmation ou non – si c'est une juste persuasion, doncques en quel temps qu'ils se fassent ils nous obligent à les prendre pour une très ferme rayson, aussy le sont-ils. *Tu es Deus qui facis mirabilia*[81], dict David (Ps. LXXVI, 14) au Dieu tout puissant, doncques ce qui est confirmé par miracles est confirmé de la part de Dieu ; or Dieu ne peut estre autheur ni confirmateur du mensonge, ce doncques qui est confirmé par miracles ne peut être mensonge, ainsi pure vérité ».

LA ROYAUTÉ EST DONC BIEN LA SEULE VÉRITÉ POLITIQUE EN FRANCE.

---

[80] Saint François de Sales, op. cit. *Les règles de la foi.* ch. VII, art. 1. pp. 319 et 320.
[81] « Tu es Dieu, Toi qui fais ces merveilles ! »

LE JEUDI SAINT DES ROIS DE FRANCE

Pour montrer à quel point l'institution monarchique en France était chrétienne, qu'il nous soit permis de rappeler les cérémonies qui avaient lieu chaque année à la Cour le Jeudi Saint. Nous emprunterons son récit à M. Paul Gruyer[82] :

« C'est le pieux Roi Robert qui, aux lointains alentours de l'an mil, institua l'usage par les Rois de France de laver les pieds des pauvres le Jeudi Saint de chaque année et de célébrer la Cène en leur honneur. Cette coutume qui courbait devant des malheureux la Majesté Royale, avait été pratiquée déjà par les Empereurs Grecs de Byzance, et c'est de là qu'elle était venue en Europe.

« Le nombre des pauvres amenés au palais pour cette cérémonie fut d'abord illimité. Il se réduisit par la suite et au début du XVIIè siècle, Henri IV régnant, il avait été définitivement fixé à treize garçons ou fillettes[83], ce nombre symbolisant Jésus-Christ et les douze Apôtres. Si le Roi était empêché, le Dauphin le remplaçait...

« ... On les assied le long d'un banc, le dos tourné contre la table où le Roi les doit servir, et le visage vers la chaire où le Grand Aumônier, ou autre Prélat qui a été choisi, doit faire l'exhortation.

---

[82] Paul Gruyer : *Quand les Rois de France lavaient les pieds des pauvres.*
[83] Le chiffre de 13 Pauvres a été adopté depuis saint Grégoire le Grand parce qu'un jour, ayant invité 12 pauvres, il s'en trouva un treizième qui, la cérémonie finie, disparut mystérieusement comme il était venu, et l'on pensa que c'était Notre Seigneur Lui-même.

Celle-ci terminée, on chante le Miserere, puis le Roi s'avance vers les Enfants et prosterné à deux genoux, il commence à laver le pied droit au premier, et le baise, et ainsi continue aux autres... Les enfants passent ensuite avec leur banc de l'autre côté de la table où ils sont servis par le Roi chacun de treize plats de bois, les uns pleins de légumes, les autres de poisson, et d'une petite cruche pleine de vin sur laquelle on met trois pains ou échaudés. Puis le Roi passe au cou à chacun d'eux une bourse de cuir rouge dans laquelle il y a treize écus d'or, laquelle est présentée à sa Majesté par le Trésorier des Aumôniers.

« Ce sont toujours comme par le passé, les Princes du sang royal ou autres Princes et Nobles qui tendent les plats au Roi...

« Derrière les Enfants, il y a un Aumônier servant qui prend tous les plats sitôt que le Roi les a mis sur la table, et les remet dans des paniers ou corbeilles, qui sont tenus par les Pères et Mères ou Parents des enfants, auxquels le tout appartient.

« Finalement, le Roi se rend à la Messe avec une grande suite et à l'issue, avec un cierge blanc en main, suivi des mêmes Princes et Seigneurs, il accompagne le Saint-Sacrement depuis l'autel où la Messe a été dite, jusque dans un oratoire qu'on lui a préparé, où il est posé en grande dévotion.

« ... Une cérémonie parallèle se déroula jusqu'à la Révolution, également dans les grands appartements de la Reine. Elle aussi y servait les petits pauvres, assistée par les Princesses de la Famille Royale et par des Duchesses qui lui tendaient les plats ».

Quel magnifique exemple chrétien donnait ainsi le Roi de France.

Ajoutons que saint Louis, tous les vendredis, accomplissait ce geste qui grandissait la majesté royale et que bien souvent, au cours de sa sortie matinale quand il rencontrait des pauvres, il ne manquait pas de les ramener au palais royal où lui-même tenait à les servir à table, voyant en chacun d'eux un membre souffrant de Jésus-Christ.

On comprend que devant de pareils faits « l'Église ait encouragé dès avant le XIIIè siècle, et à Rome même, la prière pour le Roi de France.

« À Saint-Louis-des-Français, on lit sur chacun des piliers, qui font face à la porte d'entrée : Quiconque prie pour le Roi de France gagne dix jours d'indulgences accordés par le Pape Innocent IV[84] ».

Inscriptions et indulgences existent encore.

---

[84] Abbé Delassus : *Louis XVI et sa béatification*, p. 17.

LE ROI PÈRE DE LA FRANCE
ET DE TOUS SES SUJETS

La Famille est d'institution divine et est la cellule sur laquelle repose la société tout entière. Monseigneur Delassus dans son admirable ouvrage *L'Esprit Familial* démontre cette vérité à tous les échelons de la société humaine : famille, corporation, cité, État. Il prouve que toutes les institutions qui s'appuient sur la famille et la favorisent sont dans l'ordre naturel, c'est-à-dire dans l'ordre voulu par Dieu et qu'au contraire toutes celles qui combattent la famille ou simplement ne reposent pas sur elle sont vouées à la disparition parce que contraires à la loi naturelle et donc à la volonté divine.

« Si les peuples, écrit-il, ne sont construits que de familles vivantes et si les lois imposées par Dieu à la famille doivent être les lois de toute société, il est nécessaire que les États reproduisent en eux quelque chose du type primitif[85] ».

C'est pourquoi la Royauté est le régime normal parce qu'elle a pour base la famille et ne se perpétue que par la famille ; elle repose donc sur la loi naturelle et est donc dans l'ordre voulu par Dieu.

« La Patrie, ce fut à l'origine le territoire de la famille, la terre du

---

[85] Mgr Delassus : *L'esprit familial, dans la famille, dans la cité, dans l'État*, p. 31.

père. Le mot s'étendit à la seigneurie, et au royaume entier, le Roi étant le Père du peuple. L'ensemble des territoires sur lesquels s'exerçait l'autorité du Roi s'appelait donc « Patrie »[86].

Dom Besse remarque que les Monarchies chrétiennes de l'Europe, sont toutes l'œuvre d'une famille.

« Cette famille est aimée et respectée comme la première du pays. Elle personnifie ses traditions et ses gloires. Sa prospérité et celle du pays n'en font qu'une. Elle porte en elle les espérances de l'avenir. Tous le savent et vivent en paix[87] ».

Mais alors que la France, l'Allemagne et l'Italie sont toutes trois issues du démembrement de l'Empire de Charlemagne, il convient de remarquer que tandis qu'il fallut dix siècles aux deux dernières pour parvenir à leur unité, la France prit immédiatement figure de nation.

À quoi notre pays dut-il ce privilège ?

À la Loi Salique et au mariage qu'il avait contracté de par la grâce et la volonté divines avec sa dynastie. Aucune autre Maison Royale ne poussa aussi loin le respect de l'esprit familial, et c'est ce qui fit sa force.

Renan lui-même le reconnaît :

« A toute nationalité correspond une dynastie en laquelle

---

[86] F. Funck-Brentano : *L'Ancienne France, le Roi*.
[87] Mgr Delassus, id note 1, p. 20.

s'incarne le génie et les intérêts de la nation ; une conscience nationale n'est fixe et ferme que quand elle a contracté un mariage indissoluble avec une famille qui s'engage par le contrat à n'avoir aucun intérêt distinct de celui de la Nation. Jamais cette identification ne fut aussi parfaite qu'entre la maison capétienne et la France. Ce fut plus qu'une royauté, ce fut un sacerdoce[88] ».

Mais aussi, Dieu bénit manifestement la Famille de nos Rois :

« C'est Dieu en effet, dans ses desseins sur la France, qui a permis que dans cette grande lignée capétienne, où l'on ne compte pas pendant plus de trois siècles un seul prince adultérin, l'héritier direct ne manquât jamais au trône, en sorte que l'on a vu sans interruption, depuis Hugues Capet jusqu'à Philippe le Long, le Fils aîné du Roi défunt succéder régulièrement à son Père[89] ».

C'est l'esprit familial de nos Rois qui présida à la formation de l'unité territoriale de la France :

« Le principe de la Monarchie française était que rien de ce qui avait fait partie à l'origine ou avait été comme on disait du domaine de la couronne ne pouvait être aliéné. Lorsque, par droit d'héritage féodal, partage successoral ou constitution d'apanage, une province est distraite du domaine royal, elle ne cesse point pour cela de faire partie intégrante de la monarchie et, quelque jour à venir, elle fera retour au domaine inaliénable de la couronne. Or, les juristes et les conseillers de nos Rois soutiennent

---

[88] Renan : *Réponse au discours de réception à l'Académie Française de Jules Claretie.*
[89] Mgr Delassus, id., note 1, p. 26.

sans admettre la discussion, que le fondateur de la Monarchie Française, le Franc Clovis, régna sur toute la Gaule et que toutes les terres qui avaient fait partie du *Regnum Francorurn* de Clovis doivent en droit faire retour à la Couronne[90] » parce que c'était la terre des Pères.

Or, Clovis régnait sur un territoire limité par le Rhin, le Jura, les Alpes et les Pyrénées. Il s'en suit donc qu'après les grands partages du Traité de Verdun entre les petits-fils de Charlemagne, nos Rois ne vont jamais cesser de tendre à se rapprocher de la frontière naturelle et à reprendre province à province la « Terre des Pères » et c'est par la famille qu'ils y parviendront. Dieu a permis en effet que les détenteurs de ces provinces les uns après les autres n'eussent plus d'héritiers mâles, et que leurs filles fussent demandées en mariage par les Fils de nos Rois.

Aussi, de Lionne remarque-t-il dans ses instructions au baron de Boisnebourg (7 juin 1659) que la France n'a jamais « rien retenu au seul titre de conquêtes et si elle a eu parfois quelques avantages, ç'a a été à des choses qui se trouvaient d'ailleurs appartenir à nos Rois, par succession, confiscation, échange ou même achat ».

C'est qu'en effet, le Roi, en bon Père de Famille, ne veut arrondir son domaine que par des moyens honnêtes. Les instructions que donne le Cardinal de Richelieu à ce sujet sont admirables et méritent d'être citées. Il veut une « paix sûre, juste et raisonnable. On veut traiter de bonne foi et sans prétendre autre avantage que ce que la raison doit accorder à un chacun », écrit-il à son agent

---

[90] E. Babelon : *Le Rhin dans l'Histoire.*

en Espagne, Pujol, le 8 novembre 1637. Le Grand Cardinal s'inspire des mémoires que les juristes de la Couronne, les Godefroy, les Dupuy, les Lebrait, les Delorme et autres ont établis. Il les fait contrôler par des docteurs en théologie pour savoir s'ils sont vrais « au point de vue de la conscience ».

Pour prendre un territoire comme un particulier pour revendiquer un bien, le Prince doit invoquer des titres légitimes. Aussi réprouve-t-il toute conquête qu'il considère comme un acte violent et injuste et il se refuse à conseiller à son Maître des procédés que la conscience, l'honneur du Roi, la dignité et l'intérêt de l'État interdisent[91].

Tels furent les principes que les Rois de France s'efforcèrent toujours de faire triompher dans les relations internationales, afin que la justice fût satisfaite, parce que la justice, seule, respectant l'ordre voulu par Dieu, peut, seule, assurer la paix, l'apaisement des passions et la prospérité générale.

Quelle magnifique leçon de droiture et d'honnêteté ! Comme le monde a besoin que le Roi de France vienne rétablir « le règne de Dieu afin que tout le reste lui soit donné par surcroît ».

C'est l'esprit familial, également, qui présidait aux rapports du Roi et de ses sujets. Le gouvernement royal avait conservé le caractère familial. L'autorité du Roi était à peu près celle du Père de Famille. Comme le Père de famille, il était la source de toute justice :

---

[91] Voir : Louis Batiffol : *Richelieu et l'Alsace* (*Revue Historique*, nov., déc. 1921).

« *Summun justitiæ caput* » écrit Fulbert de Chartres au XIè siècle.

Il traitait ses sujets avec une entière familiarité, se promenait à pied, sans escorte dans les rues de Paris, comme le Père au milieu de ses enfants. Chacun l'abordait, lui parlait. Son palais était ouvert à tout venant. Il mangeait devant ses sujets, en famille. Car, écrit Lacatelle, en 1665, « Le Roi veut que ses sujets entrent librement ».

« Nommer le Roi Père du Peuple, dit La Bruyère, c'est moins faire son éloge que sa définition ».

La Famille Royale ne s'appartenait pas, elle appartenait à la France et la France prenait part intensément à tous les événements heureux ou douloureux de la Maison de France ; pour tout le Pays, c'étaient des événements de famille. Une naissance était-elle attendue, la Reine devait accoucher en public. Dès le XIIè siècle à la naissance de Philippe-Auguste, le 21 avril 1165, des scènes d'amour délirant se produisent, la maison du Roi est entourée, envahie « de palatins, de bourgeois qui attendent fiévreusement la délivrance de la Reine. C'est un fils ! La Reine pleure de joie ; la nouvelle vole de bouche en bouche ; elle court d'une extrémité de la France à l'autre avec une rapidité surprenante ; Paris s'éveille dans la joie ; les rues et les places s'illuminent. Les trompettes retentissent au coin des carrefours ; les cloches sonnent à toute volée.

Un Anglais, Géraug de Barri, réveillé par la joie populaire, écrit :

« Je saute de mon lit, je cours à la fenêtre et j'aperçois deux pauvres vieilles qui, portant chacune un cierge allumé, gesticulaient et couraient comme des folles. Je leur demande ce qu'elles ont :

« Nous avons un Roi que Dieu nous a donné répond l'une d'elles ; un superbe héritier royal par la main de qui votre roi à vous recevra un jour honte et malheur[92] ».

Les Princes de la Maison Royale savaient mourir pour défendre la France. Les tables de marbre de Versailles en font foi : plus de trente d'entre eux furent tués, sans compter tous ceux qui, blessés, versèrent leur sang généreux.

Il est un fait unique dans les annales de l'Histoire. Alors qu'en Angleterre, les Plantagenets, les Tudor, les Lancastre, les Hanovre, etc ... ; en Allemagne, les Hohenstanffen, les Habsbourg, les Lorraine, les Hohenzollern ... ; en Autriche, les Habsbourg et les Lorraine ; en Espagne, les Habsbourg et les Bourbons ; en Italie, de nombreux princes et notamment les Bourbons et les Savoie ; en Russie, les Romanoff.... etc., régnèrent sans jamais adopter le nom du pays, en France le premier de nos Rois a donné le nom de sa race à la France et la France à son tour a donné le sien à notre Famille Royale en signe d'union indissoluble : nos Rois sont tous de la Maison de France, et alors même que cette Famille ne règne plus sur la Patrie, elle demeure et demeurera toujours la Maison de France et l'histoire a montré que la séparation momentanée entre les deux conjoints avait des conséquences désastreuses pour

---

[92] Mgr Delassus, id., d'après Luchaire.

le Pays.

C'est que Dieu avait choisi de toute éternité la race royale des Francs pour la faire régner jusqu'à la fin des temps sur la France et que cette séparation est contraire à la volonté divine.

Jamais aucune Maison Souveraine n'a été passionnément aimée par son peuple comme l'a été la Maison de France, mais aussi, aucune n'a été digne et n'a mérité de l'être comme elle.

Michelet lui-même le constate, qui écrit :

« Des entrailles de la France sort un cri tendre, d'accent profond : « Mon Roi ! »

Et Tocqueville dit très justement :

« La nation avait pour le Roi tout à la fois la tendresse qu'on a pour un Père et le respect qu'on ne doit qu'à Dieu ! »

M. F. Funck-Brentano a montré à quel point était demeuré vivant dans le cœur des Français l'amour du Roi lors de la Révolution :

« Issu du Père de Famille, le Roi était demeuré dans l'âme populaire, instinctivement et sans qu'elle s'en rendît compte, le Père auprès duquel on cherche soutien et abri. Vers lui, à travers les siècles s'étaient portés les regards dans les moments de détresse ou de besoin. Et voici que brusquement, par le violent contrecoup de la prise de la Bastille, cette grande autorité paternelle est renversée. Et c'est parmi le peuple de France un malaise, un effroi vague, irréfléchi.

« Oh, les rumeurs sinistres ! les brigands !... Et le Père n'est plus là !

« La « Grande Peur » est la dernière page de l'histoire de la Royauté en France. Il n'en est pas de plus touchante, de plus glorieuse pour elle, il n'en est pas où apparaisse mieux le caractère des relations qui, traditionnellement, naturellement, s'étaient établies entre le Roi et le pays[93] ».

L'idée paternelle que l'on se faisait de la Monarchie avant la Révolution ne serait pas complète si nous ne rappelions la sublime page de dévouement des « otages de Louis XVI »[94]. Après le retour de Varennes, nombre de royalistes sentirent planer la menace de mort sur le Roi ; l'un d'eux, Farmain de Rozoi, lança un admirable appel demandant que les vrais royalistes s'offrissent en otage à la place du Roi.

L'appel fut entendu : de tous les points du Pays et de toutes les classes de la nation parvinrent des adhésions enthousiastes et d'autant plus méritoires que chacun de ceux qui répondait se désignait aux représailles des révolutionnaires. Les hommes se proposèrent comme otages du Roi ! ; les femmes, de la Reine. Nous citerons seulement deux de ces réponses particulièrement touchantes :

---

[93] Frantz Funck-Brentano, op. cit., p. 397.
[94] Ed. Pilon : *Les otages de Louis XVI.* (A. F. du 17 janvier 1935).

« Je suis pauvre, écrit un paysan de Vaas près Château-du-Loir, si l'on ne me juge pas indigne d'un tel honneur, j'irai prendre les fers (à la place du Roi) ; et si je n'ai point assez d'argent, je vendrai mes boucles, ma montre pour subvenir aux frais du voyage ».

« Je ne suis point aristocrate, déclare une simple fille de la campagne, mais je suis jeune et sensible et les malheurs de Louis déchirent mon cœur. S'il est condamné, s'il doit périr, je m'offre comme victime à sa place. Julie ».

Le voilà le vrai cœur de la France.

Le Christ clef de voûte de l'ancienne France et roi universel des siècles et de l'éternité

Nous venons de voir que le Roi, représentant de Dieu sur la terre, et le gouvernement Royal, avaient pour base l'autorité religieuse et familiale. Deux autres exemples montrent que toute la vie de l'ancienne France reposait sur la religion du Christ : la Chevalerie et les Corporations.

Le jeune Chevalier, avant que d'être armé, devait jeûner et passer une nuit en prières devant le Tabernacle, puis se confesser et communier. Il jurait solennellement alors, devant le Saint Sacrement, de défendre l'Église, son Roi, le faible, le pauvre, la veuve, l'orphelin et d'être toujours courageux, loyal et généreux.

Quant aux Corporations de Métiers, elles trouvent, le plus souvent, leur origine dans l'hommage fait à Dieu, et chacune d'elles tient à l'honneur de vénérer son Saint Patron[95].

De même que le Christ est Roi de France, il est le Chef suprême de la Chevalerie et des Corporations. LE ROI, LA NOBLESSE, LE PEUPLE, TOUS RECONNAISSENT LA ROYAUTÉ DU CHRIST QUI EST EN TOUTE VÉRITÉ LA CLEF

---

[95] Voir G. Fagniez : *Étude sur l'industrie et la Classe Industrielle à Paris aux XIIIè et XIVè siècles.* H. Blanc : *Les Corporations de Métiers*, p. 83 et suiv.

DE VOUTE DE L'ANCIENNE FRANCE

C'est ce qu'affirmait le plus grand Évêque du XIXè siècle, le Cardinal Pie, quand il écrivait justement :

« Jésus-Christ, c'est la pierre angulaire de notre Pays, la récapitulation de notre Pays, le sommaire de notre Histoire ; Jésus-Christ, c'est tout notre avenir ». (t. X. p. 493).

Aussi fut-ce pour tous les Catholiques du monde mais plus spécialement pour les Français une grande joie et une immense espérance, au milieu des douleurs présentes, de voir le Pape Pie XI, dont ce sera le plus beau titre de gloire, proclamer la Royauté Universelle du Christ et instituer la Fête annuelle du Christ-Roi. Elle sera la source d'inéluctables bénédictions sur le monde et, tout particulièrement sur la France, qui a été la première à promouvoir le grand mouvement[96] dont l'encyclique *Quas Primas* a été le magnifique couronnement ; sur cette France dont le Christ disait à Marie Lataste, le 28 novembre 1843[97] :

« Le Premier Roi, le premier Souverain de la France, c'est Moi.
« Je suis le Maître de tous les peuples, de toutes les nations, de tous les royaumes, de tous les empires, de toutes les dominations ; JE SUIS PARTICULIÈREMENT LE MAITRE DE LA FRANCE ».

---

[96] La Ligue Apostolique des Nations et la Société pour le Règne Social de N.-S. J.-C. ont été fondées dans ce but.
Le R. P. Théotime de Saint-Just a écrit un livre magistral sur le sujet : *La Royauté Sociale de Notre Seigneur Jésus-Christ, d'après le Cardinal Pie.*
[97] Abbé Pascal Darbens : *Vie de Marie Lataste*, t. III, p. 395.

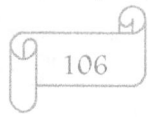

Conclusion du Livre I :
Vers l'avenir la loi salique
et le choix divin

Joseph de Maistre relevant cette expression de l'Écriture : « C'est moi qui fais les Rois » ajoute :

« Ceci n'est point une métaphore, mais une loi du monde politique. Dieu *fait* les rois au pied de la lettre. Il prépare les races royales ; Il les mûrit au milieu d'un nuage qui cache leur origine. Elles paraissent ainsi couronnées de gloire et d'honneur ».

C'est Dieu en effet qui établit la Royauté. Il la fit reposer sur deux principes qui se complètent réciproquement : la primogéniture mâle et l'hérédité. Il voulut, en outre, choisir la Race Royale par excellence : celle de David, parce qu'elle devait donner naissance à Son Divin Fils. Mais, si le principe de l'hérédité mâle était intangible [98], il n'en était pas de même de celui de la primogéniture. Dans des cas exceptionnels, Dieu se réservait, en effet, d'y déroger en faveur du Prince le plus digne de régner.

Ainsi, parmi les enfants d'Isaïe, il choisit non l'Aînée mais le plus

---

[98] Rois II, ch. VII. La loi des enfants d'Adam, dont il est question au verset 19, n'est autre que la future loi salique, quant à l'hérédité. C'est ce qui ressort nettement de tout ce chapitre.

jeune, le huitième, David :

« Je l'établirai le premier né d'entre ses frères et Je l'élèverai au-dessus des rois de la terre[99] ».

Ce n'est pas non plus l'aîné de David que Dieu choisit pour succéder à son père mais le dixième, Salomon, choix divin reconnu et admis par l'aîné, Adonias :

« Vous savez que la couronne m'appartenait et que tout Israël m'avait choisi par préférence pour être son roi mais le royaume a été transféré et il est passé à mon frère, parce que c'est le Seigneur qui le lui a donné[100] ».

C'est ce que David lui-même tint à affirmer à plusieurs reprises[101].

En France, il en est absolument de même. Dans son Testament, incontestablement inspiré et que saint Pie X recommandait aux français comme un trésor, saint Remy proclame que Dieu a « choisi délibérément » la Race de Mérovée « pour régner jusqu'à la fin des temps » sur notre Pays. Le grand thaumaturge affirme formellement l'unité de race de nos Rois, il ajoute pour mieux confirmer notre foi et illuminer nos intelligences :

« Qu'en tout et toujours il garde la perpétuité de sa force et

---

[99] Ps. 88 – Rois, livre I, XVI, 1 – 13.
[100] Rois, Livre III, II, 15.
[101] Paralipomènes I, XVIII, 4 – 10 ; XIX, 1 et 23 à 25.

l'inviolabilité de sa durée ! »

Il s'en suit donc que Mérovingiens, Carolingiens et Capétiens sont trois branches d'une seule et même race. Cette unité de race de tous nos Rois était considérée comme une tradition au Moyen-Âge et jusqu'avant la Révolution : dans la salle du Trône de l'ancien Palais Royal à Paris (incendiée en 1618 et sur l'emplacement de laquelle a été construite la salle des Pas Perdus de l'actuel Palais de Justice) sous la statue de Pépin le Bref, l'inscription suivante était gravée dans la pierre en caractères gothiques :

« Pépin, Fils de Charles le Martel, DE LA LIGNEE DE CLOTAIRE SECOND, fut élu Roy ».

Plusieurs auteurs parlent de cette tradition que Piganiol de la Force défendit dans sa *Description de la France*, publiée avec autorisation et privilège de Louis XIV, en date du 20 Juin 1714 :

« Le Royaume de France a commencé l'an de l'ère vulgaire 420 et depuis ce temps-là, a toujours été successif de mâle en mâle et gouverné par 65 Rois, TOUS ISSUS DE LA MEME MAISON, quoique de trois races différentes, ainsi que je le prouverai dans un autre ouvrage... »[102].

Sans aller jusque-là, les Bénédictins ont cependant nettement démontré sinon l'unité des trois races, du moins celle des Carolingiens et des Capétiens, dont l'auteur commun est Pépin d'Héristal, Père de Charles Martel, qui a donné le jour aux

---

[102] Piganiol de la Force : *Description de la France*, Tome 1 p. 7.

premiers, et de Childebrand d'où sont issus les seconds.

Il n'est pas sans intérêt d'ajouter qu'indépendamment de leur ascendance salique avec les Mérovingiens, les Carolingiens et les Capétiens descendent également par voie féminine de Clovis et de Clotaire II par Blitilde, fille de ce dernier et mère de saint Arnoul, aïeul de Pépin d'Héristal ; et que les Capétiens descendent de Charlemagne par Adélaïde, fille de Louis le Débonnaire, qui épousa Robert le Fort.

Quant au choix divin sur les membres les plus dignes de la famille Royale, il s'est exercé également en France.

Piganiol de la Force continue :

« La Loi Salique, qui est la Loi Fondamentale de cette Monarchie, en exclut les filles et elle a toujours été inviolablement observée à leur égard. Elle l'a été aussi quant aux mâles, mais il y eut de la différence dans la manière. Sous les deux premières races, les Français élisaient pour leur Roi le Prince le plus digne de leur commander, POURVU QU'IL FÛT ISSU PAR MALE DU SANG ROYAL ; c'est à cette liberté de choix que Pépin et Hugues Capet furent redevables de leur élection, quoiqu'ils ne fussent pas les plus proches héritiers de leurs prédécesseurs. Dans la troisième race au contraire, les Princes issus du sang royal par mâles ont toujours été appelés à la Royauté par l'ordre et la prérogative de leur naissance, le plus proche a toujours exclu celui qui l'était moins »[103].

Ainsi la Providence a voulu choisir les trois branches de la Race Royale au moment où dans Sa prescience des événements Elle savait que chacune d'elles serait la plus digne de régner et assigna à chacune une mission particulière, les Mérovingiens devant catéchiser les peuples, les Carolingiens les baptiser et les Capétiens les sanctifier.

À l'origine le choix se portait donc sur le plus digne, le plus courageux, parmi les Princes de la Race Royale et non pas forcément sur l'aîné, à l'image de ce qui s'était passé dans l'Ancien Testament. On comprend cependant que sous la troisième branche on ait été amené à fixer d'une manière rigoureuse l'ordre de succession au Trône, afin d'assurer plus de tranquillité, de stabilité, de continuité au Royaume et pour éviter les compétitions.

« De quoi demain sera-t-il fait » ? C'est le secret de Dieu. Ce que l'on peut dire, sans être taxé de légèreté, c'est qu'en présence de la perturbation générale et des catastrophes imminentes il semble bien que le monde touche à la fin des temps et soit à la veille de la restauration miraculeuse de la Royauté annoncée par près de deux cents prophéties[104], que le Roi qui montera sur le Trône sera vraisemblablement le Grand Monarque qui doit être le plus grand de tous les Rois et le dernier de Sa Race. Dans ce cas il ne serait plus nécessaire que la Providence portât son choix FORCEMENT

---

[103] Piganiol de la Force : *Description de la France*, Tome 1 p. 7.
[104] Voir : Elie Daniel : *Serait-ce vraiment la fin des temps ?*

sur l'Aîné, mais sur le plus saint et le plus digne.

Les décisions du Concile de Paris viennent confirmer le choix divin :

« Que nul d'entre les Rois ne se figure que son royaume lui vient de ses ancêtres : mais qu'il croie humblement et sincèrement qu'il le tient de Dieu, de ce Dieu qui a dit par son prophète Jérémie aux enfants d'Israël :

« Vous direz à vos maîtres : c'est Moi qui, par Ma puissance et par Mon bras étendu ai fait la terre, l'homme et les animaux qui sont sur la surface de la terre, et Je la donne à qui il Me plaît (Jérémie XXVII, 5).

« Ceux qui croient que la royauté leur vient de leurs ancêtres plutôt que de Dieu sont de ceux que le Seigneur réprimande par la bouche de Son prophète en disant : Ils ont régné, mais pas par Moi ; ils ont été princes, mais Je ne les ai pas connus ».

« Or, être ignoré de Dieu, c'est être réprouvé. C'est pourquoi quiconque commande temporellement aux hommes doit croire que l'empire lui est confié par Dieu et non par les hommes ».

Les uns règnent PAR LA GRACE DE DIEU, les autres PAR SA PERMISSION. Ceux qui règnent avec piété, justice et miséricorde règnent, sans aucun doute, par la grâce de Dieu. Les « autres ne règnent pas par Sa grâce, mais seulement par Sa permission. Et c'est d'eux que le Seigneur a dit par le prophète Osée : Je te donnerai un Roi dans Ma fureur. C'est d'eux dont parle Job

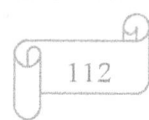

lorsqu'il dit : C'est Dieu qui fait régner l'hypocrite à cause des péchés du peuple[105] ».

Notre Seigneur ne disait-il pas également à Marie Lataste, Religieuse du Sacré-Cœur, le 29 novembre 1843, au sujet de la France :

« Je lui ai suscité des Rois, elle en a choisi d'autres à son gré... Ne voit-elle pas que Je me sers de sa volonté pour la punir, pour lui faire lever les yeux vers moi ?[106]

Une autre âme privilégiée écrit :

« Malgré ce que je dis de préparer les voies de Dieu, Notre Seigneur veut me cacher jusqu'au dernier moment celui qu'Il trouvera DIGNE d'être le Sauveur de la France. Et Notre Seigneur demande le concours des hommes par une foi docile et humble dans Ses avertissements.

« Que l'homme fasse ce qu'il doit faire, et Dieu fera le reste ».

Et elle explique :

« On voit que la mauvaise volonté des hommes change les desseins que Dieu avait sur eux »[107].

Qui donc régnera ? De très nombreuses prophéties parlent du ROI

---

[105] Conc. Paris. Lib. II, cap. 5 ap. Coletti IX, 753.
[106] Abbé Darbins : *Vie de Marie Lataste*, Tome III, p. 398.
[107] *Écrits de Marie Josèphe* p. 63.

CACHE CONNU DE DIEU SEUL[108]. C'est donc le secret de Dieu qui veut Se réserver de choisir le plus digne d'entre les Princes de la Maison de France.

LE DEVOIR EST DONC D'ATTENDRE L'HEURE DE DIEU AVEC CONFIANCE ET POUR L'AVANCER DE VIVRE DANS LA PRIERE ET LE SACRIFICE EN FAISANT RAYONNER AUTOUR DE NOUS LA VERITE TOUT ENTIERE, DANS TOUS LES DOMAINES, VERITE QUI SERA L'ASSISE INDESTRUCTIBLE DU TRONE DE DEMAIN.

Ainsi c'est Dieu qui a choisi sous l'Ancien Testament la Race de David et sous le Nouveau celle de Clovis. Nous en trouvons une nouvelle preuve dans les constatations de Blanc de Saint-Bonnet :

« Quand Celui qui sonde les cœurs et les reins choisit une famille parmi toutes les autres, Son choix est réel et divin. Celle-ci le prouve bientôt (quoique la liberté lui reste pour recueillir ou dissiper ses dons) en fournissant plus de législateurs, de guerriers, et de saints que les familles les plus nobles, bien qu'en ce point celles-ci l'emportent déjà sur les autres dans une proportion prodigieuse[109].

Et Mgr Delassus note sur ce sujet : « Pour ce qui est de la sainteté il suffit pour s'en convaincre de parcourir n'importe quelle vie des Saints. En s'en tenant au Bréviaire on s'aperçoit (l'observation est

---

[108] C'est ce qui ressort presque à chaque page d'un manuscrit inédit qui nous a été confié ; celui du Docteur Imbert-Gourbeyre sur les révélations de Marie-Julie concernant le grand Monarque. Le principe du *choix divin* s'en dégage aussi, non moins lumineusement.

[109] Blanc de Saint Bonnet : *La Légitimité – La monarchie Française*.

de M. Blanc de Saint Bonnet) que les familles nobles réunies en ont produit plus de trente-sept sur cent et les seules familles royales six, c'est-à-dire plus du vingtième. Même au dix-huitième siècle où la noblesse était si déchue, les Filles de nos Rois étaient des saintes et leurs petit-fils des héros. En admettant une famille noble sur cent et une famille royale ou princière sur deux cent mille, on aurait cette proportion : le même nombre de familles a produit dans la noblesse cinquante fois plus de saints que dans le peuple et dans les maisons royales quatre cents fois plus que dans la noblesse ou vingt mille fois plus que dans le peuple. Que sont, devant ces faits les déclarations de la démocratie même chrétienne sur les vertus du peuple et les vices des grands ! Des sots se font un argument contre l'institution monarchique des désordres de Louis XV. Ils ne songent point aux séductions dont il n'a cessé d'être entouré et devant lesquelles ils auraient fait eux sans doute meilleure figure. Ils ne songent pas non plus aux saints dont il était le fils et le père. Ils ne songent point à l'incroyable puissance de vertu qu'il a fallu à une famille plongée depuis huit siècles dans le bain dissolvant des plus grandes prospérités pour ne point retomber, dans l'égoïsme et produire encore au bout de ce temps la sainteté ». (*L'Esprit familial*, note de la p. 22)

« L'œuvre qu'elle accomplît, ajoute Mgr Delassus, marque la main qui l'a choisie la soutient et la guide[110].

Cette œuvre c'est la France :

« Parti du néant, écrit Taine, le Roi de France a fait un État compact

---

[110] Mgr Delassus : *L'Esprit familial*, p. 22.

qui (au moment où éclate la Révolution) renferme 26 millions d'habitants et qui est alors LE PLUS PUISSANT DE L'EUROPE. Dans tout l'intervalle, il a été le chef de la défense publique, le libérateur du pays contre les étrangers.

« Au dedans, dès le XIIè siècle, le casque en tête et toujours par les chemins, il est grand justicier, il démolit les tours des brigands féodaux, il réprime les excès des forts, il protège les opprimés, il abolit les guerres privées, il établit l'ordre et la paix ; œuvre immense qui de Louis le Gros à saint Louis, de Philippe le Bel à Charles VII et Louis XI, de Henri IV à Louis XIII et Louis XIV se continue sans s'interrompre.

« Cependant toutes les choses utiles exécutées par son ordre ou développées sous son patronage, routes, canaux, asiles, universités, académies, établissements de piété, de refuge, d'éducation, de sciences, d'industrie et de commerce portent sa marque et le proclament bienfaiteur public[111].

C'est aussi l'ordre et la paix assurée dans le monde et les conditions favorables au développement et au rayonnement de l'Église dont la Royauté Française a toujours été le bouclier et l'épée ; c'est l'apostolat des Rois, Princes ou Princesses de la Maison de France qui convertit l'Angleterre, la Saxe[112] etc.. Leur vaillance qui brise l'invasion musulmane et entraîne le monde

---

[111] Taine : *Les origines de la France Contemporaine ; L'Ancien Régime*, pp. 14 et 15.
[112] Berthe, princesse franque convertit son mari, le Roi Ethelbert en 597. Charlemagne convertit les Saxons et Hedwige d'Anjou, princesse capétienne qui épousa Jagellon, Grand-Duc de Lithuanie, convertit son peuple ; etc...

chrétien aux Croisades ; enfin ce sont les premières missions auxquelles ils assurent leur protection, leur appui et leurs subsides et qui amèneront peu à peu la conversion du Nouveau monde.

Le rayonnement de la Maison de France dans le monde est unique : elle compte treize couronnes terrestres dont sept de Rois et deux d'Empereur.

« Au point de vue surnaturel sa primauté s'accentue : de toutes les maisons souveraines catholiques, elle s'honore d'être celle qui a le nombre le plus considérable de saints avérés : sans compter les canonisations en cours et celles dont les procès ne sont pas encore ouverts[113].

Ainsi, c'est Dieu le Père qui a choisi la Tribu de Juda et la Maison de David, pour régner sur Israël, parce qu'elle devait donner le jour à Dieu le Fils, et c'est le Christ qui a choisi la Maison de Clovis pour régner sur la France. C'est, de par la volonté divine, la même loi qui régissait la succession au Trône dans la Royauté d'Israël et dans la Royauté Française. Ce ne sont pas les seuls rapprochements que l'on peut faire entre le Peuple de Dieu sous l'Ancien Testament et la « Tribu de Juda de l'ère nouvelle ». Il en est d'autres qui méritent de retenir l'attention et d'être médités, notamment les promesses et les serments solennels faits par Dieu à David et à Clovis par lesquels Il s'engage formellement à

---

[113] L. de Beauriez : *Robert le Fort et les origines de la race capétienne*, p. 106 et 107. Cet auteur ne mentionne que les saints et les couronnes de la branche capétienne ; il y a lieu d'ajouter à ces chiffres les saints et les couronnes des branches mérovingiennes et carolingiennes.

maintenir leur Race sur le Trône jusqu'à la fin des temps.

« Vous direz donc maintenant ceci à Mon serviteur David, ordonne Dieu au prophète Nathan : Voici ce que dit le Seigneur des Armées : Je vous ai choisi lorsque vous meniez paître les troupeaux, afin que vous fussiez le chef de Mon peuple d'Israël. Partout où vous avez été, Je ne vous ai point abandonné... De plus le Seigneur vous promet qu'Il fera votre Maison puissante. Et lorsque vos jours seront accomplis et que vous serez endormi avec vos pères, Je mettrai sur votre trône, après vous, votre fils et Je rendrai le trône de son royaume INÉBRANLABLE À JAMAIS. S'il commet quelques fautes, Je le punirai, MAIS JE NE RETIRERAI POINT MA MISÉRICORDE, comme Je l'ai retirée à Saül que J'ai écarté de devant Ma face. VOTRE MAISON SERA STABLE ; VOUS VERREZ VOTRE ROYAUME SUBSISTER ÉTERNELLEMENT ET VOTRE TRÔNE S'AFFERMIRA POUR JAMAIS »[114].

Or, Dieu voulut de nombreuses fois confirmer ce serment :

« Le Seigneur a fait à David un serment très véritable et Il ne le trompera point. J'établirai, lui a-t-Il dit, sur votre Trône le fruit de votre ventre[115] ».

« Vous avez voulu assurer votre serviteur de l'établissement de sa Maison, MÊME POUR LES SIÈCLES À VENIR[116] »

Le Psaume LXXXVIII est lumineux sur ce point :

---

[114] Rois, II, 7, 8 et suivants.
[115] Paralipom. I, XVII, 7 à 15 ; 26, 27.
[116] Paralipom. I, XVII, 17..

« Je conserverai à David éternellement ma miséricorde et je ferai subsister sa race dans tous les siècles et son trône autant que les cieux. Si ses enfants abandonnent ma loi et s'ils ne marchent pas dans mes préceptes, s'ils violent la justice de mes ordonnances et s'ils ne gardent pas mes commandements, je visiterai avec la verge leurs iniquités et je punirai leurs péchés par des plaies différentes ; mais je ne retirerai point de dessus lui ma miséricorde et je ne manquerai point à la vérité des promesses que je lui ai faites. Je ne violerai point mon alliance et je ne rendrai point inutiles les paroles qui sont sorties de mes lèvres : j'ai fait à David un serment irrévocable par mon saint nom et je ne lui mentirai point : je lui ai promis que sa race demeurera éternellement et que son trône sera éternel en ma présence comme le soleil... »

Ainsi Dieu a fait à David le serment irrévocable que ses descendants régneraient jusqu'à la fin des temps et les termes de ces serments sont tels qu'ils ne s'appliquent pas seulement au sens mystique en la personne du Christ qui régnera sur le monde éternellement, mais à la race elle-même. Que sont-ils devenus, quel trône occupent-ils donc les fils de ces Rois qui régnaient sur le Peuple Élu de l'Ancien Testament ? Saint Remy va éclairer le mystère :

« Par égard seulement pour cette race royale (de Clovis) qu'avec tous mes frères et co-évêques de la Germanie, de la Gaule et de la Neustrie, j'ai choisie délibérément pour régner jusqu'à la fin des temps au sommet de la majesté royale pour l'honneur de la Sainte

Église et la défense des humbles... j'ai arrêté ce qui suit...[117] » suivent les malédictions en cas d'infidélités et les bénédictions s'ils persévèrent dans les voies du Seigneur.

Et il achève :

« Que de cette race sortent des Rois et des Empereurs qui confirmés dans la vérité et la justice pour le présent et pour l'avenir suivant la volonté du Seigneur, pour l'extension de la Sainte Église, puissent régner et augmenter tous les jours leur puissance et mériter ainsi de s'asseoir sur le trône de David dans la céleste Jérusalem où ils régneront éternellement avec le Seigneur[118] ».

C'est la répétition du serment fait par Dieu à David.

Pourquoi tant de miracles à l'origine de notre Royauté ? Pourquoi ces privilèges uniques accordés aux seuls Rois de France, celui de n'être sacrés qu'avec une huile sainte apportée spécialement du ciel par le Saint-Esprit lui-même et cet autre de guérir miraculeusement les écrouelles ? Pourquoi ce sacre spécial institué par l'Église pour les seuls Rois de France ? Pourquoi cette Loi Salique dont la raison profonde, essentielle, fondamentale est que nos Rois soient toujours de la même race ? Pourquoi tant de miracles au cours de notre Histoire, tant d'apparitions du Sacré-Cœur, de Sa Divine Mère, et de Saint Michel ? Pourquoi la mission de notre Jeanne d'Arc dont le but essentiel était de maintenir et de

---

[117] Psaume CXXXI, 11.

[118] Voir le texte complet au chapitre six : *Le Testament de saint Remy.*

sauver LE SANG ROYAL ? Pourquoi la Royauté Française est-elle la seule qui ait été fondée par le miracle, qui se maintienne par le miracle et se perpétue par le miracle ? Pourquoi ce privilège unique ?

Parce que la Race de nos Rois n'est autre que celle de David[119] afin que cette Race divine en un de ses Membres puisse régner jusqu'à la fin des temps et que ce soient toujours des Princes de la Race du

---

[119] Cette filiation est évidemment impossible à démontrer historiquement encore que l'on sache que tous les peuples à l'origine viennent de l'Orient et que la plupart des historiens et chroniqueurs vivants aux premiers siècles de l'ère chrétienne nous aient transmis des traditions affirmant l'origine troyenne des Francs, ainsi qu'en font foi les récits d'Aethius, de saint Jérôme, d'Hunibadd, de Frédégaire, de saint Grégoire de Tours, d'Aimon, de Roricon, de Draire ainsi que les grandes Chroniques de Saint Denis et les Annales de Quedlinburg, sans oublier non plus certaines chartes royales de Dagobert et de Charles le Chauve. Sans doute, on peut trouver dans ces récits ou documents des anachronismes certains et des détails peuvent n'y pas être rigoureusement exacts mais la science historique est impuissante à démontrer que le fonds est faux. Quel curieux rapprochement à faire entre les mots de Galilée et de Gaulonie, séparées par le Jourdain, et la Gaule et les Gaulois que les Grecs appellent Galates ! N'est-ce pas de là que sont partis les Gaulois ?... Pourquoi ce nom de Gaule implanté sur la terre Celte, comme plus tard le nom de France implanté sur la terre de Gaule ? D'où venaient eux-mêmes les Francs qui avaient donné leur nom à la Franconie, à Francfort sur le Mein ? Si on cherchait bien sur les anciennes cartes de Palestine, on trouverait bien aussi une Franconie, comme on y trouve une Gaulonie. Les tribus se sont succédé, poussées les unes les autres jusqu'au moment où la Providence a voulu que les tribus d'Israël se répandissent avec leurs chefs à travers l'Europe et que les descendants de la Maison de Juda vinssent en Gaule qui, dans les décrets éternels, devait être, le nouveau peuple choisi, Israël ayant rejeté l'Arche d'Alliance ». (Comte de Place : *Problèmes Héraldiques*, p. 11)
La science héraldique confirme cette filiation. C'est ce qui ressort de l'ouvrage ci-dessus cité du Comte de Place. C'est aussi ce qu'affirme une âme privilégiée.
Parlant de la mission de Jeanne d'Arc, Mgr Delassus écrit : « En dehors de la race de David, jamais dynastie n'a reçu une pareille consécration ». *La Mission posthume de sainte Jeanne d'Arc et le Règne social de Notre-Seigneur Jésus-Christ*, p. 247.

Christ qui soient les principaux auxiliaires de l'établissement du règne du Sacré-Cœur sur le monde grâce à leur Royauté sur le Peuple élu du Nouveau Testament.

De par Dieu Jeanne d'Arc n'écrivait-elle pas au Roi d'Angleterre : « FAITES RAISON AU ROI DU CIEL DE SON SANG ROYAL ![120] »

Nous pouvons donc essayer maintenant de donner une définition de la Royauté Française :

LA ROYAUTÉ EN FRANCE EST DE CHOIX DIVIN. DIEU L'A INSTITUÉE POUR DÉFENDRE L'ÉGLISE ET ASSURER LE RÈGNE UNIVERSEL DU SACRÉ-CŒUR ET DU CŒUR IMMACULÉ DE MARIE. IL LA CONSERVE PAR LA LOI SALIQUE, GRÂCE À LAQUELLE LE SOUVERAIN SORT TOUJOURS DE LA MÊME RACE (CELLE DU CHRIST) ÉLUE PAR LE SEIGNEUR AU TEMPS DE DAVID ET CONFIRMÉE PAR SAINT RÉMY ET SAINTE JEANNE D'ARC. IL LA GOUVERNE EN SE RÉSERVANT DE CHOISIR COMME ROI DANS CETTE RACE LE PRINCE LE PLUS SAINT ET LE PLUS DIGNE DE RÉGNER, LA LOI DE PRIMOGÉNITURE MÂLE S'APPLIQUANT NORMALEMENT HORS LE CAS D'ÉLECTION DIVINE. LE SOUVERAIN EST DONC ROI DIRECTEMENT PAR LA GRÂCE DE DIEU ET NON PAR L'AUTORITÉ DU SIÈGE-APOSTOLIQUE.

À Dieu revient l'élection, à la nation le consentement, au Sacerdoce le Sacre de l'Élu.

Nous sommes tentés d'ajouter que les trois branches de nos Rois, issues de la même Race, sont comme une image de la Trinité Une.

---

[120] Ayroles : *La vraie Jeanne d'Arc*, t. III, p. 74, 220, 621, etc. Chronique de Tournay, etc.

C'est la seule explication satisfaisante (mais combien fulgurante) de la mission divine de la France et de notre Royauté, et de la prédilection du Christ, de la Vierge et de saint Michel sur nos Rois et notre Pays. Il n'en est pas de plus belle, de plus pure et de plus glorieuse...

« O Dieu tout puissant et éternel, qui avez établi l'empire des Francs pour être par le monde l'instrument de Votre très divine volonté, le glaive et le bouclier de Votre sainte Église ; nous Vous prions, prévenez toujours et en tout lieu de la céleste lumière les fils suppliants des Francs, afin qu'ils voient toujours efficacement ce qu'il faut faire pour Votre règne en ce monde, et que, pour faire ainsi qu'ils auront vu, ils soient jusqu'à la fin fortifiés de charité et de courage ».

« Prions encore pour les rois très chrétiens, afin que notre Dieu et Seigneur fasse que leur soient soumises toutes les nations barbares, pour notre paix perpétuelle[121] ».

Le texte de la première prière a été modernisé. Nous le donnons dans sa forme actuelle, car il est plus facile à réciter :

PRIERE DES FRANCS

Dieu Tout-puissant et Éternel, qui pour servir d'instrument à Votre divine volonté dans le monde, et pour le triomphe et la

---

[121] Ces deux prières ont été publiées par le Cardinal Pitra dans sa *Vie de saint Léger*, Introduction, p. XXII. La première est tirée d'un missel du IXè siècle et remonterait an è siècle. La seconde tirée des vieux Missels gallicans, passa dans la liturgie romaine où elle est à jamais conservée. Cf. *Missal. Rom. feria in Parasceve*.

défense de Votre Sainte Église, avez établi l'empire des Francs, éclairez toujours et partout leurs fils de Vos divines lumières, afin qu'ils voient ce qu'ils doivent faire pour établir Votre règne dans le monde et que, persévérant dans la charité et dans la force, ils réalisent ce qu'ils auront vu devoir faire. Par Notre-Seigneur Jésus-Christ, Roi de France.

Livre II – La mission de la France prouvée par son histoire

Première partie :
Les droits de Dieu charte de la France jusqu'à 1789

De Clovis à Saint Louis

Un rapide coup d'œil sur notre Histoire montre, avec une éclatante netteté, que notre Pays est victorieux et prospère tant qu'il reste fidèle à sa vocation et rudement châtié quand il est infidèle.

Clovis est vainqueur parce qu'il accomplit la volonté divine. Charles Martel à Poitiers brise l'invasion musulmane qui menace le monde catholique : la protection divine se manifeste sans tarder en faveur de son fils. Pépin monte sur le trône comme étant le prince le plus digne de régner. Le Pape Étienne II vient lui-même sacrer le nouveau Roi et, en lui, cette seconde branche de la Race Royale.

À peine le Souverain Pontife est-il rentré à Rome que le Roi des Lombards, assiège la Ville Éternelle. Étienne II fait appel à Pépin

« O FRANCS, IL EST CONNU QUE PARMI TOUTES LES NATIONS QUI SONT SOUS LE SOLEIL, LA VÔTRE EST LA PLUS DÉVOUÉE À L'APÔTRE PIERRE.

« L'Église que lui a confiée Jésus-Christ, Son Vicaire Vous en demande la délivrance[122] ».

Et Pépin de voler au secours du Pontife. Il passe deux fois les Alpes, écrase les Lombards et CRÉE LE DOMAINE TEMPOREL DU PAPE.

La récompense divine ne tarde pas : à Pépin le Bref succède Charlemagne. Animé d'une foi profonde et doué d'une puissante intelligence, Charlemagne doit d'abord faire la guerre pour assurer la sécurité de ses peuples contre les incursions des Saxons, des Slaves et des Avars à l'Est, contre les Arabes en Espagne. Il organise contre eux des « États militaires » et parvient par les armes à converti les Saxons. Enfin, pour répondre à l'appel du Pape menacé, il détruit le Royaume des Lombards ; aussi Léon III, pendant la nuit de Noël de l'an 800, à Rome, couronne le Roi de France Empereur d'Occident.

L'Empereur gouverne avec une grande sagesse tous ses États, envoyant partout ses *missi dominici* pour contrôler les actes et les jugements des Gouverneurs. La prospérité renaît, la population se multiplie, les villes et les villages se développent et pour assurer

---

[122] Labbe : *Acta conciliorum et epistolæ decretales, ac « constitutiones Summorum Pontificum »* Parigiis 1714 à 1715, t. 6, pars. 2, p. 16, ab anno 1086 ab annum 1215. Bibl. nat. 446.

les communications, l'Empereur établit un réseau de routes, construit des ponts, etc...

Son activité ne s'arrête pas là. Il veut donner à ses peuples l'instruction et la foi ; aussi appelle-t-il auprès de lui les plus éminentes sommités et à côté de chaque église et de chaque monastère il établit une école. Il réalise pleinement le programme que son conseiller Alcuin lui soumet :

« Il vous appartient d'exalter et de conserver la Sainte Église de Dieu parmi le peuple chrétien et d'ouvrir à tous la voie du salut éternel ! »

Il aime à participer aux discussions théologiques et à présider des conciles. Il pose le principe que les lois de l'Église sont lois de l'État. Ses Capitulaires sont un admirable code de lois chrétiennes. Il réforme les abus dans l'Église et choisit les évêques parmi les prêtres les plus dignes et les plus instruits. Son prestige est tel, même en Orient, qu'il obtient la propriété et les clefs du Saint Sépulcre et exerce une sorte de protectorat sur la Terre Sainte[123]. En 802 paraît un admirable capitulaire.

« Qu'y lisons-nous ? écrit Monseigneur Baudrillart, que tous les

---

[123] C'est à Charlemagne, croyons-nous, qu'il faut faire remonter l'usage diplomatique qui veut que les peuples musulmans d'Asie et d'Afrique (Turquie, Perse, Indes, Algérie et Tunisie) décernent au seul Roi de France, parmi tous les autres souverains, le titre d'Empereur et de Padichah, titre que prenait le Roi dans ses rapports avec eux. Le Chancelier de la Sublime Porte libellait ainsi ses lettres au Roi : « Au plus illustre des grands princes de la religion de Jésus, l'élite des puissants souverains de la nation du Messie, l'arbitre des intérêts publics des peuples nazaréens... le présent Empereur et Padichah... » Voir l'étude de M. Dehérain (*Journal des Débats*, 5 mai 1935).

hommes libres prendront l'engagement de se vouer au service de Dieu, et le détail de leurs devoirs suit. Qu'y lisons-nous encore ? Que la raison d'être de l'Empire c'est l'unité de la foi et de la charité entre tous ses membres ; que le but des conquêtes de l'Empereur c'est l'extension de la foi catholique : car l'Empereur est le propagateur et le défenseur de la religion chrétienne[124] ».

L'Empereur signe ses Capitulaires : Charles sous le règne du Christ. Royal sacerdoce qui s'étend sur le monde antique.

« Le Royaume de France embrassera toutes les limites de l'Empire Romain » avait dit saint Remy.

Tournons quelques pages :

Les derniers Carolingiens ne se montrant plus à la hauteur de leur tâche, c'est le Prince le plus digne de régner qui monte sur le Trône : Hugues Capet, Duc de France et Comte de Paris, descendant salique de Pépin d'Héristal, et non salique de Charlemagne par Adélaïde, fille de Louis le Débonnaire et épouse de Robert Le Fort, le vainqueur des Normands.

Depuis plus d'un siècle, la Providence avait permis à cette branche de la Famille Royale de se distinguer par les exploits de Robert le Fort, d'Eudes et de Robert, de Hugues le Grand et d'incarner très réellement la grandeur et l'indépendance du Pays. Dieu avait ainsi préparé l'élection de Mont-Notre-Dame où fut choisi le nouveau Roi, grâce à l'influence de l'Archevêque de Reims, Adalbéron, au

---

[124] Mgr Baudrillard : *La Vocation de la France*, p. 15, éd. Flammarion.

prestige et aux services d'Hugues Capet et de ses ancêtres.

Le nouveau Roi s'assure l'appui de l'Église et affirme le principe de l'hérédité mâle en faisant sacrer de son vivant son fils Robert. La piété de ce dernier et la clairvoyance d'Henri Ier qui fait prévaloir l'ordre de primogéniture mâle, assurent peu à peu au Roi de France un prestige que saint Grégoire VII le Grand va proclamer au temps de Philippe Ier quand il écrira que les Rois de France sont « autant au-dessus des autres monarques que les souverains sont au-dessus des particuliers[125] ».

Comment ne pas mentionner également Louis VI et son grand ministre, le moine Suger, ainsi que les deux éminents théologiens qui illustrèrent cette époque saint Bernard et Abélard.

C'est à ce moment que la politique pontificale et la politique royale vont suivre une direction parallèle qui leur permettra dès lors de s'appuyer réciproquement. L'Église est-elle opprimée par le Saint Empire notamment lors des élections pontificales ? Le grand mouvement de libération partira de France, de Cluny, avec Hildebrand.

« À partir du XIIè et jusqu'à la fin du XIIIè, le Roi de France vient généralement en aide au Saint-Siège. En 1107 le Pape Pascal II, traqué par l'Empereur Henri V, se réfugie à Paris où Philippe Ier et son fils Louis lui font le plus magnifique accueil ; c'est de Troyes en Champagne, au sein d'un Concile d'Évêques français, qu'il lance l'anathème contre l'Empereur d'Allemagne ; c'est en France

---

[125] Grégoire VII, Magn. Ep. Lib IV, cp. 6, tome II, col. 795.

aussi que vient Calixte II et qu'il se met en mesure de terminer par un Concordat la querelle des investitures ; en France qu'aux heures les plus tragiques de la querelle du Sacerdoce et de l'Empire, les Papes viendront demander à la Fille aînée de l'Église aide et refuge. Alexandre III résidera deux années dans notre Patrie, et de Sens, où il aura transporté tout le gouvernement pontifical, il régira l'Église Universelle[126] ».

C'est lui qui déclara la France « un Royaume chéri et béni de Dieu dont l'exaltation est inséparable de celle de l'Église[127] ».

Aussi lorsque le Plantagenet menacera la France, c'est la Papauté qui l'arrêtera, car elle se rend compte que la France est le centre réel de l'équilibre européen. C'est la raison pour laquelle Innocent III (lors de son conflit avec Philippe-Auguste) loin de chercher à disposer de la Couronne de France, comme il le fait de celles d'Allemagne et d'Angleterre, proclamera au contraire dans une de ses célèbres Décrétales, que le Roi de France n'a AUCUN SUPERIEUR AU TEMPOREL [128] car il sait qu'il est la pierre angulaire de l'Europe chrétienne et que les principes qui guident sa conduite sont la vérité même :

« À moi appartient le soin de tout ce qui touche le glaive temporel, disait Philippe-Auguste, le gouvernement du royaume me suffit. Je laisse aux hommes de Dieu à traiter les choses du service de

---

[126] Mgr Baudrillart, op. cit., p. 21.

[127] Alexandre III : Epst. XXX t. X, Conc. Col. 1 212. C'est également ce qu'affirmait Grégoire XI : t. XI, Conc. Col. 367.

[128] J. Leclerc : *Chrétienté médiévale et Société des Nations*, Études n° 15, 5 août 1932.

Dieu ».

Le Roi avait le sens des choses surnaturelles ainsi que le prouve le fait suivant :

« Les Vaisseaux de Philippe-Auguste voguaient vers la Terre Sainte. En Sicile, ils furent assaillis par une violente tempête. Le Roi ne perdit pas contenance, il ranima le courage et la confiance des matelots : Il est minuit, dit-il, c'est l'heure où la communauté de Clairvaux chante Matines. Ces saints Moines ne nous oublient jamais. Ils vont apaiser le Christ ; ils vont prier pour nous, et leurs prières vont nous arracher au péril ».

« Philippe-Auguste était un chrétien et comprenait que la prière attire sur le monde toutes les bénédictions[129] ».

Tout chrétien qu'il est, il n'hésite pas et il a raison à s'opposer à la politique pontificale s'il la juge dangereuse pour la France. Le cas se produit en 1198 lors de la succession impériale. Malgré les avertissements lumineux du Roi, le Pape fait triompher la candidature d'Othon de Souabe qui, à peine élu, se retourne contre son bienfaiteur. Alors le Souverain Pontife, humblement, reconnaît son erreur et fait appel au Roi de France :

« Ah ! si nous avions pénétré aussi bien que vous le caractère d'Othon, il ne nous aurait pas trompé ! Le fils impie persécute sa Mère... qui ne peut désormais, avoir confiance en lui puisqu'il ne nous tient pas parole, à nous, le Vicaire du Christ ! Nous vous

---

[129] R. P. Janvier, Carême 1924, première Conférence, p. 32.

parlons à notre honte, car vous nous aviez bien dit de nous méfier de cet homme[130]... ».

Ainsi, l'histoire montre que si dans le domaine spirituel le Successeur de Pierre jouit de toutes les lumières du Saint- Esprit, il n'en est plus de même dans les questions temporelles. C'est le Roi de France qui sur ce terrain en bénéficie, car c'est lui qui a mission de par la volonté divine de les régler et qui reçoit d'en haut à son Sacre les lumières et les grâces nécessaires.

Grande leçon qui prouve que le Pape et le Roi doivent l'un et l'autre rester dans leur domaine et demeurer toujours unis : le Pape éclairant et guidant le Roi dans le domaine spirituel et le Roi éclairant et guidant le Pape dans la politique temporelle.

Vers la fin du règne de ce grand Roi, la protection divine va se manifester ostensiblement.

En 1214, l'Empereur d'Allemagne Othon, excommunié depuis peu, veut ravir sa couronne à Philippe Auguste, et envahir la France avec 200 000 hommes. Le Roi appelle toutes les paroisses de France : 60 000 volontaires répondent...

Il va à Saint-Denis, communie, prend l'oriflamme et part à la bataille. Les Français ont à lutter contre un ennemi plus de trois fois supérieur ; ils fléchissent tout d'abord sous le nombre mais « soudain, vers trois heures, du fond de la plaine ensoleillée, apparaît déployée la Sainte Oriflamme ; une force mystérieuse

---

[130] Cité par André Rousseaux : *La politique religieuse de la Monarchie*.

s'échappe de ses plis ; sa vue déconcerte, puis épouvante les ennemis. Ils cèdent, brisent leurs lignes et bientôt fuient de toutes parts... En ce jour, naquit la grande Patrie Française[131] ».

Pour longtemps, le péril allemand est écarté ; l'Église et la France sont sauvées. Philippe Auguste a bien mérité de l'une et de l'autre. À son fils incombera une autre tâche : détruire l'hérésie albigeoise dont les conséquences religieuses et politiques peuvent être considérables, puisqu'elle aboutit à un malthusianisme avant la lettre et à l'extinction de la race. Louis VIII la combat hardiment et meurt au retour de l'expédition.

---

[131] Chanoine de Roquetaillade : *Les grands pèlerinages de France, Saint Denis*, p. 30.

LA FRANCE ET SES ROIS ENTRAÎNENT LE MONDE CHRÉTIEN AUX CROISADES

La France, le peuple par excellence de la foi et de l'héroïsme, devait être la première à comprendre la grandeur d'une telle entreprise. Quoi de plus noble, de plus beau, de plus enflammant, pour des âmes chrétiennes et valeureuses, que d'aller délivrer les Lieux Saints et le Tombeau du Christ des mains des infidèles musulmans !

Nos Chansons de Geste ont préparé les esprits aux Croisades. Charles Martel, à Poitiers, avait brisé l'invasion musulmane et sauvé la Chrétienté. Charlemagne, pendant tout son règne, eut à lutter contre les Sarrasins d'Espagne. Ce sont eux qui écrasèrent l'arrière-garde de l'armée impériale, commandée par Roland, à Roncevaux, le 15 août 778. Or, qui ne sait l'influence de la « Chanson de Roland » sur nos aïeux, dans les châteaux aussi bien que sous l'humble toit des chaumières. Trouvères et Troubadours, par leurs Chansons de Gestes, faisaient vibrer tous les cœurs valeureux du XIè siècle et des siècles suivants. L'une de ces chansons "Le pèlerinage de Charlemagne", si elle est moins connue que celle de Roland, n'en eut pas moins une influence capitale sur les esprits en y déposant les germes des épopées futures que l'appel des Papes et des Rois de France allait faire germer un peu plus tard pour délivrer le Tombeau du Christ des mains de ces mêmes Musulmans. Le thème du "pèlerinage de Charlemagne" est le suivant :

« Le Grand Empereur réunit ses barons, c'est-à-dire les hauts seigneurs de son vasselage, pour leur annoncer qu'il va faire un pèlerinage au Saint Sépulcre et les douze pairs de déclarer qu'ils partiront avec lui ; quatre-vingt mille hommes vont les accompagner. Ils prennent le bourdon du pèlerin à l'Abbaye de Saint-Denis sans quitter leurs armes, traversent la Bourgogne, la Bavière, l'Italie, la Grèce, enfin nos pèlerins arrivent à Constantinople. Ne dirait-on pas déjà l'histoire de la première croisade ?

« Arrivés à Jérusalem, ils vont adorer le tombeau du Christ. Dans l'église de la Ville Sainte, le poète décrit une scène appréciée par Gaston Paris dans les termes suivants :

« Notre vieille poésie héroïque n'a rien trouvé de plus beau pour nous représenter la majesté sainte de Charlemagne et de ses pairs que la scène de l'Église de Jérusalem où ils prennent place, sur le trône et dans les douze chaises où Jésus et Ses apôtres s'étaient assis autrefois[132] ».

En vérité un tel récit ne devait-il pas exalter la foi et enflammer les imaginations de tous les Seigneurs du Moyen Âge qui ne rêvaient que beaux coups d'épée et combats héroïques ?

Depuis longtemps déjà les pèlerins étaient nombreux qui allaient à Jérusalem et qui, à leur retour, le soir, pendant les longues

---

[132] F. Funck-Brentano : *Les croisades*, p. 5 et 6.

veillées d'hiver contaient leurs aventures et décrivaient avec enthousiasme les Lieux Saints, les émotions de leur âme au Saint Sépulcre, la splendeur des monuments, des sites, de la végétation luxuriante, des forêts de cèdres et aussi le miroitement, le chatoiement et l'éclat des étoffes et des œuvres d'art orientales. Combien, à ces récits, rêvaient d'y partir à leur tour !

Aussi, quand le monde chrétien apprit, coup sur coup, la prise de Jérusalem (1070) sur les Fatimites d'Égypte par les Turcs Seldjoukides, sectaires intolérants de Mahomet, puis celle d'Antioche (1084), enfin l'invasion de l'Espagne par les Almoravides (1087), craignit-il, comme au temps de Charles Martel, une submersion totale de l'Europe et la pensée vint-elle à beaucoup (en apprenant que les nouveaux maîtres de Jérusalem empêchaient les pèlerinages) qu'il fallait briser la puissance musulmane et délivrer le Tombeau du Christ des mains des Infidèles.

Les esprits étaient mûrs pour des actions héroïques. C'est à un Pape Français, et en France, que revint l'honneur de lancer l'appel au monde en faveur de la Croisade. Ce fut au Concile de Clermont :

« Français qui m'écoutez, s'écria Urbain II, rappelez-vous les vertus de vos ancêtres. Plus qu'à toute autre nation, Dieu vous a donné la gloire des armes. C'est de vous, surtout, que Jérusalem attend le secours dont elle a besoin... Armez-vous du glaive des Macchabés et allez défendre la maison d'Israël. Dieu le veut ! »

Dans toutes les provinces de France, un enthousiasme indescriptible accueillit l'appel du Souverain Pontife et de toutes parts retentit le cri de "Dieu le veut ! Dieu le veut !". Pierre l'Ermite se consacra à prêcher la croisade et entraîna les masses populaires.

Hommes, femmes, vieillards, enfants, tous voulurent partir. « Vous jeunes gens, disaient les vieillards, vous combattrez par l'épée. Qu'il nous soit permis de conquérir le Christ par la souffrance ! »

Dans ses chroniques, Guibert de Nogent rapporte que, pour subvenir aux frais de la croisade, c'était à qui vendrait ses biens, sa maison, ses bijoux, etc...

Et voici que, par un miracle qui parut divin, et devait « encore exalter les enthousiasmes, à l'affreuse disette et aux fléaux des années passées succéda brusquement une année d'abondances et de bienfaits (1096) ; abondance en blé, en vin, en fruits de toutes sortes, comme si Dieu avait voulu directement favoriser l'œuvre de ceux qui allaient combattre pour Lui[133] ».

La Croisade populaire, malgré les qualités exceptionnelles de Pierre l'Ermite, échoua, faute d'organisation et de cadres militaires. La plupart moururent martyrs en Asie Mineure. Par contre, celle des Chevaliers réussit. Un million d'hommes y prirent part.

Philippe Ier, Roi de France, encouragea sa noblesse à la croisade et

---

[133] Funck-Brentano : op. cit., p. 16.

envoya son frère, Hugues le Grand, Comte de Vermandois, qui reçut le titre officiel de "PORTE-DRAPEAU DE L'ÉGLISE". Adémar de Monteil, Évêque du Puy, dirigea la Croisade. Après avoir traversé l'Europe et reçu l'appui de l'Empereur de Constantinople, les Croisés prirent successivement Dorylée et Antioche. Mais les Turcs, sous les ordres de l'Emir Kerboga, contre-attaquèrent et, d'assiégeants, les Français devinrent assiégés dans Antioche.

Le miracle vint soutenir la foi des assiégés et enflammer leur courage :

« Saint André serait apparu par trois fois à Pierre Barthélemy pour lui faire connaître l'endroit où, sous l'autel de saint Pierre à Antioche, la sainte lance qui avait Percé le sein du Christ crucifié serait retrouvée... On exécuta les fouilles à la place indiquée et la précieuse relique apparut (14 juin 1098)[134].

« Allégresse et transports ! D'un cri unanime, il fut décidé de sortir aussitôt de la ville et de marcher contre Kerboga...

« Avant d'en venir aux mains, le 27 juin 1098, Bohémond envoya cinq messagers à l'Émir Kerboga pour lui enjoindre, de se retirer ».

Kerboga répondit que « les Francs avaient le choix entre leur

---

[134] Les *Chroniques Monastiques* disent que c'est à Robert II, Comte de Flandre, qu'apparut saint André. D'autres auteurs disent à un prêtre qui aurait confié la chose au Comte Robert. Ce dernier fit chercher la Lance qui fut trouvée et, en reconnaissance, il fit vœu de fonder le monastère qui n'est autre que l'Abbaye Bénédictine de Saint André près Bruges. Le Comte de Flandre était alors vassal du Roi de France.

conversion au croissant, ou la mort ».

« ...Pour se préparer au combat, trois jours durant, les chevaliers chrétiens jeûnèrent, puis suivis de la foule des pèlerins, firent de pieuses processions d'une église à l'autre, se confessèrent, communièrent, distribuèrent des aumônes et firent célébrer des messes[135] ».

La Sainte Lance fut alors portée en tête des combattants. Au cours de la lutte, le secours du ciel se Manifesta :

« On vit descendre, des montagnes, des masses innombrables de guerriers montés sur des chevaux blancs, précédés de blancs étendards. Les nôtres ne pouvaient comprendre quels étaient ces guerriers, mais enfin, ils reconnurent que c'était une armée de secours envoyée par le Christ et commandée par saint Georges[136], saint Mercure et saint Demetrius. Ceci n'est pas un mensonge. Beaucoup l'ont vu ! », écrit l'auteur des « Gestes ».

La victoire fut éclatante et assura aux Croisés la possession de la Syrie tout entière.

Le 8 juillet, les Croisés étaient devant Jérusalem. Repoussés d'abord une première fois, ils firent, pieds nus, une grande procession autour des remparts de la Ville Sainte. On prêcha sur la Montagne des Oliviers. Les Croisés s'embrassèrent, se

---

[135] Funck-Brentano : op. cit., p. 67 et 69.
[136] Nous pensons que c'est saint Michel, le Chef de toutes les milices célestes, qui vint avec une légion d'Anges sauver les Chrétiens et leur donner la victoire sur les infidèles, ainsi qu'il le fera plus tard, au siège de Pé Tang, en Chine, pendant la guerre des Boxers.

pardonnèrent mutuellement leurs offenses, puis donnèrent l'assaut. Après un jour et demi de lutte, la ville fut prise le 15 juillet.

Tous allèrent, alors, « pieds nus et pleurant pour une trop grande joie, auprès du Saint-Sépulcre.

« O temps, si longtemps attendus, écrit Foucher de Chartres, temps mémorables entre tous ! Exploits qui surpassent tous les exploits du monde, car les fidèles avaient de tout temps, du fond de leur cœur, formé le vœu de voir les lieux (où Dieu fait homme avait apporté le salut au genre humain par Sa naissance, Sa mort, Sa résurrection) délivrés de la domination païenne et, après avoir été si longtemps souillés par la superstition, rendus à leur dignité première par la main des croyants ».

Les Lieux Saints étaient délivres, il fallait, dès lors, assurer la perpétuité de cette œuvre grandiose. Aussi, Adémar de Monteil étant mort à Antioche, les Chefs des Croisés décidèrent-ils de choisir parmi eux, un Roi. Ils prescrivirent des prières publiques afin que leur choix se portât sur le plus digne. L'élection eut lieu le 22 juillet ; Raymond de Toulouse élu, se récusa : « Je ne veux pas porter une couronne d'or, dit-il, là où le Roi des Rois a porté une couronne d'épines ! » Godefroy de Bouillon fut alors proclamé Roi ; il prit l'humble titre d'AVOUE DU SAINT-SEPULCRE. Mais déjà, les Turcs voulaient reprendre la lutte. Le 13 août 1099, Godefroy remporta une victoire décisive sur le Kalife à Ascalon. La Palestine était dès lors assurée aux Francs.

« Cet Empire Franc, si brusquement installé sur les confins de l'Asie Mineure se trouva d'ailleurs rapidement organisé. L'armée des Chevaliers, n'avait cessé d'être ordonnée féodalement, avec les cadres et la hiérarchie établie en France. Cette même organisation fut portée en bloc sur les versants du Liban. Les villes du littoral acquirent une vie prospère par suite des relations qui se nouèrent avec l'Occident ; les pèlerins aux Lieux Saints devinrent de plus en plus nombreux ; enfin, des ordres mi-partis religieux et militaires, les Templiers et les Hospitaliers furent fondés pour défendre la conquête[137] ».

L'Empire Franc de Jérusalem ne dura guère qu'un siècle. En 1144, Edesse tomba au pouvoir des Musulmans. Alors, le Pape Eugène IV et le Roi de France Louis VII demandèrent à saint Bernard, Abbé de Clairvaux, de prêcher la seconde Croisade. Il le fit à Vézelay, à Pâques 1146, en présence du Roi et de la Reine, et souleva l'enthousiasme comme au temps de la Première Croisade. L'Empereur d'Allemagne, lui-même, voulut se joindre au Roi de France et leva une armée. Les deux Princes, après deux ans de lutte (1147-1149) échouèrent devant Damas et durent rentrer en Europe.

En 1188, les Chrétiens ayant été vaincus à Tibériade, l'Empire Franc de Jérusalem s'effondra et la Ville Sainte retomba aux mains des Musulmans. Le Roi de France, Philippe Auguste, l'Empereur Frédéric Barberousse et le Roi d'Angleterre, Richard Cœur de Lion, unirent leurs efforts pour tenter une troisième Croisade. Le seul

---

[137] Funck-Brentano : op. cit., p. 91 et 92.

résultat fut la prise de Saint-Jean-d'Acre, le 13 juillet 1191, mais les Chrétiens obtinrent le libre accès permanent de la Ville Sainte.

Quinze ans après, à l'appel d'innocent III et de Foulques, curé de Neuilly, Baudoin de Flandre, Simon de Monfort et Thibaut III, Comte de Champagne organisèrent la quatrième Croisade. Ils ne purent fonder que l'éphémère Empire latin de Constantinople qui dura de 1204 à 1261.

Les cinquième et sixième Croisades n'eurent aucun résultat.

Les deux dernières Croisades furent organisées par saint Louis. Ayant fait vœu de prendre la Croix s'il échappait à une grave maladie, le Roi, guéri, s'embarqua à Aigues-Mortes en 1248, et fit voile vers l'Égypte. Damiette fut emporté d'assaut, mais les Croisés furent défaits à Mansourah et le Roi fait prisonnier.

La grandeur d'âme et la noblesse du saint Roi en imposèrent plus aux Arabes que s'il avait été victorieux.

« Vraiment, Celui-ci est le plus fier Chrétien que nous ayons vu, disaient-ils, nous le gardons aux fers et il nous parle comme si nous étions ses captifs ! »

Une fois libéré, saint Louis alla en Palestine (1250-1254) et obtint quelques avantages pour les chrétiens, puis il rentra en France. Seize ans plus tard,

« le dernier effort de son règne sera pour répondre à l'appel angoissé des Papes qui supplient l'Europe, déchirée par les guerres civiles, de s'unir contre l'Islam enivré de ses récentes victoires. S'il le faut, Louis IX partira seul. Mais, ô merveilleux et saint combat ! Clément IV qui l'a souhaitée cette croisade voit le Roi de France si affaibli par la maladie, il le sait si nécessaire au royaume et à la chrétienté que c'est lui maintenant qui le conjure de rester. J'irai, reprend Louis, et le Roi fait accepter du Pontife le sacrifice vers lequel il court. Il part. Il aborde à Tunis.

« La mort, presque la mort du martyre, est la récompense d'un tel héroïsme chrétien. Échec politique apparent, mais qui achève de consacrer le saint Roi aux yeux du peuple dont il fut le maître et le père », écrit S. E. le Cardinal Baudrillart[138].

Sans doute, le but immédiat des Croisades n'a pas été atteint, puisque le Tombeau du Christ est resté aux mains des Infidèles ; mais les résultats réels ont cependant été immenses :

Et tout d'abord l'appel d'Urbain II, au dire d'un Chroniqueur, Foulques de Chartres, « a renouvelé la paix » entre nations rivales, entre seigneuries hostiles ; la féodalité s'y est glorieusement affaiblie, si bien que l'affranchissement des communes a pu se produire sans heurt. Les Croisades ont donc permis au dire de M. Funck-Brentano « le développement et l'affermissement du pouvoir royal en France, et dans l'Église Catholique, l'accroissement de l'autorité du Souverain Pontife ». Le commerce avec l'Orient est devenu beaucoup plus actif. Enfin, les croisades arrêtèrent pour un temps les invasions musulmanes... et la France acquit, en Orient, une influence considérable au profit de tous les

---

[138] S. E. le Cardinal Baudrillart : *Vocation Catholique de la France*, p. 26.

Chrétiens qui sera consacrée, sous le règne de François Ier, par les "Capitulations". Ainsi, l'âme française qui n'avait voulu travailler que pour Dieu fit « du nom de Français et du nom de Chrétien deux synonymes toujours vivants au cœur des Orientaux [139] ». Enfin, les Croisades exaltèrent la foi des peuples et assurèrent la palme du martyre à des multitudes d'âmes.

L'un des contemporains, Guibert, abbé de Nogent, racontant tant d'exploits donna comme titre à sa chronique : "*Gesta Dei per Francos*". Il ne pouvait mieux dire. En entraînant le monde chrétien à la délivrance des Lieux saints, la France et nos Rois avaient écrit l'une des plus belles pages de notre histoire et, une fois de plus, accompli les Gestes de Dieu.

Ainsi, la grande ombre de Charlemagne surgit à l'origine des Croisades ; saint Louis les illumine par son héroïsme (en même temps qu'il sacre toute sa Race de l'auréole de la sainteté) et, demain, il sera donné au Grand Roi, annoncé par tant de prophéties, d'en assurer le triomphe par la dernière croisade qui détruira à tout jamais la secte de Mahomet et libérera les Lieux Saints, « où, après un règne des plus glorieux, il ira à Jérusalem, sur le Mont des Oliviers déposer sa

« Couronne et son Sceptre ».

---

[139] Id., p. 23.

L'INCARNATION VIVANTE DU ROI TRÈS CHRÉTIEN : SAINT-LOUIS

Quels siècles que ceux du Moyen Âge ! Siècles des Croisades et de la Chevalerie, de la ferveur et du développement prodigieux des ordres religieux et de l'enseignement théologique (enseignement qui fut poussé à un tel degré dans notre France) grâce à des maîtres comme saint Thomas d'Aquin et saint Bonaventure que Paris en devint le centre universel à tel point que le Légat Pontifical pourra dire que « La Gaule est le four où se cuit le pain intellectuel du monde entier » ; siècles où pour élever à la gloire de Dieu et de Sa Divine Mère ces magnifiques cathédrales, l'âme française, pétrie de foi et d'idéal, créera un style qui sera le témoin impérissable et l'image la plus parfaite de toutes ses nobles aspirations. Le style ogival qui est le style français par excellence n'est-il pas en effet le symbole admirable de la foi et de la prière qui veulent s'élancer toujours plus haut vers le ciel ?

« La Providence ne devait-Elle pas, autant que ce langage est permis, à une telle nation, à une telle société, un chef de tous points digne d'elles ? Un Roi de France s'est rencontré qui, prenant à la lettre les promesses du baptême de Clovis et le sublime programme de Charlemagne, a réalisé, dans sa plénitude, l'idéal même de la Monarchie chrétienne : j'ai nommé saint Louis. Est-ce parce qu'il entend remplir auprès de ses sujets et jusque dans le reste de la Chrétienté le rôle de « Sergent de Dieu » que saint Louis nous apparaît comme par excellence, le roi très chrétien ? Sans doute, mais ce ne serait point assez si plus que nul autre, il a mérité ce titre, c'est en raison de ses vertus chrétiennes, vertus privées ; c'est en vertu de sa politique chrétienne, vertus publiques. Chrétien, il l'est jusqu'à la moelle[140] »

Fidèle aux enseignements de sa mère et du cardinal romain de Saint-Ange, qui ont formé son âme, il déclare préférer mourir plutôt que commettre un seul péché mortel.

« La prière est le perpétuel aliment de son âme ; même dans ses chevauchées de guerre, il récite les heures canoniales. Tout Roi et grand Roi qu'il puisse être, il est agrégé au tiers ordre du pauvre d'Assise.

« Il est humble, il est mortifié, miséricordieux, charitable.

« Mais surtout, il est juste et la justice est une vertu royale, vertu publique autant que privée. C'est sur le solide terrain de la justice que se rencontrent en lui le Roi et l'homme. « Cherchez premièrement le royaume de Dieu et Sa justice et le reste vous sera donné par surcroît ». Voilà l'unique règle de sa conduite et cela à tous risques.

« ... Qu'il s'agisse de ses rapports avec ses sujets, ecclésiastiques, seigneurs, bourgeois, gens du menu peuple, la loi de justice imposée à tous[141] ».

---

[140] Id. p. 24.
[141] Id. p. 25.

Cette justice, il la veut non seulement dans le Royaume, mais aussi dans ses rapports avec ses ennemis.

« O prodige ! Tous ses actes de justice lui tournent à bien.

« Les barons, convaincus que Dieu est avec lui, cessent de le combattre ; ses frères acquièrent de nouveaux domaines qui reviendront au royaume ; le roi d'Angleterre se reconnaît son vassal pour tout ce qu'il possède encore sur le sol français et, de longtemps, il ne renouvellera plus ses incursions. Le Pape et l'Empereur le traitent en arbitre et c'est lui, le Roi capétien, qui fait figure d'empereur...

« C'est lui qui prend en mains les intérêts de la chrétienté ; c'est lui qui réveille, parmi les princes et les peuples, l'idée de la croisade[142] ».

Après la Croisade, « rentré dans le royaume, il y fait régner la loi de Dieu ; ses enquêteurs royaux, la plupart hommes d'Église, dominicains ou franciscains, recherchent et répriment autant qu'ils le peuvent tous les abus. Pas plus que Philippe Auguste, pas même à l'égard de l'Église qu'il aime tant, il ne fléchira sur ses droits, quand il est sûr que ce sont des droits. Nulle usurpation n'est tolérée[143] ».

Il organise les corporations et sanctionne leurs us et coutumes recueillies sur son ordre par Etienne Boileau dans le *Livre des*

---

[142] Id. p. 26.
[143] Id. p. 25.

Métiers. Il assure ainsi au pays une prospérité inconnue jusqu'alors. Il construit l'Hôpital des Quinze-Vingt pour les aveugles pauvres, etc.

« La Monarchie que Philippe Auguste avait faite puissante et redoutée, saint Louis la rend à jamais respectable et, de ce prestige moral, il la couvrira jusqu'à la fin : Fils de saint Louis, montez au ciel ! »

« Grandeur morale mais aussi puissance réelle, car jamais la France ne connut, de l'Occident à l'Orient, une prééminence égale à celle que lui avait assurée le plus juste et le plus vertueux de ses rois[144] ».

C'est le portrait même du Roi, dont il était l'ami et le familier, que trace saint Thomas d'Aquin dans *son De regimine principum* ainsi résumé :

« UN ROI DOIT ÊTRE POUR SON ROYAUME CE QUE L'ÂME EST POUR LE CORPS, CE QUE DIEU EST POUR LE MONDE. IL DOIT MODELER SON GOUVERNEMENT SUR LE GOUVERNEMENT DIVIN. IL DOIT CONSACRER TOUS SES SOINS À DIRIGER SES PEUPLES VERS LEUR FIN DERNIÈRE, EN LES APPLIQUANT AU BIEN ET À LA VERTU ».

Aussi le Pape Grégoire IX, écrit-il au Saint Roi[145] :

« Dieu, auquel obéissent les légions célestes, ayant établi ici-bas

---

[144] Id. p. 25.

[145] Labbe, op. cit, t. IX, p. 366 et 367, cité par saint Pie X à la Béatification de Jeanne d'Arc, 13 décembre 1908. Documentation Catholique. Actes de Pie X, t. V, p. 204 et 205.

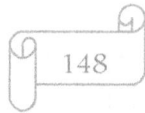

des Royaumes différents, suivant la diversité des langues et des climats, a conféré à un grand nombre de Gouvernements des missions spéciales pour l'accomplissement de Ses desseins.

« Et comme autrefois Il préféra la tribu de Juda à celles des autres fils de Jacob et comme Il la gratifia de bénédictions spéciales, ainsi il choisit la France, de préférence à toutes les autres nations de la terre, pour la protection de la foi catholique et pour la défense de la liberté religieuse ; pour ce motif, la France est le royaume de Dieu même, les ennemis de la France sont les ennemis du Christ.

« ... La tribu de Juda était la figure anticipée du royaume de France. La France, pour l'exaltation de la foi catholique, affronte les combats du Seigneur en orient et en occident. Sous la conduite de ses illustres monarques, elle abat les ennemis de la liberté de l'Église.

« Un jour, par une disposition divine, elle arrache la Terre Sainte aux infidèles ; un autre jour, elle ramène l'empire de Constantinople à l'obéissance du siège romain.

« De combien de périls le zèle de ses monarques a délivré l'Église !

« La perversité hérétique a-t-elle presque détruit la foi dans l'Albigeois, la France ne cessera de la combattre, jusqu'à ce qu'elle ait presque entièrement extirpé le mal et rendu à la Foi son ancien empire.

« Rien n'a pu lui faire perdre le dévouement à Dieu et à l'Église ; la, l'Église a toujours conservé sa vigueur ;

Bien plus, pour les défendre, rois et peuples de France n'ont pas hésité à répandre leur sang et à se jeter dans de nombreux périls...

« Nos prédécesseurs, les pontifes romains, considérant la suite non interrompue de si louables services, ont dans leurs besoins pressants recouru continuellement à la France ; et la France, persuadée qu'il s'agissait de la cause, non d'un homme mais de Dieu, n'a jamais refusé le secours demandé : bien plus, prévenant la demande, on l'a vue venir d'elle-même prêter le secours de sa puissance à l'Église en détresse.

« Aussi nous est-il manifeste que le Rédempteur a choisi le béni royaume de France, comme l'exécuteur spécial de ses divines volontés ; il le porte suspendu autour de ses reins, en guise de carquois ;

« Il en tire ordinairement ses flèches d'élection quand avec l'arc de son bras tout puissant il veut défendre la liberté de l'Église et de la foi, broyer l'impiété et protéger la justice ».

La première infidélité de la France entraîne son premier châtiment

Nous avons vu jusqu'alors les bénédictions de Dieu tomber sur la France. Hélas ! Le propre petit-fils de saint Louis, Philippe le Bel, va rompre avec cette glorieuse tradition ; il entre en lutte avec le Pape au sujet des impôts à percevoir sur le Clergé et les monastères, refuse avec hauteur l'invitation que lui fait Boniface VIII de partir pour la croisade, puis fait arrêter le Légat et confisquer ses biens. Le Souverain Pontife envoie sa bulle « *Ausculta Fili...* » Le Roi la fait brûler et répond par une lettre injurieuse. Excommunié, il saisit les biens ecclésiastiques confisqués précédemment et convoque les États-Généraux qui ratifient sa conduite. Après l'attentat d'Anagni, il sera la cause indirecte du Grand Schisme d'Occident, en installant les Papes à Avignon.

Sans doute, les erreurs et l'ambition démesurée de Boniface VIII avaient pu impatienter légitimement Philippe le Bel ; mais, le petit-fils de saint Louis, le Fils aîné de l'Église se devait à lui-même et devait à ses Ancêtres et au monde chrétien de se défendre par d'autres moyens. Le crime du Roi est patent ; c'est le premier depuis neuf cents ans. Il est national ; tous les corps de l'État l'ont approuvé.

Le châtiment va être exemplaire !

Le Roi meurt jeune et accablé de remords ; ses trois Fils vont lui succéder sur le trône sans laisser d'héritier. La couronne passe à la branche des Valois, VOILÀ LE CHÂTIMENT ROYAL !

« QUE SES JOURS SOIENT ABRÉGÉS, ET QU'UN AUTRE REÇOIVE SA ROYAUTÉ »[146].

Pourtant Philippe le Bel a manifesté publiquement son repentir. Les recommandations qu'il fit à son fils, sur son lit de mort et qui constituent son Testament en sont la preuve. C'est un monument de sagesse et de foi chrétienne qui mérite d'être cité :

« Mon Fils, je vous parle devant tous ceux qui vous aiment, et dont le devoir est de vous servir ; faites-vous chérir de tous ceux à qui vous commandez ; sans cela vous auriez et la malédiction de Dieu et la mienne.

« Premièrement, aimez Dieu, craignez-Le, respectez l'Église, soyez-en le protecteur, le défenseur, soutenez votre foi ; soyez un champion invincible du ciel. Ne vous lassez pas de faire le bien. Ayez des mœurs sages et réglées. Ne vous montrez pas comme un fanfaron, un jongleur. Faites tant que, par vous et votre gouvernement, il apparaisse que vous êtes fils de roi et Roi des Français.

« Pesez, oui, pesez ce que c'est qu'être roi des Français ; et, alors, montrez-vous tel, que Dieu soit glorifié en vous et vos sujets consolés par la certitude d'avoir un bon Roi... Souvenez-vous que

---

[146] Testament de saint Remy.

vous serez Roi de France, et honorez-en vous-même la dignité royale ».

La guerre de Cent Ans, VOILÀ LE CHÂTIMENT NATIONAL.

En 1346, à Crécy, 30 000 Anglais battent 100 000 Français.

En 1356, les 8000 Anglais du Prince Noir mettent en déroute 50 000 Français. Où est le temps de Bouvines où 60 000 des nôtres taillent en pièces 200 000 ennemis... ?

Charles V paraît clore la série de nos désastres avec Duguesclin ; il n'en était rien. Il fallait seulement que la France pût reprendre haleine pour ne pas être écrasée définitivement par l'Angleterre. Aussi, l'expiation n'étant pas achevée, à ce règne réparateur succède le règne interminable de Charles VI, qui devient fou ; la guerre civile s'ajoute à la guerre étrangère ; Isabeau de Bavière trahit la France et la livre à l'Angleterre par le honteux traité de Troyes. La France n'est plus « qu'un immense brigandage, une caverne de brigands » nous dit un contemporain, Martin Berruyer, Évêque du Mans[147], qui ajoute :

« On voyait se réaliser tout entier cet oracle d'Osée : plus de vérité, plus de science de Dieu sur la terre, un déluge de malédictions, de fourberies, d'homicides, de vols et d'adultères ; le sang par ruisseaux, la terre dans le deuil ; et tous ses habitants languissants, abattus... »

---

[147] Lettre de l'Évêque du Mans, le 27 avril 1456 pour le procès de Réhabilitation. (Traduction du P. Ayroles : *La Vraie Jeanne d'Arc*, t. I, p. 46.)

L'Archevêque de Reims, Juvénal des Ursins, raconte dans sa *Chronique de Charles VI* qu'à un conseil de régence où son père assistait et où l'on recherchait les causes des malheurs de la France, l'un des membres du conseil dit :

« qu'il avait vu plusieurs histoires et que toutes les fois que les Papes et les Rois de France avaient été unis ensemble en bon amour, le Royaume de France avait été en bonne prospérité ; et il se doutait que les excommunications et malédictions que fit le Pape Boniface VIII sur Philippe le Bel jusqu'à la cinquième génération ne fussent cause des maux et calamités que l'on voyait. Laquelle chose fut fort pesée et considérée par ceux de l'assemblée. »

HUMAINEMENT, C'EN ÉTAIT FAIT DE LA FRANCE. MAIS DIEU VEILLAIT !

La mission de Jeanne d'Arc

Le Peuple priait ; le Dauphin Charles, lui aussi, n'espérait plus qu'en Dieu

« Adonc Seigneur mon Dieu, est-ce que à cause de la conduite de ma Mère, je ne serais pas, ainsi que je l'ai cru, l'héritier légitime du trône et de la couronne de France ? S'il en est ainsi, inspirez-moi, Seigneur, auquel cas je suis décidé à rendre le Royaume à qui il appartient et à quitter le pouvoir pour me retirer en royaume ami. Au contraire, si je suis véritablement Fils du Roi et légitime héritier de la Couronne, je Vous prie et demande de combattre pour moi et m'aider à recouvrer mon royaume.

« Si les malheurs de la France sont arrivés à cause de mes péchés, qu'il Vous plaise, Seigneur, de me punir tout seul, tout en m'épargnant rude prison et male mort ; mais si ces malheurs sont la conséquence des péchés du Peuple veuillez bien apaiser Votre colère et pardonner[148] ! »

JEANNE D'ARC ! TELLE FUT LA REPONSE DIVINE.

« Le 6 janvier 1412, écrit Mgr Debout, les habitants de Domremy sont rentrés chez eux après avoir assisté aux offices de la belle fête de l'Épiphanie. Soudain, à chaque foyer, sans qu'aucun motif

---

[148] Prière faite secrètement une nuit par Charles VII ; c'est cette prière que, par une inspiration céleste, Jeanne d'Arc va révéler au Roi, comme preuve de sa mission divine.

extérieur ait pu y donner lieu, un souffle d'allégresse pénètre dans les cœurs ; étonnés, les bons villageois s'interrogent, ouvrent les portes, se mettent sur le seuil de leurs chaumières, examinent le firmament. C'est en vain : rien ne leur révèle la cause du sentiment de bonheur qu'ils éprouvent. Et voici que des êtres sans raison, eux-mêmes, partagent cette exubérance, les coqs battent des ailes et pendant deux heures font entendre leurs chants sonores et prolongés... »

Que se passe-t-il donc ? Pourtant tous ont l'âme endeuillée ; le lendemain s'annonce encore plus sombre que la veille ; pourquoi cette joie délirante, subite, inexplicable et générale ?

Pourquoi ? parce qu'elle est née notre Jeanne d'Arc : c'est la réponse de Dieu. Le Seigneur a voulu qu'à la naissance de notre Pucelle tout comme à celle de Son Divin Fils la terre tressaillit d'allégresse à la venue de sa libératrice ; Il a voulu aussi comme pour bien marquer le sens monarchique de la mission de Jeanne qu'Elle naquît en ce jour de l'Épiphanie, fête des Rois.

Saint Michel, le Chef des milices célestes, l'archange gardien de notre France et de nos Rois, le grand vainqueur de Satan, apparaît à l'humble bergère et pendant plusieurs années l'inspire, la guide, demeure jusqu'à la fin le chef de son « céleste conseil » et lui affirme sa mission et ses droits sur notre Pays par ces paroles définitives :

« Je suis Michel, le protecteur de la France3 ».

À dix-sept ans, la petite bergère quitte son Père, sa Mère, sa

Famille, et son village et ses moutons ; elle s'en va, elle, l'humble fille (mais la Fille au grand cœur) rendre son Roi à la France et bouter l'Anglais. Elle surmonte tous les obstacles, traverse le pays, échappe miraculeusement aux brigands, aux Bourguignons, aux Anglais ; arrivée à Chinon, sans avoir jamais vu le Roi, qui s'est déguisé en simple chevalier et qui a fait revêtir à l'un de ses seigneurs les insignes royaux, elle le reconnaît et se jette à ses pieds :

« En nom Dieu, je sais bien que c'est vous et non un autre qui êtes le Roi, Gentil Dauphin... »

Tant qu'Il ne sera pas sacré et couronné, elle appellera toujours Charles « Gentil Dauphin » pour bien montrer que le pouvoir n'est légitime qu'autant qu'il est de Dieu : *omnis potestas nisi a Deo*. Or ce pouvoir est conféré au Roi par l'onction sainte du Sacre.

« ...J'ai nom Jehanne la Pucelle et VOUS MANDE PAR MOI LE ROI DES CIEUX QUE VOUS SEREZ SACRE ET COURONNE À REIMS ET QUE VOUS SEREZ LIEUTENANT DU ROI DES CIEUX QUI EST ROI DE FRANCE ! »

Elle affirme ainsi dès sa première rencontre avec le Roi en présence de toute la Cour le caractère divin de sa mission et la mission divine de la Monarchie Française. Afin de prouver au Roi sa mission, elle l'entraîne au fond de la salle et lui révèle à lui seul qui doute de sa légitimité la prière qu'il a faite à Dieu au cours d'une nuit de détresse et lui apporte la réponse divine ; pour bien marquer au Roi que c'est Dieu qui parle par sa bouche, elle le tutoie :

« Eh bien, je te dis, de la part de Messire, TU ES LE VRAI HÉRITIER DE FRANCE ET FILS DU ROI, et Il m'envoie pour te conduire à Reims y recevoir ton Sacre et la couronne, si tu le veux ! »

Par cette affirmation fulgurante et qui ne peut être que divine, Jehanne arrache au Roi tous ses doutes. Dès lors Charles VII ne doute plus de la mission de la Pucelle non plus que de lui-même et de son droit. Elle lui a rendu la foi. Il accepte d'accomplir la volonté divine, elle entreprend alors sa mission libératrice.

Elle sait que la guerre est *l'ultima ratio* d'un peuple en état de légitime défense, que ce fléau n'est justifié qu'autant que le droit est violé, que, dans ce cas seulement, la guerre devient non seulement légitime, mais sainte et bénie de Dieu, aussi, avant de faire couler le sang, elle somme, au nom de Dieu, les Anglais de quitter le Royaume qu'ils ont injustement envahi :

« Jhésus ! Maria !

« Roi d'Angleterre et vous, duc de Bedford qui vous dites régent du Royaume de France...

« FAITES RAISON AU ROI DU CIEL DE SON SANG ROYAL.

« Rendez au Roi, par la Pucelle, qui est envoyée par Dieu le Roi du Ciel, les clefs de toutes les bonnes villes que vous avez prises et violées en France.

« ELLE EST VENUE DE PAR DIEU RÉCLAMER LE SANG ROYAL.

Elle proclame hautement à la face du monde que, seule la Race Royale des Francs, la Maison de France doit régner sur notre Pays, et cela, de par la VOLONTÉ DIVINE. Elle ajoute :

« Elle est toute prête de faire la paix si vous lui voulez faire raison en quittant la France et payant le dommage que vous lui avez fait ».

Quelle leçon de haute et chrétienne sagesse elle donne au monde. Elle sait en effet que le pardon et la charité ne doivent intervenir dans les relations internationales aussi bien qu'entre particuliers qu'une fois la justice pleinement satisfaite et le dommage intégralement réparé. Il eût été bien utile, après les deux dernières conflagrations mondiales, de s'inspirer de cet enseignement.

Enfin, elle achève sa lettre par cette magnifique déclaration :

« VOUS NE TIENDREZ POINT LE ROYAUME DE FRANCE, DE DIEU LE ROI DU CIEL... MAIS LE TIENDRA LE ROI CHARLES, VRAI HÉRITIER, CAR DIEU LE ROI DU CIEL LE VEUT[149] »

Affirmant ainsi que si le Christ est Roi de l'univers, Il est plus spécialement le Roi de France, et proclamant, au nom de Dieu, que la Loi Salique, cette loi de succession au trône qui a assuré la grandeur et l'unité de la France doit toujours être respectée.

Et comme les Anglais ne répondent pas, elle marche sur Orléans. Avant la bataille elle entend la Messe et communie, et son Écuyer,

---

[149] Ayroles : *La vraie Jeanne d'Arc*, IV, p. 44 et III, p. 74. Delassus : *Mission Posthume de Sainte Jeanne d'Arc*, p. 447.

Simon Beaucroix, déclare au Procès de réhabilitation : « Je me rappelle fort bien que Jeanne recommanda à tous les hommes de l'armée de se confesser, de mettre leur conscience en ordre ; que Dieu alors leur viendrait en aide et qu'avec Son aide ils obtiendraient la victoire ».

En la fête de saint Michel, patron de la France, elle délivre miraculeusement Orléans.

Les jours suivants, elle met en déroute, les armées de secours anglaises : c'est la miraculeuse campagne de la Loire. Dès lors, elle a suffisamment prouvé la réalité de sa mission ; elle va sur l'ordre exprès de Dieu par un acte officiel, solennel, public, authentique et ainsi revêtu de toutes les formes légales d'un contrat, pour lui donner toute sa signification et sa portée aux yeux du peuple, renouveler le pacte conclu à Tolbiac et aux fonts baptismaux de Reims, l'alliance du Christ et de la France :

« Gentil Roi, il me plairait avant de descendre dans le cercueil, d'avoir votre palais et votre Royaume.

- Oh ! Jeanne, répond Charles VII, mon palais et mon Royaume sont à toi.

Notaire, écrivez, dit la Pucelle inspirée : Le 21 juin à 4 heures du soir, l'an de Jésus-Christ 1429, le roi Charles VII donne son royaume à Jeanne.

« Écrivez encore : Jeanne donne à son tour la France à Jésus-Christ.

Nos Seigneurs, dit-elle d'une voix forte, à présent c'est Jésus-Christ qui parle :

« MOI, SEIGNEUR ÉTERNEL JE LA DONNE AU ROI CHARLES[150] ».

Jeanne interpelle les Seigneurs, la Cour, pour les prendre à témoin que c'est Jésus-Christ qui parle par sa bouche, et pour consacrer, par leur témoignage et leur adhésion, ce pacte qui lie non seulement le Christ au Roi et le Roi au Christ, mais le peuple de France tout entier dans la personne de son Roi. Qu'elle est donc émouvante cette triple donation passée en bonne et due forme par devant notaires ! Elle est l'éclair fulgurant qui explique, éclaire, illumine, irradie toute notre Histoire. ELLE EST L'ACTE CAPITAL QUI CONSACRE LA RAISON D'ÊTRE DE NOTRE PAYS.

À la face de l'univers, elle proclame non seulement la royauté universelle du Christ sur le monde et plus particulièrement sur notre Patrie, mais aussi la mission divine de la France et de la Maison de France. Car cet acte a une portée générale ; ce n'est pas seulement à Charles VII que Dieu confie le Royaume ; en sa personne, c'est à toute la race royale pour bien montrer que la Race Royale est aussi inséparable de la France que la France est inséparable de l'Église et du Christ.

Le Père Ayrolles écrit de ce véritable contrat qui fait du Roi de France le Lieutenant du Christ :

---

[150] P. Théotime de Saint-Just : *La Royauté Sociale de N. S. J.-C.*, d'après le Cardinal Pie, p. 17.

« Si Charles VII et ses successeurs avaient compris, ils auraient fait enchâsser le merveilleux parchemin dans l'or et la soie ; ils l'auraient entouré de pierres précieuses, car ils n'avaient pas dans leur trésor de diamant comparable. Ils l'auraient relu et médité tous les jours. Non seulement ils seraient aujourd'hui sur le trône, mais l'univers serait dans les bras de Jésus-Christ et ce serait la France qui l'y aurait placé ».

L'Alliance étant renouvelée entre le Christ et la Monarchie, Jeanne d'Arc peut conduire le Dauphin à Reims.

« C'est à Reims maintenant qu'il me faut vous conduire... Venez donc au plus vite prendre la Couronne à laquelle vous avez droit. Mon Conseil me tourmente on ne peut plus là-dessus ! »

C'EST DONC BIEN LA VOLONTÉ DE DIEU QUE LE ROI SOIT SACRE, ET SACRE À REIMS.

Nous n'insisterons pas sur l'importance de ce fait, le lecteur connaissant déjà toute la signification du Sacre par l'un des chapitres précédents.

Le 17 juillet 1429 quand le Prélat consécrateur eut prononcé la formule :

« JE TE SACRE ROI DE FRANCE AU NOM DU PÈRE ET DU FILS ET DU SAINT-ESPRIT »

aux cris enthousiastes de tous les assistants : « Noël ! Noël ! Vive le Roi ; NOËL ! NOËL ! », Jeanne en larmes (larmes de joie) se jette aux pieds du Roi :

« GENTIL PRINCE, MAINTENANT EST EXÉCUTÉ LE PLAISIR DE DIEU, QUI VOULAIT QUE VOUS VINSSIEZ À REIMS POUR Y RECEVOIR VOTRE DIGNE SACRE, MONTRANT QUE VOUS ÊTES LE VRAI ROI ET CELUI AUQUEL LE ROYAUME DOIT APPARTENIR ! »

Très justement, Monseigneur Delassus écrit :

« EN DEHORS DE LA RACE DE DAVID, JAMAIS DYNASTIE N'A REÇU UNE PAREILLE CONSÉCRATION[151] ».

Le jour même elle écrit au Duc de Bourgogne pour lui demander de faire la paix car :

« Vous fais assavoir, de par le Roy du Ciel, mon droicturier et souverain Seigneur, pour votre bien et pour votre honneur et sur votre vie, que vous ne gagnerez point de bataille à l'encontre des loyaux Français et que TOUS CEUX QUI GUERROIENT AU DIT SAINT ROYAUME DE FRANCE GUERROIENT CONTRE LE ROI JESUS, ROY DU CIEL ET DE TOUT LE MONDE... »

Sa mission est terminée, elle a sauvé la France en lui rendant son Roi, elle a consacré la mission divine de notre Pays et de notre Monarchie ; elle a sauvé la chrétienté, car en boutant l'Anglais hors de France, elle a empêché le Protestantisme, qui devait sévir en Angleterre au siècle suivant, de triompher de l'Église ; elle a

---

[151] Mgr Delassus, op. cit., p. 47. Voir p. de la présente étude l'explication de cette consécration par Dieu de notre Race Royale.

proclamé la Royauté Universelle du Christ.

« Et les portes de l'enfer ne prévaudront pas contre elle » Une fois de plus : *Gesta Dei per Francos*.

À la mission de Jeanne, il manquait encore une chose : l'auréole du sacrifice et du martyre, la prison, le procès et le bûcher de Rouen. Comme le Christ, elle est trahie, livrée à ses ennemis, insultée, traînée devant un tribunal ecclésiastique. Pour tous deux, pas d'avocats, pas de débats contradictoires ; leurs juges sont leurs pires ennemis. Jeanne en appelle au Pape, il ne l'entend pas ; l'Épiscopat l'abandonne ou la trahit. Elle qui a sauvé l'Église et la France, elle est condamnée comme hérétique et schismatique ! Quelle douleur ne dut pas être la sienne de se voir si injustement persécutée, si odieusement condamnée ! C'est seulement après qu'elle eut consommé son sacrifice jusqu'au martyre que la France fut complètement sauvée, comme le monde le fut par la mort du Christ.

Mais pourquoi tant de haine, tant d'acharnement contre Jeanne ? Parce que tous les ennemis de la France et de nos Rois voulurent atteindre en elle le principe divin de la Monarchie Française. Or, pensèrent-ils, quoi de plus efficace pour discréditer ce principe que de faire condamner comme hérétique et sorcière celle qui était venue le sauver et le confirmer au nom de Dieu. Oui, vraiment notre Jeanne est la martyre par excellence du principe divin de la Monarchie Française.

Un dernier mot encore sur Jeanne d'Arc. Toutes ses prédictions se sont réalisées jusqu'à ce jour. Or, le samedi 10 mars, lors de son procès, au cours de l'interrogatoire de Cauchon, elle a dit que la Couronne de France « durera mille ans et plus ».

« Jeanne a prédit que la France accomplirait un jour pour le salut de la Chrétienté, un exploit grandiose qui dépasserait tout ce que l'univers a vu jusqu'ici. Le Monde sera donc un jour le témoin de cette entreprise merveilleuse qui surpassera les Croisades et Lépante. Et, pour l'accomplir, il faut bien que la France se relève et reprenne sa noble épée de Dieu[152] ! ».

Lors de la mort de la Pucelle, au milieu des flammes du bûcher, le Saint-Esprit s'envola, sous la forme d'une colombe, pour bien marquer qu'Il inspirait et habitait l'âme de la Vierge Martyre. Malgré l'acharnement des bourreaux et les ordres des Anglais, JAMAIS LE CŒUR ET LES VISCÈRES DE JEANNE NE PURENT ÊTRE CONSUMÉES ET CE CŒUR, QUI INCARNA SI INTENSÉMENT CELUI DE LA FRANCE, CONTINUA À BATTRE AU MILIEU DES CENDRES... N'a-t-elle pas assuré qu'elle reviendrait pour accomplir le « plus beau fait qui jamais aura été fait pour la Chrétienté » ?

Ses restes sacrés furent mis dans un sac et jetés à la Seine... Jeanne d'Arc est unique dans l'Histoire Universelle. Sa formation fut toute céleste. Nulle héroïne ne peut lui être comparée, elle les dépasse toutes. Sa mission surpasse toutes les autres. Après la Vierge, Mère de Dieu, et co-Rédemptrice du Genre Humain, la Pucelle est la

---

[152] Chanoine Coubé, Revue *O Salutaris*, juillet 1903.

créature la plus merveilleuse qui ait jamais paru ici-bas[153].

---

[153] Consulter pour ce chapitre : R. P. Ayroles : *La vraie Jeanne d'Arc. - Jeanne d'Arc sur les autels et la régénération de la France*. Chan. Ph. Dunand : *Histoire complète de Jeanne d'Arc*.
Ed. Richer : *Histoire de la Pucelle d'Orléans*.
R. P. Clérissac : *La mission de Sainte Jeanne d'Arc*. Abbé Vial : *Jeanne d'Arc et la Monarchie*. Colonel Billard : *Jeanne d'Arc et ses juges*.
M.-L. Amiet : *La condamnation de Jeanne d'Arc*.
G. Guilbert : *La Mission divine et royale de Jeanne d'Arc*.
Dom Monnoyeur : *Le Traité de Jean Gerson sur la Pucelle* .- *Sainte Jeanne d'Arc héraut de la Royauté du Christ*.
Mgr Delassus : *La Mission posthume de sainte Jeanne d'Arc et la Royauté Sociale de Notre Seigneur Jésus-Christ*.
R. P. Pie de Langogne : *Jeanne d'Arc devant la Congrégation des Rites*.

Les fautes des derniers Valois entraînent leur châtiment

Au siècle suivant, les derniers Valois abandonnent leur rôle de Fils aîné de l'Église. Ils vont être châtiés dans leur descendance.

François 1er pactise trop avec la Renaissance ; les mœurs se relâchent à la Cour.

Il tolère que sa sœur favorise les Protestants et, lui, le Roi Très Chrétien, il fait alliance avec les Infidèles. L'unité morale de la France est rompue et peu à peu le Pays s'achemine vers les guerres de Religion ; les répercussions de cette brèche faite dans l'âme française n'ont jamais cessé, depuis lors, de se faire sentir : voilà pour l'intérieur.

À l'extérieur, ce sont les désastres de Pavie : « Tout est perdu, fors l'honneur ! » et cette ruineuse lutte de la Maison de France contre la Maison d'Autriche qui ne prendra fin que sous Louis XV.

« Quant au règne d'Henri II, il est marqué par l'humiliant traité de Cateau-Cambrésis (juin 1559) par lequel le Roi, pour conserver Calais et les Trois Évêchés, devra abandonner 189 villes ou châteaux fortifiés au-delà des Alpes ou dans les Pays-Bas et tous ses droits en Italie[154] ».

À la mort d'Henri II, c'est Catherine de Médicis qui exerce le pouvoir en faveur des Protestants beaucoup plus que des Catholiques. Elle est, à l'avance, le portrait frappant de nos Libéraux, dont toute la conduite se résume ainsi : mettre la vérité et l'erreur sur le même pied ; c'est-à-dire favoriser l'erreur, qui n'a aucun droit, aux dépens de la vérité, qui les a tous.

Catherine de Médicis veut tenir la balance égale entre les Catholiques et les Protestants, entre l'Église de Dieu et ceux qui incarnent l'orgueil humain en révolte contre Dieu. Résultat : les guerres de Religion précipitent la France dans un flot de sang. Comme toujours en pareil cas les ennemis de l'État, les Protestants, font alliance avec leurs coreligionnaires d'Angleterre et d'Allemagne : à la guerre civile s'ajoute la guerre étrangère.

En 1589 s'éteint la deuxième branche, celle des Valois ; de la même manière que la première.

« Trois frères se succédant également, l'un à l'autre, sur le trône disparaissent sans laisser d'héritier mâle. Ce sont les fils d'Henri II... Mais cette fois le châtiment s'aggrave.

« La coupe des abominations a encore plus débordé que la première fois, il faut que l'expiation soit plus accentuée !

« Outre leurs scandales et leurs mœurs infâmes, les derniers

---

[154] Abbé Vial, op. cit., p. 309.

Valois ont amoncelé les crimes :

« Charles IX meurt bourrelé de remords des massacres de la Saint-Barthélemy qu'il a ordonnés.

« Et Henri III, après les assassinats qu'il a lui-même perpétrés, au milieu d'orgies et de criminelles débauches, meurt assassiné, après que les délégués de la Nation lui avaient retiré son pouvoir royal !

« Deuxième avertissement à la race royale Capétienne ![155] ».

Cette fois, il n'y a de châtiment que pour la dynastie, car la Nation a fait son devoir. Si le Roi a oublié le sien, les Catholiques, moins veules que de nos jours, ont constitué la Ligue et défendent les droits imprescriptibles du « Roy du Ciel qui est Roy de France ! »

Voici leur magnifique, serment : chaque Ligueur s'engage :

« À MAINTENIR LA DOUBLE ET INSÉPARABLE UNITÉ CATHOLIQUE ET MONARCHIQUE DU « SAINT ROYAUME DE FRANCE », TELLE QU'ELLE FUT FONDÉE MIRACULEUSEMENT AU BAPTISTÈRE DE REIMS, PAR SAINT RÉMY ; TELLE QU'ELLE Y FUT RESTAURÉE MIRACULEUSEMENT, PAR JEANNE D'ARC ; TELLE QU'ELLE EST INSCRITE DANS LA LOI SALIQUE.

« À FAIRE DANS CE BUT LE SACRIFICE DE LEURS BIENS ET DE LEUR VIE ; À DÉFENDRE JUSQU'À LA MORT LES LIGUEURS ASSERMENTÉS, À POURSUIVRE JUSQU'À LA MORT LEURS ENNEMIS ».

La Ligue a sauvé l'Église et la France de l'hégémonie protestante.

---

[155] G. Cherchay : *Réponse aux objections concernant la brochure : Qui régnera ?*

Les sacrifices et l'héroïsme de ses membres valent au Pays l'un de ses plus grands Rois : Henri IV, pour monter sur le trône, doit abjurer le Protestantisme et revenir à la religion de ses Pères.

Il accomplit ce grand acte à l'Abbaye de Saint-Denis, en 1593 ; son sacre fait disparaître les dernières résistances : vingt-trois jours après, il entre à Paris aux acclamations d'un Peuple immense « affamé de voir un Roi ».

En 1595 il bat les Espagnols à Fontaine-Française, puis en 1601 le Duc de Savoie refusant de restituer le Marquisat de Saluces, il annexe la Bresse, le Bugey et le Pays de Gex qui s'ajoutent au Béarn et au Comté de Foix, déjà réunis au Royaume en 1589.

Ayant trouvé la France épuisée après les guerres de religion, le Roi, avec son ministre et ami Sully, restaure complètement le Royaume. Il relève l'industrie, notamment celle de la soie à Lyon, crée des manufactures diverses, développe le commerce, multiplie les routes et les ponts, creuse le canal de Briare et signe des traités de commerce avec les Puissances étrangères.

Il porte tous ses soins à la restauration de l'agriculture par une sage politique de protection du paysan et de dégrèvement d'impôts et rend confiance à nos campagnes qui se repeuplent et redeviennent fertiles. Il fait rendre gorge aux voleurs, et, par de prudentes économies, parvient non seulement à rembourser les emprunts et à réduire les impôts, mais encore à constituer un trésor de quarante millions, ce qui représenterait peut-être plusieurs milliards de nos jours. Il favorise les entreprises coloniales et grâce à son appui, Champlain peut fonder Québec.

Enfin, par la sagesse de ses choix dans la nomination des Évêques, il contribue puissamment à la restauration religieuse du Royaume.

À la mort du bon et grand Roi, la France est redevenue le Pays le plus riche, le plus prospère et le plus peuplé.

Le règne de Louis XIII et la consécration de la France à la Vierge

Le règne de Louis XIII qui débute par la reprise de la guerre religieuse et de la guerre étrangère, n'est qu'une longue suite de triomphes et de prodiges accordés par Dieu à la France, dont le jeune Roi est profondément chrétien. Le « Roy du Ciel envoie à Son Lieutenant » le plus grand ministre qu'ait eu un Souverain : le Cardinal de Richelieu.

Apprenant la nomination de celui-ci au Conseil Royal, Sully s'écrie :

« Le Roi a été comme inspiré de Dieu en choisissant l'Évêque de Luçon pour ministre ! »

Le Grand Cardinal a lui-même exposé au Roi son programme, digne de celui de la Pucelle, à laquelle il vouait une grande admiration, et dont il avait le portrait sur son bureau :

« Je promis à Votre Majesté d'employer toute mon industrie et toute l'autorité qu'Il lui plairait de me donner à : miner le parti huguenot, rabaisser l'orgueil des Grands, réduire tous les sujets à leur devoir, et relever Son Nom dans les Nations étrangères au point où Il devait être ».

Ce magnifique programme fut rigoureusement appliqué.

Fondation de Notre-Dame-des-victoires et institution de la procession du 15 aout

Les protestants avaient organisé un véritable état dans l'État, dont la capitale était La Rochelle et avaient fait alliance avec l'Angleterre. Le siège fut entrepris, mais le Roi, sentant que la lutte serait chaude, voulut mettre son armée sous la protection divine et fit un double vœu, si la victoire venait couronner ses armes :

1° de fonder une Église à Notre-Dame-des-Victoires, si par sa faveur il était victorieux de la place, mettant la couronne de France sous sa puissante protection.

2° que toutes les années, par tout le Royaume, l'on ferait des processions, le jour de son entrée dans les cieux, par son Assomption glorieuse ».

C'est ce vœu que commémore le tableau de Carl Van Loo à Notre-Dame-des-Victoires, au-dessus du maître-autel. La prière du Roi est exaucée ; le Roi exécute son vœu.

Le 9 décembre 1629 a, lieu la pose de la première pierre sur laquelle est gravée en lettres d'or l'inscription latine :

« Louis XIII, par la grâce de Dieu, Roi Très Chrétien de France et de Navarre, vaincu nulle part, victorieux partout, au souvenir de tant de victoires qui lui sont venues du Ciel, spécialement de Celle qui a terrassé l'hérésie, a érigé ce temple aux Frères Augustins déchaussés du Couvent de Paris, en monument insigne de sa piété, et l'a dédié à la Vierge Marie, Mère de Dieu, sous le titre de Notre-Dame-des-Victoires, l'an du Seigneur 1629, le 9 du mois de décembre, de son règne le XXè ».

L'Archevêque de Paris relate la cérémonie en un document officiel, écrit en latin ; nous en donnons la traduction car il résume la plus grande partie du règne de Louis XIII.

« Louis XIII, Roi Très Chrétien de France et de Navarre, invincible, victorieux, la terreur des ennemis, l'honneur des princes, l'exemple de la postérité ; prince vraiment catholique, vraiment juste, et vraiment pieux envers la Bienheureuse Vierge Marie.

« Après avoir vaincu les Calvinistes, hérétiques et rebelles de son Royaume, auteurs de maux innombrables envers les Catholiques fidèles par la ruine ou l'incendie de leurs églises ; la profanation des choses les plus saintes ; le massacre des prêtres, des religieux et d'un très grand nombre d'autres catholiques ; par cet acte de suprême impiété qui consiste à fouler aux pieds le Saint Sacrement de l'Eucharistie ; par la rupture et la souillure de la Croix et des

Images des Saints et l'incendie de leurs reliques ; par la perpétration horrible d'autres cruautés et sacrilèges vraiment inouïs.

« Après avoir soumis de gré ou de force, en deux ans, cent cinquante villes de ces mêmes hérétiques et avoir partout rétabli le vrai culte du vrai Dieu et de la Vierge Marie.

« Après avoir vaincu La Rochelle, ville célèbre dans le monde entier, en enchaînant les flots de l'océan, malgré les efforts des Rois et des princes conjurés ; La Rochelle, ville inexpugnable autant par l'obstination de ses habitants que par la protection de la nature, fièrement enserrée dans sa triple ceinture de murailles, sans compter celle des flots gonflés de l'océan ; La Rochelle, qui, ayant autrefois sa puissance, avait secoué le joug de tant de Rois ; La Rochelle, le plus solide boulevard de l'hérésie.

« Après avoir disloqué ses murailles jusque dans leurs fondements, comblé ses fossés, dispersé sur terre et sur mer les Anglais venus à son secours ;

« Après avoir chassé les Espagnols de la Valteline, pacifié la querelle des Génois, avec le duc de Savoie, défendu les droits du duc de Mantoue contre les Espagnols et les Savoyards, ses armes étant partout victorieuses, le Roi très pieusement reconnaissant de tant et de si grandes grâces et victoires reçues de Dieu par la protection de la Vierge, Sa Mère, s'est déclaré le fondateur royal de l'Église des Augustins Déchaussés de Paris dont il a voulu, par une piété insigne, poser la première pierre, de ses mains royales, et à Dieu l'a dédiée en l'honneur de Notre-Dame-des-Victoires. Cette première pierre ayant été bénite par l'illustrissime et révérendissime Seigneur Jean François de Gondy, Archevêque de Paris, en présence du Prévôt et des Édiles de la Ville, le 9 du mois de décembre de l'an 1629 ».

Voici maintenant quelques extraits des lettres patentes du Roi :

« LOUIS, PAR LA GRÂCE DE DIEU, ROY DE FRANCE ET DE NAVARRE, A TOUS

PRÉSENTS ET À VENIR, SALUT.

« LES ROYS NOS PRÉDÉCESSEURS ONT TELLEMENT CHERY LA PIÉTÉ ET, AVEC DES SOINS PARTICULIERS, RECHERCHE L'AUGMENTATION DE L'ÉGLISE CATHOLIQUE, APOSTOLIQUE ET ROMAINE, QUE LES FRÉQUENTS TÉMOIGNAGES QU'ILS ONT RENDU DE LEUR INSIGNE DÉVOTION LEUR ONT ACQUIS LE TITRE ET L'ÉMINENTE QUALITÉ DE FILS AINÉ D'ICELLE.

« QUALITÉ QUI NOUS EST EN TELLE RECOMMANDATION QUE NOUS NOUS PROPOSONS DE FAIRE TOUJOURS DES ACTIONS QUI EN SOIENT DIGNES, MOYENNANT LA GRÂCE ET ASSISTANCE DIVINES, QUE NOUS IMPLORONS ET IMPLORERONS TOUTE NOTRE VIE, POUR N'EN POINT FAIRE QUI SEMBLENT Y CONTRARIER...

« Pour marque à jamais de la piété que Nous avons à la glorieuse Vierge Marie, et pour témoignage de la singulière affection que Nous portons au dit ordre des Religieux Augustins Déchaussés, Nous avons voulu être fondateur de leur Église, et couvent de Nostre bonne ville de Paris, laquelle nous avons dédiée a nostre-dame-des-victoires, en actions de grâces de tant de glorieuses victoires que le ciel nous a favorablement départies par l'entremise de la vierge, et assister en personne en l'action de la dite fondation et à toutes les cérémonies et solennités qui y ont été faites par Nostre aimé et féal Conseiller en Nostre Conseil d'État le sieur Archevêque de Paris, le 9 du présent mois... »

Naissance miraculeuse de Louis XIV

Toute œuvre de Dieu est longue et difficile. La naissance de celui qui sera le Roi Soleil en est la preuve et montre que la persévérance basée sur la Foi est toujours exaucée.

Au milieu de tant de victoires, une douleur profonde attriste continuellement Louis XIII et Anne d'Autriche. Depuis vingt-deux ans qu'ils sont mariés, le Roi et la Reine n'ont aucun héritier. Vainement, multiplient-ils les prières et les pèlerinages. Pourtant, jamais ils ne désespérèrent de la bonté de Dieu. Aussi, leur confiance fut-elle récompensée par un miracle.

C'est le tout petit nombre des Français qui sait que la naissance de Louis XIV fut très réellement miraculeuse, encore la plupart du temps n'a-t-il qu'une connaissance très superficielle de la question. Mais ce qui est à peu près totalement ignoré, ce sont les manifestations surnaturelles qui se rattachent à cette naissance et prouvent à quel point Notre Seigneur et Sa Divine Mère aiment la France et nos Rois. Ces manifestations ont été consignées par écrit, sous la foi du serment, au fur et à mesure qu'elles se produisaient. Elles offrent donc une garantie incontestable, d'autant plus que la plupart sont antérieures et de beaucoup à cette naissance. Elles sont au nombre de quatre.

La première en date est celle dont fut l'objet la Révérende Mère Jeanne de Matel qui reçut le 3 octobre 1627 (onze ans avant la naissance) le message suivant de Notre Seigneur :

« Je magnifierai Ma miséricorde sur votre Reine et la visiterai comme J'ai visité sainte Élisabeth, la rendant mère. J'ai pitié des humiliations de cette bonne Princesse ».

Dix ans après, en 1637, le Ciel lui annonce la nouvelle de la prochaine naissance d'un Dauphin ; enfin, dans la nuit du samedi au dimanche 5 septembre 1638 au moment même de la naissance :

« Je vis cet enfant béni, écrit la pieuse religieuse ; cette vue mit dans mon âme tant de joie que nos sœurs s'aperçurent d'une extraordinaire jubilation en moi, sans que je leur dise la cause, à tel point que l'une d'elles appela les autres sœurs et leur dit : Venez voir notre Mère dont la face est rayonnante[156] ».

Sœur Marguerite du Saint Sacrement, Carmélite de Beaune, qui depuis des années suppliait le Ciel de donner un Dauphin à la France, fut à son tour l'objet des faveurs divines et le 2 février 1632, au cours d'une extase, le Sacré-Cœur lui dit :

« Puise, Mon Épouse, ce que tu veux dans Mon Cœur. Je t'accorde le Dauphin que tu demandes et tu ne mourras point sans avoir la joie et la consolation de voir Ma promesse accomplie ».

---

[156] Abbé Penaud : *La Vénérable Jeanne de Matel*, t. II, pp. 380 et suiv.

Le 15 décembre 1637, quelques jours après la conception de l'Enfant, Notre Seigneur lui dit que la Reine était enceinte ; enfin, le jour de la naissance, Il lui annonça la bonne nouvelle.

Une autre Religieuse, Sœur Germaine, de Clermont, en 1637 envoyée par Louis XIII et Anne d'Autriche en pèlerinage à Notre Dame de Grâce de Gignac, près de Lodève, pour obtenir un héritier, affirma qu'étant en prières, elle reçut de la Sainte Vierge l'assurance que bientôt la France aurait un Dauphin.

Enfin, la Vierge, tenant un enfant, apparaît à un religieux Augustin de Notre-Dame-des-Victoires, le frère Fiacre[157].

« Elle est vêtue d'une robe bleue semée d'étoiles, les cheveux flottant sur les épaules et porte trois couronnes sur la tête :

« MON ENFANT, LUI DIT-ELLE, N'AYEZ PAS PEUR, JE SUIS LA MÈRE DE DIEU ! CE N'EST PAS MON FILS, C'EST L'ENFANT QUE DIEU VEUT DONNER À LA FRANCE ».

Les apparitions se renouvelant, l'Autorité religieuse intervient et reconnaît l'exactitude des faits. La Reine connaît la merveilleuse nouvelle le 5 décembre 1637 ; neuf mois après, jour pour jour, le 5 septembre 1638 naît LOUIS XIV qui reçoit au Baptême le nom de Louis-Dieudonné, le Grand Roi qui donna son nom à son siècle et porta à son apogée la gloire de la France !

On conçoit l'intervention divine dans un événement aussi

---

[157] Voir : *Vie du Frère Fiacre*, par le P. Gabriel de Sainte-Claire. Les vitraux de Notre-Dame-des-Victoires relatent le fait.

important pour le monde que la naissance de Louis XIV.

Il est une leçon qui se dégage de cette naissance miraculeuse : y a-t-il un argument plus catégorique et plus magnifique pour prouver que la Royauté est bien le régime qui seul convient à la France ? La Vierge aurait-Elle accordé au Roi un héritier pour le Trône si la Monarchie n'était pas de droit divin, de volonté divine ? Surtout quand l'Histoire montre que la Reine du Ciel tint à répéter tant de fois ce miracle : pour Philippe-Auguste, Louis VIII, saint Louis, Philippe le Hardi, Charles VIII, Louis XIV, le Grand Dauphin, le Duc de Bourgogne, le Dauphin fils de Louis XV, les enfants de Louis XVI[158].

CONSÉCRATION DE LA FRANCE À LA VIERGE

Le Roi, en plein accord avec le Cardinal de Richelieu et le Père Joseph du Tremblai, grâce à l'influence de l'angélique Louise de La Fayette, voulait témoigner avec éclat sa reconnaissance à Marie pour ses victoires. Il attendait la première occasion favorable. Aussi, dès qu'il eut la certitude de la grossesse de la Reine, et sans même attendre la naissance pour savoir quel serait le sexe de l'enfant, mais pleinement confiant en Marie, il consacra la France et sa Couronne à la Sainte Vierge. Le 10 février 1638, alors que la Reine était miraculeusement enceinte depuis deux mois, il publia l'Édit suivant :

« Louis, par la grâce de Dieu roi de France et de Navarre, Dieu qui élève les rois au trône de leur grandeur, non content de nous avoir

---

[158] Voir : la Franquerie : *La Vierge Marie dans l'Histoire de France*, Appendice IV, p. 315.

donné l'esprit qu'Il départ à tous les princes de la terre pour la conduite de leurs peuples, a voulu prendre un soin si spécial et de notre personne et de notre état, que nous ne pouvons considérer le bonheur du cours de notre règne, sans y voir autant d'effets merveilleux de Sa bonté, que d'accidents qui nous pouvaient perdre.

« Lorsque nous sommes entrés au gouvernement de cette couronne, la faiblesse de notre âge donna sujet à quelques mauvais esprits d'en troubler la tranquillité ; mais cette main divine soutint avec tant de force la justice de notre cause, que l'on vit en même temps la naissance et la fin de ces pernicieux desseins. En divers autres temps, l'artifice des hommes et la malice du diable ayant suscité et fomenté des divisions non moins dangereuses pour notre couronne que préjudiciables au repos de notre maison, il Lui a plu en détourner le mal avec autant de douceur que de justice.

« La rébellion de l'hérésie ayant aussi formé un parti dans l'État, qui n'avait d'autre but que de partager notre autorité, Il s'est servi de nous pour en abattre l'orgueil, et a permis que nous ayons relevé Ses saints autels en tous les lieux où la violence de cet injuste parti en avait ôté les marques.

« Si nous avons entrepris la protection de nos alliés, Il a donné des succès si heureux à nos armes, qu'à la vue de toute l'Europe, contre l'espérance de tout le monde, nous les avons rétablis en la possession de leurs états dont ils avaient été dépouillés.

« Si les plus grandes forces des ennemis de cette couronne se sont ralliées pour conspirer sa ruine, IL A CONFONDU LEURS AMBITIEUX DESSEINS POUR FAIRE VOIR À TOUTES LES NATIONS QUE, COMME SA PROVIDENCE A FONDÉ CET ÉTAT, SA BONTÉ LE CONSERVE ET SA PUISSANCE LE DÉFEND.

« Tant de grâces si évidentes font que, pour n'en différer pas la reconnaissance, sans attendre la paix, qui nous viendra de la même main dont nous les avons reçus, et que nous désirons avec ardeur pour en faire sentir les fruits aux peuples qui nous sont commis, nous avons cru être obligés, nous prosternant aux pieds de Sa majesté divine que nous adorons en trois personnes, à ceux de la Sainte Vierge et de la sacrée Croix, où nous vénérons l'accomplissement des mystères de notre Rédemption par la vie et la mort du Fils de Dieu en notre chair, de nous consacrer à la grandeur de Dieu par Son Fils rabaissé jusqu'à nous et à ce Fils par Sa Mère élevée jusqu'à Lui ; en la protection de laquelle nous mettons particulièrement notre personne, notre État, notre couronne et tous nos sujets pour obtenir par ce moyen celle de la Sainte Trinité, par son intercession et de toute la cour céleste par son autorité et exemple, nos mains n'étant pas assez pures pour présenter nos offrandes à la pureté même, nous croyons que celles qui ont été dignes de le porter, les rendront hosties agréables et c'est chose bien raisonnable qu'ayant été médiatrice de ces bienfaits, elle le soit de nos actions de grâces.

« À ces causes, nous avons déclaré et déclarons que, prenant la très sainte et très glorieuse Vierge pour protectrice spéciale de notre Royaume, nous lui consacrons particulièrement notre personne, notre État, notre couronne et nos sujets, la suppliant de nous vouloir inspirer une sainte conduite et défendre avec tant de soin ce royaume contre l'effort de tous ses ennemis, que, soit qu'il souffre le fléau de la guerre, ou jouisse de la douceur de la paix que nous demandons à Dieu de tout notre cœur, il ne sorte point des voies de la grâce qui conduisent à celles de la gloire.

« Et afin que la postérité ne puisse manquer à suivre nos volontés en ce sujet, pour monument et marque immortelle de la consécration présente que nous faisons, nous ferons construire de nouveau le Grand Autel de l'Église Cathédrale de Paris avec une image de la Vierge qui tienne en ses bras celle de son précieux Fils descendu de la Croix et où nous serons représentés aux pieds du Fils et de la Mère comme leur offrant notre couronne et notre sceptre.

« Nous admonestons le sieur Archevêque de Paris et néanmoins lui enjoignons que tous les ans le jour et fête de l'Assomption, il fasse faire commémoration de notre présente déclaration à la Grand'Messe qui se dira en son Église Cathédrale et qu'après les Vêpres du dit jour, il soit fait une procession en la dite Église à laquelle assisteront toutes les compagnies souveraines et le corps de ville, avec pareille cérémonie que celle qui s'observe aux processions générales les plus solennelles ; ce que nous voulons aussi être fait en toutes les églises tant paroissiales que celles de Paris.

« Exhortons pareillement tous les Archevesques et Evesques de notre royaume et néanmoins leur enjoignons de faire célébrer la même solennité en leurs Églises Episcopales et autres Églises de leur diocèse ; entendant qu'à la dite cérémonie les Cours de Parlement et autres compagnies souveraines et les Principaux officiers de ville y soient présents ; et d'autant qu'il y a plusieurs épiscopales qui ne sont pas dédiées à la Vierge, nous exhortons les dits Archevesques et Evesques en ce cas de lui dédier la principale chapelle des dites Églises pour y être faite la dite cérémonie et d'y élever un autel avec un ornement convenable à une action si célèbre et d'admonester tous nos peuples d'avoir une dévotion particulière à la Vierge, d'implorer en ce jour sa protection afin que sous une si puissante patronne notre royaume soit à couvert de toutes les entreprises de ses ennemis, qu'il jouisse largement d'une bonne paix ; que Dieu y soit servi et réservé si saintement que nous et nos sujets puissions arriver heureusement à la dernière fin pour laquelle nous avons été créés ; car tel est notre plaisir ».

Cet édit fut mis à exécution le 15 août suivant. Étant à Abbeville, le Roi

« s'avança dévotement vers le prélat qui officiait au grand Autel ; puis, au moment de la Consécration, la main gauche sur le cœur, la droite élevée jusqu'à la hauteur du Saint Sacrement, il voua son Royaume à la Vierge, La suppliant de prendre ses États et sa Personne sous Sa puissante protection... afin qu'au même temps que la Vierge prit possession du Ciel, il La mette en possession de la France, qu'au même jour que la Sainte Trinité Lui mit le diadème sur la tête, il dépose le sien à Ses pieds, et qu'en même jour Elle soit couronnée à la tête par la main de Dieu et aux pieds par la main d'un Monarque Français... »

Et le Roi scella son vœu d'une Communion fervente.

Le 5 septembre suivant naissait celui qui devait être le Roi Soleil.

Par cet Acte magnifique et grandiose, Louis XIII donnait à la Reine du Ciel un droit de propriété total et irrévocable, pour le présent et pour l'avenir, sur la France et sur la Race Royale. Non seulement le Roi avait agi dans la plénitude de son pouvoir royal, mais tous les corps de l'État en l'enregistrant et le peuple en s'y associant avec une magnifique ardeur l'avaient consacré.

C'est pourquoi, qu'on le veuille ou non, la France demeurera, jusqu'à la fin des temps, le spécial Royaume de Marie et jouira, de ce fait, de toutes les grâces et de tous les privilèges qui découlent logiquement d'un tel droit d'absolue propriété de la Vierge sur "Son Royaume" et sur la Race Royale qui se sont ainsi totalement donnés à Elle. Ce droit Marial constitue, à l'heure actuelle, la garantie formelle, absolue, que la France rentrera dans l'Ordre voulu par Dieu et ne sera pas rejetée à tout jamais ; et que, le voulussent-ils, les ennemis de la France ne pourront jamais la détruire, Marie ne peut pas (Elle n'en a pas le droit, allions-nous écrire) abandonner définitivement au pouvoir de Satan ce qui Lui appartient spécialement, sans encourir du même coup, une diminution définitive de Sa Toute Puissance, de Sa Souveraineté, de Sa Royauté ; ce qui est une impossibilité.

Le règne de Louis XIII s'acheva dans la gloire. De plus, l'action surnaturelle de saint François de Sales, de sainte Jeanne de

Chantal, de saint Vincent de Paul, de sainte Louise de Marillac, de saint François Régis, de la Vénérable Marguerite de Veyny d'Arbouse, de Marie des Vallées, de saint Jean Eudes, du Cardinal de Bérulle, de Monsieur Olier, et de tant d'Ordres Religieux qui se réformèrent, s'installèrent ou se fondèrent, fit éclore ce magnifique renouveau chrétien du XVIIè siècle, qui, tout comme le Grand Siècle, lui-même, est issu directement du règne de Louis le Juste et de son

Acte de Consécration de la France à la Vierge.

Louis XIII pouvait mourir, sa mission était accomplie. Quelques années après, sentant sa mort prochaine, le Roi demanda saint Vincent de Paul pour l'assister. « Vincent était le prêtre du Royaume auquel il avait le plus de confiance[159] ».

Pour étudier la grandeur et la sainteté de Louis XIII, qui fut l'un de nos plus grands Rois, nous renvoyons le lecteur aux deux études suivantes : de la Franquerie : *La Vierge Marie dans l'Histoire de France*, préface du Cardinal Baudrillart.

Aussi faudrait-il citer toute la page où M. Arthur Loth raconte les conversations édifiantes du Souverain et du saint, ainsi que les derniers instants du Prince expirant « entre les bras de Vincent de Paul, grande et douce agonie d'un pieux Roi, consommée au milieu des entretiens d'un saint. Depuis que je suis sur la terre,

---

[159] Mgr Debout : *Saint Vincent de Paul*, p. 119.
Voir : R. P. Rousselet, S.J. : *Le Lys sacré*, 1631, p. 304 et 1304 à 1310.
R.P. Girard : *Œuvres du R. P. Dinet*, Confesseur de Louis XIII, et l'ouvrage de A. Bazin.

écrivait Vincent, je n'ai vu mourir personne plus chrétiennement ».

« Je suis ravi d'aller à Dieu » dit le Roi en rendant le dernier soupir.

Louis XIII voulut toujours mettre sa vie en harmonie avec sa conscience. Sa sainteté lui valut de faire des miracles : telle la guérison d'une jeune fille muette à qui il rendit la parole à Surgères, lors du siège de La Rochelle, guérison qui détermina la conversion du duc de la Trémoille, calviniste. À deux reprises la réception du saint Viatique guérit instantanément le Roi. La veille de sa mort, celui-ci eut la vision prophétique de la bataille et de la victoire de Rocroi, remportée par ses troupes le 19 mai, cinq jours après sa mort (14 mai 1643).

Un jour viendra peut-être où l'Église, après avoir étudié la vie, les vertus et les miracles du pieux et grand roi, fera monter Louis le Juste sur les autels[1].

MARQUIS DE LA FRANQUERIE

LOUIS XIV[160]

« Il y a en Lui assez d'étoffe pour faire quatre rois et un honnête homme ». **Mazarin**

La réponse de Marie à la Consécration de la France ne se fait pas attendre : c'est le règne prestigieux du Roi Soleil. Au point de vue politique, notre Pays atteint son apogée et y acquiert une gloire incomparable. La prospérité économique est non moins remarquable et la production française est considérée à l'étranger comme la première du monde grâce à son goût, à son élégance et à sa perfection. Les Beaux-Arts, la Littérature, l'Histoire, la Philosophie, l'Éloquence, les Sciences sacrées et profanes grâce à une pléiade d'hommes dont un seul eût suffi à immortaliser une époque connaissent le plus merveilleux épanouissement, et l'esprit français, l'esprit humain atteint alors à un degré d'équilibre, de mesure, de pondération, d'ordre et de grandeur tel qu'il ne s'éleva jamais plus haut. Au point de vue religieux, les séminaires se multiplient de toutes parts pour former le Clergé ; l'évangélisation des populations est poursuivie méthodiquement et avec un zèle admirable par de nombreux Ordres ; l'effort dans le domaine de l'éducation et de l'instruction n'est pas moins efficace ; les œuvres d'assistance et de charité se

---

[160] Cette lecture doit être complétée par le livre de Dominique Godbout, *L'orgueil et la déchéance, de la vieille France et de la Nouvelle France*, éditions Saint-Rémi, dans lequel l'auteur, ami du Marquis de La Franquerie, rappellent les trahisons des derniers Bourbons qui ont mérité le châtiment de la Révolution Française.

développent à un point insoupçonné ; quant à l'apostolat missionnaire, Monseigneur Prunel[161] n'hésite pas à dire que, là comme ailleurs, nous sommes encore aujourd'hui tributaires du XVIIè siècle qui nous a montré la voie à suivre. A tous points de vue, le XVIIè siècle est un chef- d'œuvre. Il ne le fut que parce qu'un homme sut lui insuffler sa propre grandeur, et cet homme est précisément celui que la Vierge avait donné à la France. Alors qu'un Napoléon lui-même n'a pas laissé son nom à son époque, le XVIIè siècle est "le siècle de Louis XIV" ; tel est l'arrêt porté par le Tribunal de l'Histoire.

Le règne du Grand Roi se divise en deux parties bien distinctes : les victoires éclatantes jusque vers 1682, puis les revers. Le philosophe en cherche la cause et ne la trouve pas ; le catholique, se rappelant la vocation divine de la France, y voit le doigt de Dieu.

Dans la première partie de son règne, et malgré le scandale de sa vie privée, le Roi reste « Lieutenant du Roi du Ciel » dans sa politique. Ne se montre-t-il pas le Défenseur de la Chrétienté en envoyant Coligny et six mille hommes à l'Empereur contre les Turcs ; et le Duc de Beaufort bombarder les pirates à Alger et à Tunis et aider Venise à défendre Candie ?

Aussi met-il « lauriers sur lauriers, victoires sur victoire » aux traités de Westphalie, charte de la politique étrangère, il ajoute ceux des Pyrénées (1659), d'Aix-la-Chapelle (1668) et de Nimègue (1679). C'est ce dernier qui lui vaut le titre de "Grand".

---

[161] Mgr Prunel ; *La renaissance catholique en France au XVIIè siècle.*

Malheureusement, son étoile va pâlir.

Il entre en opposition avec Rome au sujet de la Régale, puis réunit l'Assemblée du Clergé de France qui rédige la fameuse Déclaration schismatique de 1682. Sans doute convient-il en toute justice de reconnaître avec Dom Besse que ces quatre articles de 1682 sont beaucoup plus la résultante des Parlements que du Roi. Un auteur qui est généralement sévère à l'égard de Louis XIV, M. Guérin, reconnaît « qu'il fut plus modéré, plus loyal qu'aucun de ses Conseillers. Il alla trop loin dans la voie où ils le poussèrent ; mais il eut la gloire de s'arrêter de lui-même et jamais il ne donna de preuve plus marquée de sagesse que lorsqu'il congédia brusquement l'Assemblée le 29 juin 1682... » Le 14 septembre 1693, il rétractait ses erreurs par lettre autographe au Souverain Pontife :

« Je suis bien aise de faire savoir à Votre Sainteté que j'ai donné les ordres nécessaires pour que les choses contenues dans mon Édit du 22 mars 1682 touchant la Déclaration faite par le Clergé de France, à quoi les conjonctures passées m'avaient obligé, ne soient pas observées ».

« Les Évêques qui s'étaient compromis en 1682, écrit Dom Besse, réparèrent leur faute par un désaveu. Il y eut de nouveau entre la Cour de Rome et celle de Versailles des relations empreintes d'une confiance mutuelle. »

Michel Christian : *Notre Dame de France*, préface de S. Ex. Monseigneur Harscouët, Évêque de Chartres et Président des

Congrès Marials Nationaux.

Au plus vif de sa lutte contre le Saint Siège, le Sacré-Cœur, le 17 juin 1689, apparaît à Marguerite-Marie et rappelle ainsi, au Roi comme au Pape, la mission divine de la France et de sa Race Royale[162] :

« Fais savoir au fils aîné de mon sacré-cœur que comme sa naissance temporelle, a été obtenue par la dévotion aux mérites de ma sainte enfance[163], de même il obtiendra sa naissance de grâce et de gloire éternelle par la consécration qu'il fera de lui-même à mon cœur adorable qui veut triompher du sien et par son entremise de celui des grands de la terre.

« Il veut régner dans son palais ; être peint dans ses étendards et gravé dans ses armes, pour les rendre victorieuses de tous ses

---

[162] De 1684 à 1709, la Reine du Ciel apparaît fréquemment à Benoîte Rencurel pour lui révéler les dangers que court le Roi et la faire prier afin de les écarter. Elle détourne ainsi du Roi et du Royaume les maux qui les menacent ou tout au moins empêche les catastrophes irréparables. À plusieurs reprises, la Vierge Immaculée insiste pour bien nous faire comprendre l'importance de la vie du Roi : « Qu'il vive longtemps ! » dit-elle ; « S'il venait à mourir, ce serait un malheur pour la France ». « S'il venait à mourir, la France serait perdue ! » Quelle leçon Marie ne donne-t-Elle pas à notre peuple de France en lui prouvant ainsi à quel point la prospérité générale et la paix dépendent de la Vie du Roi.
Le lecteur que cette question intéressera voudra bien se reporter à notre étude : *La Vierge Marie dans l'Histoire de France*, ch XV : Le siècle de Louis XIV, siècle de Marie, p. 169 et sv, ainsi qu'à l'hommage publié par les P. Missionnaires de N. D. du Laus : *Notre Dame du Laus et la vénérable Sœur Benoîte, d'après les manuscrits authentiques*, qui contient tous les documents. Gap, 1895, 532 p.
[163] Dévotion dont sœur Marguerite du Carmel de Beaune fut la grande propagatrice. Voir : Abbé Brémond : *Histoire littéraire du sentiment religieux en France*.

ENNEMIS EN ABATTANT À SES PIEDS CES TÊTES ORGUEILLEUSES ET SUPERBES POUR LE RENDRE TRIOMPHANT DE TOUS LES ENNEMIS DE LA SAINTE ÉGLISE ».

DANS SA TROISIÈME LETTRE DATÉE DU MOIS D'AOÛT, « VRAI TRAITÉ D'ALLIANCE OFFENSIVE ET DÉFENSIVE ENTRE LE SACRÉ-CŒUR ET SON FILS AÎNÉ », DIT L'ABBÉ VIAL, MARGUERITE-MARIE DEMANDE AU NOM DE DIEU :

« DE FAIRE UN ÉDIFICE OU SERAIT LE TABLEAU DE CE DIVIN CŒUR POUR Y RECEVOIR LES HOMMAGES DU ROI ET DE LA COUR.

« DE PLUS CE DIVIN CŒUR VEUT SE RENDRE PROTECTEUR ET DÉFENSEUR DE SA SACRÉE PERSONNE CONTRE TOUS SES ENNEMIS VISIBLES ET INVISIBLES DONT IL LA VEUT DÉFENDRE ET METTRE SON SALUT EN ASSURANCE PAR CE MOYEN ».

« C'EST POURQUOI IL L'A CHOISI, COMME SON FIDÈLE AMI, POUR FAIRE AUTORISER LA MESSE EN SON HONNEUR PAR LE SAINT-SIÈGE APOSTOLIQUE ET EN OBTENIR TOUS LES AUTRES PRIVILÈGES QUI DOIVENT ACCOMPAGNER LA DÉVOTION DE CE DIVIN CŒUR, PAR LAQUELLE IL LUI VEUT DÉPARTIR LES TRÉSORS DE SES GRÂCES DE SANCTIFICATION ET DE SALUT EN RÉPANDANT AVEC ABONDANCE SES BÉNÉDICTIONS SUR TOUTES SES ENTREPRISES QU'IL FERA RÉUSSIR À SA GLOIRE, EN DONNANT UN HEUREUX SUCCÈS À SES ARMES POUR LE FAIRE TRIOMPHER DE LA MALICE DE SES ENNEMIS...

« MAIS COMME DIEU A CHOISI LE RÉVÉREND PÈRE DE LA CHAISE POUR L'EXÉCUTION DE CE DESSEIN, PAR LE POUVOIR QU'IL LUI A DONNÉ SUR LE CŒUR DE NOTRE GRAND ROI, CE SERA À LUI DE FAIRE RÉUSSIR LA CHOSE[164]... »

Sous l'influence de ses conseillers religieux, le Roi ne répondit pas

---

[164] Monseigneur Bougaud : *Histoire de la Bienheureuse Marguerite-Marie*.

à l'appel divin et, depuis lors, il ne connut plus guère que les revers ; et les malheurs les plus effroyables s'abattirent sur la famille Royale[165]. C'était le châtiment divin. Le Roi l'avait compris et, appelant à Marly le Maréchal de Villars pour lui remettre le commandement de sa dernière armée, suprême espoir de salut (70 000 hommes contre 120 000) il lui dit en pleurant :

« Vous voyez mon état ; Dieu me punit, je l'ai bien mérité !

« S'il vous arrive malheur, vous l'écrirez à moi seul. Je monterai à cheval, je passerai par Paris, votre lettre à la main. Je connais les Français. Je vous amènerai deux cent mille hommes et nous mourrons ensemble, ou nous sauverons l'État ! »

Le Roi monta à cheval, mais ce fut pour annoncer au peuple : « Mes enfants, Victoire ! Victoire ! » et le peuple de le suivre, ivre d'enthousiasme, à Notre-Dame chanter le *Te Deum*.

Les larmes (larmes si émouvantes) et le repentir du grand Roi avaient fléchi la colère céleste. La Providence avait exaucé le Roi, dont la vie privée depuis trente ans était exemplaire et qui était revenu à la pratique intégrale de ses devoirs religieux : la paix fut faite ; mais une paix qui brisait le cœur du Monarque : c'est Guillaume III et le principe protestant qui sortent vainqueurs de cette lutte : le prétendu droit des peuples contre l'autorité légitime

---

[165] de la Franquerie : *La Consécration de la France et le drapeau du Sacré-Cœur, seule espérance de salut.*
Nous reviendrons dans un prochain ouvrage sur les diverses responsabilités ; celle du Roi est très atténuée ; les influences religieuses qui s'exercèrent sur Lui portent la responsabilité de l'inaction royale.

des souverains : le duc d'Anjou, Philippe V, reste roi d'Espagne, MAIS RENONCE POUR LUI ET SES HERITIERS À LA COURONNE DE FRANCE[166]. (Traités d'Utrecht 1713 et de Rastadt 1714).

Dès lors le Protestantisme ne cessa de grandir et d'étendre ses bras de pieuvre sur tout le vieux monde, enserrant tous les jours davantage le Catholicisme. Les traités de 1919 ne seront que la consécration de l'hégémonie des puissances protestantes et l'abaissement des puissances catholiques, prélude de la domination juive sur le monde[167]. Mais l'heure de Dieu est proche ; Il renversera, comme des châteaux de cartes, tous les projets et toutes les constructions de cette conjuration impie qui dure depuis deux siècles ; et ce, au moment précis où Satan croira l'emporter définitivement.

Quelles qu'aient été les conséquences de ces traités, le Roi avait sauvé l'honneur, il pouvait mourir. « Cette mort fut celle d'un saint » écrit l'abbé Vial. Jamais Roi n'avait porté si haut l'éclat de

---

[166] Cette clause est une violation formelle de la loi Salique, loi fondamentale du Royaume ; or, cette loi est voulue par Dieu, personne ne peut la violer impunément. La nullité de cette clause est donc absolue puisqu'elle est contraire à la justice et n'a été imposée que par la force, en violation des traditions vitales du royaume. Contre le droit divin, il n'y a pas de lois humaines qui vaillent. Au surplus la tradition royale voulait que si nos Rois étaient contraints par la violence de céder un droit indiscutable et certain, la revendication en restât ouverte jusqu'à ce que justice leur fût rendue (dût-elle le rester durant plusieurs siècles) ce droit étant considéré comme imprescriptible. Voir à ce sujet la thèse de S. A. R. le Prince Sixte de Bourbon de Parme : *Les Traités d'Utrecht et les lois fondamentales du Royaume*, et notre plaquette : *Le Droit Royal historique en France*.

[167] Voir notre prochaine étude : *La politique occulte de la judéo-maçonnerie et de l'Angleterre contre la France du XVIIIè siècle à nos jours*.

la majesté royale, jamais prince ne sut allier à plus de magnificence une plus grande simplicité ; jamais Souverain n'eut plus conscience de la grandeur et des devoirs de sa charge que Louis XIV !

LOUIS XV

La première partie du règne de Louis XV est heureuse ; la paix dure plusieurs années et permet au Royaume de relever ses ruines causées par les dernières guerres de Louis XIV.

Le Roi épouse une pieuse princesse, Marie Leczinska, en 1725, et, comme en 1728, ils n'ont que deux filles et désirent un héritier pour leur couronne « le jour de l'immaculée Conception, 8 décembre 1728, dans une communion fervente à laquelle le clergé et le peuple s'unirent, ils supplièrent Dieu de donner un héritier au trône ».

Ils furent exaucés le 4 septembre 1729.

« Chose extraordinaire, que nous ne dirons jamais assez, écrit l'abbé Vial, des dix enfants de Louis XV, ce fut le seul héritier salique.

« Même fait, répétons-le, pour Louis XIV, né lui-même miraculeusement. Des six enfants qu'il eut de sa femme Marie-Thérèse, un seul héritier salique survécut : le Grand Dauphin dont la naissance fut obtenue, comme la sienne, par les prières du Frère Fiacre. Comme si Dieu avait voulu marquer, à l'évidence, que ces trois héritiers n'avaient été obtenus que parce qu'ils avaient été demandés ! »

La Providence continue Ses bienfaits parce que la Famille Royale tout entière reste profondément chrétienne ; la seule guerre qui éclate est rapidement menée et rapporte, à la mort de Stanislas, la Lorraine et le comté de Bar à la France.

Mais hélas, bientôt, non seulement le Roi se jette dans la débauche, mais encore il laisse les philosophes empoisonner l'opinion publique. La faveur divine cesse.

La guerre de Succession d'Autriche est une très grosse erreur diplomatique et le traité d'Aix-la-Chapelle ne donne à la France aucun avantage. On se bat « pour le Roi de Prusse » et le peuple crie : « Bête comme la paix ! »

Un chef-d'œuvre diplomatique, qui en temps normal eût dû sauver la France et même éviter au monde catholique les deux siècles de secousses qu'il vient de traverser, parce qu'il réunissait, sur terre comme sur mer, les puissances catholiques contre les puissances protestantes le renversement des alliances, complété par le Pacte de Famille, aboutit à deux résultats dont les conséquences seront très graves :

1° La guerre de Sept Ans, qui se termine par un désastre et la perte de nos colonies au traité de Paris ;

2° L'opinion publique simpliste, excitée contre l'Autriche, par les philosophes vendus à la Prusse et à l'Angleterre, ne comprend pas la pensée royale : un fossé se creuse entre la Monarchie et le peuple, qui sera l'une des causes de la Révolution, ainsi que l'explique remarquablement M. Jacques Bainville dans son

Histoire de deux peuples.

Malgré ses fautes, Dieu n'est pas inexorable pour Louis XV. Les prières de la Reine et du Dauphin avant leur mort, celles des princesses royales et surtout de Madame Louise, Carmélite, fléchissent la colère divine. Le 4 mai 1774, le Roi chasse sa favorite : « Je me dois à Dieu et à mon peuple ; il faut que vous vous retiriez ! » Il se confesse, malgré son entourage de courtisans débauchés, et le 8, comme on lui apporte le Saint Viatique, il se jette hors du lit, voulant être à genoux pour communier. Dès lors il est réconcilié avec Dieu et meurt chrétiennement le 10 mai.

LA MISSION DIVINE DE LA FRANCE

LOUIS XVI, LE ROI MARTYR

Les Historiens, en général, n'accordent au règne de Louis XVI qu'une place tout à fait injuste et laissent, systématiquement, dans l'ombre les bienfaits et les gloires que le Royaume en a retirés. Aussi, la période de 1774 à 1789 devient-elle incompréhensible, alors que ce règne, s'il ne s'était achevé par la Révolution, eût été l'un des meilleurs et des plus glorieux[168].

Tous les témoignages sont d'accord : jamais, auparavant, le commerce ne fut plus florissant, ni la bourgeoisie plus riche ; la prospérité était générale.

La réorganisation de l'Armée et la reconstitution de la Marine, poursuivies sous l'impulsion personnelle du Roi, avec une remarquable persévérance, permirent d'arracher à l'Angleterre le sceptre des mers, de venger le Traité de Paris et d'assurer l'Indépendance Américaine. Grâce à ces victoires, le Comte de Vergennes put reprendre la traditionnelle action pacificatrice de notre diplomatie admirable résultat de la conduite la plus habile et la plus honnête. Jamais, peut-être, la politique royale ne s'éleva à une conception plus sûre et plus haute du rôle que devait jouer

---

[168] Bernard Fay : *Louis XVI ou la fin d'un monde*. Cet ouvrage est une magnifique réhabilitation du Roi Louis XVI. Mais nous ne pouvons admettre l'évident parti-pris de l'auteur contre la Reine Marie-Antoinette.

la France dans le monde.

De tels résultats suffiraient à assurer la gloire d'un règne.

Malheureusement, on ne veut voir que la situation financière du Royaume, assurément mauvaise, mais non catastrophique, sans chercher les raisons du déficit.

En stricte justice, deux points sont à examiner :

1° Les causes qui provoquèrent la crise financière étaient-elles normales et légitimes ?

2° La crise était-elle insoluble ?

Les causes sont au nombre de quatre.

1° La réorganisation de la marine, grâce à laquelle la France va pouvoir venger le traité de Paris.

2° La réorganisation de l'armée, qui a permis à la Révolution et à l'Empire de tenir tête victorieusement pendant vingt ans à l'Europe coalisée. On oublie trop souvent, en effet, que Napoléon ne se servit jamais que de l'artillerie et des fusils perfectionnés sous Louis XVI.

3° La guerre de l'Indépendance Américaine, qui coûta fort cher à l'époque, mais dont les avantages furent infiniment plus grands, puisqu'ils se firent sentir près d'un siècle et demi après ; véritable capital amassé pour l'avenir. En effet, par le Traité de Versailles, la

France vengeait le Traité de Paris, elle arrachait à l'Angleterre sa suprématie maritime et, en proclamant l'Indépendance Américaine, s'assurait pour l'avenir un appui rendu possible par la fraternité d'armes des deux peuples à l'origine même de la vie de l'un d'eux. Si les Américains sont entrés en guerre, en 1917, aux côtés des Alliés, peut-être le doit-on, en partie, au règne de Louis XVI.

4° Les emprunts contractés par le gouvernement Américain pour lui permettre de créer les organes qui constituent un État. Le Roi ne réclama jamais ni capital ni intérêt[169], ce dont les Américains paraissent de nos jours avoir complètement perdu le souvenir !

Ainsi donc, les dépenses qui provoquèrent la crise financière sont très légitimes et ne sont pas à comparer avec les avantages qu'elles ont permis de réaliser. Enfin, il apparaît très nettement que la situation n'était pas insurmontable. Nous laissons la parole à l'éminent historien qu'était M. Jacques Bainville : « Deux faits vont répondre : le déficit, d'après le compte-rendu de Brienne était de cent soixante millions sur une dépense d'un demi-milliard. La France comptait alors environ vingt-cinq millions d'habitants, c'était une affaire de six à sept francs par tête. D'autre part le service des emprunts absorbait la moitié des recettes. Une proportion semblable a semblé excessive et irrémédiable jusqu'au jour où nos budgets d'après-guerre ont montré une proportion encore plus forte. On ne peut donc pas dire que la situation fût

---

[169] La Convention se fit rembourser les emprunts d'État, mais jamais les prêts de la cassette royale, ni ceux des particuliers, ne l'ont été, en dépit des promesses verbales de la mission américaine.

désespérée[170] ».

La Révolution n'avait pas de raison d'être.

Jamais Roi ne fut plus passionné pour le bonheur de son peuple que Louis XVI : « Depuis deux heures, dit-il à Malesherbes, je recherche en ma mémoire si durant le cours de mon règne j'ai donné volontairement à mes sujets quelque juste motif de plainte contre moi. Eh bien ! Je vous le jure comme un homme qui va paraître devant Dieu, j'ai constamment voulu le bonheur de mon peuple et je n'ai pas fait un seul vœu qui lui fût contraire ».

Jamais peuple ne fut plus ingrat envers son Roi, exception faite du peuple Juif à l'égard du Christ.

Pourquoi la Révolution a-t-elle eu lieu ? Comment a-t-elle pu être préparée et par qui ? C'est ce que nous verrons dans un prochain ouvrage[171].

Dès maintenant, nous dirons que l'une des principales causes est le relèvement maritime de la France. En effet en 1762 Lord Chatham s'écrie :

« QUE LES MINISTRES DE SA MAJESTÉ N'OUBLIENT JAMAIS LE PRINCIPE DIRECTEUR DE TOUTE NOTRE POLITIQUE LA SEULE CHOSE QUE L'ANGLETERRE AIT À CRAINDRE ICI-BAS, C'EST DE VOIR LA FRANCE DEVENIR UNE PUISSANCE

---

[170] Bainville, *Histoire de France*, p. 320.
[171] *La politique occulte de la Judéo-Maçonnerie et de l'Angleterre contre la France du XVIIIè siècle à nos jours.*

MARITIME, COMMERCIALE ET COLONIALE ! »[172]

Ce fut précisément l'œuvre de Louis XVI.

Le Roi, en effet, arracha à l'Angleterre le sceptre des mers et, grâce à son appui, les Insurgés d'Amérique purent secouer le joug anglais.

En 1789, la France possède 71 Vaisseaux de ligne, 64 Frégates, 45 Corvettes, 35 Gabarres, soit 272 unités navales munies des derniers perfectionnements ; quatre-vingt mille Officiers et Marins. Le « Grand Corps » fondé par Suffren compte les plus beaux noms.

Les Arsenaux travaillent jour et nuit. Nous avons trois grands Ports militaires et six petits. Louis XVI veut créer un port formidable en face de Portsmouth : Cherbourg. Les cartes marines sont refaites d'après les expéditions envoyées à cet effet dans les diverses parties du Monde, etc...

Notre État-Major a un tel renom que Catherine II, les Rois de Naples, de Suède, de Danemark, sollicitent et obtiennent de Louis XVI que nos officiers aillent instruire leurs équipages.

On comprend ce cri d'angoisse et de haine de Lord Chatham aux Communes :

---

[172] O. Havard : *La révolution dans nos ports de guerre*, t. 1, p. 25. On lira avec beaucoup d'intérêt cette remarquable étude pour connaître l'immense effort maritime, dont Louis XVI a été l'âme, et la duplicité anglaise.

« La gloire de l'Angleterre est passée ; elle faisait, hier, la loi aux autres ; aujourd'hui, elle doit la subir. L'Angleterre ne parviendra jamais à la suprématie des mers tant que la dynastie des Bourbons existera ! »[173]

L'Angleterre va se venger : huit ans après nos victoires, la Révolution commence ; elle ouvre l'ère de la débâcle ; neuf ans après la prise de la Bastille, il ne reste plus rien de notre marine : Aboukir, Trafalgar. Depuis lors nous n'avons jamais pu nous relever. L'Angleterre avait bien vu que quiconque a la maîtrise des Mers, possède en même temps celle du monde.

Mais on se ferait une idée incomplète du but qu'elle a poursuivi dans la Révolution de 1789, si on n'y voyait pas un des épisodes de la lutte géante qui se livre depuis l'origine du monde, celle du mal contre le bien, de Satan contre Dieu. En fait, l'Angleterre veut sans doute affaiblir la France mais, exécutrice des secrets desseins des loges, Elle poursuit la fille ainée de l'Église, et son but suprême est d'abaisser Rome. La maçonnerie sent bien que, pour assurer son hégémonie mondiale, le catholicisme lui barre la route ; il lui faut tout d'abord abattre le roi très chrétien pour rendre la France impuissante et ainsi désarmer le pape.

C'est l'Angleterre, en effet, que Satan a choisie à ce moment pour exécuter ses desseins. Son « splendide isolement » la met à l'abri des incursions de ses voisins, son anticatholicisme farouche est un élément indispensable, ses colonies lui permettent d'étendre son

---

[173] O. Havard, t. II, p. 47.

action sur le monde entier.

En 1717, à Londres, se réunissent les délégués de toutes les sectes secrètes : Kabbalistes juifs, alchimistes, rose-croix, débris des Templiers, etc... Le Gouvernement anglais, gagné aux projets criminels de la Judéo-Maçonnerie, fonde dans toute l'Europe, entre 1725 et 1750, les loges où se préparera le travail secret destiné à saper les gouvernements qui doivent être renversés et à diriger les autres dans le sens voulu par la secte.

La Langue Française, étant la plus universellement répandue, va servir de canal pour pervertir les élites dans le monde : les francs-maçons Voltaire, d'Alembert, Diderot, etc... tout imprégnés des doctrines sataniques, composent l'Encyclopédie. Leur travail de trahison leur est grassement payé par les Rois d'Angleterre et de Prusse qui sont trop heureux de détruire la Monarchie Française.

Voltaire, qui félicite Frédéric II de sa victoire de Rossbach sur les Français, recommande à ses collaborateurs :

« Mentez, mentez sans cesse, il en restera toujours quelque chose ». Et il se vante d'« écraser l'Infâme », et pour lui, l'infâme c'est Dieu.

Diderot, de son côté, écrit en 1768 : « Le genre humain ne sera heureux que quand on aura étranglé le dernier roi avec les boyaux du dernier prêtre ».

Enfin un futur conventionnel, Mercier, dans un ouvrage aujourd'hui Introuvable, *L'an 2440*, écrit dans le chapitre intitulé : *Pas si éloigné qu'on le pense :*

« La souveraineté absolue est abolie par les États Généraux, la Monarchie n'est plus, la Bastille est renversée, les Monastères sont abolis, les moines mariés, le divorce permis, le Pape dépossédé de ses États. O Rome que je te hais... »

Ainsi, dès la fin du règne de Louis XV, toute la révolution est annoncée. Quand Louis XVI monte sur le Trône, la Maçonnerie, par l'intermédiaire de Turgot, cherche à dissuader le Roi de se faire sacrer afin de séculariser la Royauté Chrétienne. N'ayant pu y parvenir, elle fait afficher sur les murs de Reims, le jour du Sacre, la menace suivante : SACRE LE 11, MASSACRE LE 12, et d'Alembert écrit au Roi de Prusse son dépit de voir que la "philosophie" n'est pas encore assez puissante pour empêcher cette cérémonie.

La Secte redouble d'efforts : pour décerveler les esprits, elle fonde partout des sociétés de lectures et de pensées et fait imprimer à Londres d'innombrables pamphlets et libelles contre la Religion et la Royauté que ses affiliés distribuent secrètement jusque dans les campagnes. Elle pousse dans les postes les plus importants ses créatures après la mort du Cardinal de Fleury, qui avait vu clair dans son jeu. Bientôt de nombreux ministres font partie des loges, le clergé et jusqu'à des Évêques sont affiliés, la censure des livres est dirigée par un initié et pour se procurer des fonds, la secte réussit à faire nommer à la garde du Trésor Royal l'un de ses chefs, Savalette de Lange.

Dès 1781, le Père Beauregard à Notre-Dame s'écrie, dévoilant 12 ans à l'avance le culte de la déesse raison et la profanation dont la basilique sera l'objet :

« Oui, c'est au Roi et à la Religion que les philosophes en veulent : la hache et le marteau sont dans leurs mains, ils n'attendent que l'instant favorable pour renverser le Trône et l'Autel... Et toi, divinité infâme du paganisme, impudique Vénus, tu viens ici même prendre audacieusement la place du Dieu vivant... »

Les Convents de Wilhemsbad (1782) et de Francfort (1786) décrètent l'assassinat de Louis XVI, si bien qu'en 1789, lors de l'entrée du Roi aux États Généraux, Mirabeau, l'un des initiés, désignant Louis XVI du doigt dira tout haut : « Voilà la victime ».

Au retour du Convent de Francfort, le Comte de Virieu, enfin désabusé, dira :

« Je ne vous révélerai pas ce qui s'est passé. Ce que je puis seulement vous dire c'est que tout ceci est autrement sérieux que vous ne pensez. La conspiration est si bien ourdie qu'il sera, pour ainsi dire, impossible à la Monarchie et à l'Église d'y échapper ». Et il se retira aussitôt de la secte dès qu'il vit qu'elle poursuivait la ruine de la Religion, le déshonneur de la Reine et la mort du Roi[174].

La Reine devait être la première atteinte parce que la Maçonnerie, a dit Mirabeau, connaissait « son caractère, sa justesse d'esprit et

---

[174] Marquis Costa de Beauregard : *Le roman d'un Royaliste, souvenirs du Comte de Virieu.*

sa fermeté. C'était donc elle qui serait le premier objet de l'attaque comme la première et la plus forte barrière du trône et comme la sentinelle qui veille de plus près à la sûreté du Monarque ».

La secte monte alors de toute pièce l'Affaire du Collier[175] pour déshonorer la Reine et discréditer la Monarchie et l'Église. M. Funck-Brentano prouve irréfutablement l'innocence de Marie-Antoinette et ajoute : « La vertu même de la Reine, sa pureté leur étaient une insulte et c'est cette pureté qu'ils s'efforcent de détruire ». La brèche était ouverte dans le « front populaire de la Monarchie », dès lors la Maçonnerie soutenue par les subsides de Philippe d'Orléans le futur citoyen Égalité et aussi par ceux du Comte de Provence, répand à profusion des pamphlets et des libelles infâmes et immondes contre la Reine[176] pendant que les Cagliostro, Saint-Germain et autres agents judéo-maçons achèvent de tourner toutes les têtes par le spiritisme.

Le travail de perversion générale des esprits étant suffisamment avancé, le Comité Central du Grand Orient envoie en juin 1788 à toutes les loges de province les instructions secrètes pour déclencher la révolution en 1789. La circulaire est édifiante :

« Aussitôt que vous aurez reçu le paquet ci-joint, vous en accuserez réception. Vous y joindrez le serment d'exécuter fidèlement et ponctuellement tous les ordres qui vous arriveront sous la même forme, sans vous mettre en pensée de savoir de quelle main ils partent ni comment ils vous arrivent. Si vous

---

[175] Funck-Brentano : *L'affaire du collier. - La mort de la Reine.*
[176] L. Gautherot : *L'Agonie de Marie-Antoinette.*

refusez ce serment ou si vous y manquez, vous serez regardé comme ayant violé celui que vous avez fait à votre entrée dans l'ordre des frères. Souvenez-vous de l'AQUA TOPHANA ; souvenez-vous des poignards qui attendent les traîtres ! »[177]

À ce moment, il y a 629 loges en France dont 63 à Paris, 442 en province réparties dans 282 villes, 39 aux Colonies et 69 dans l'armée et la marine qui, toutes, obéissent au même mot d'ordre secret. Ce sont les Loges qui préparent les élections aux Assemblées des Notables et qui, ayant obtenu la convocation des États Généraux, rédigent les Cahiers de doléance, tous dans les mêmes termes en Bretagne, comme en Bigorre, en Dauphiné, comme en Alsace ou dans l'Île de France, et font élire les initiés : sur 605 députés, 477 sont francs-maçons. Un peu plus tard, à la Convention, 27 prêtres apostats siégeront !

La prise de la Bastille devait être le signal de la Révolution. Alors, on put assister à ce spectacle : la France entière, le même jour, à la même heure fait les mêmes demandes, le peuple se soulève au même moment ; les mêmes rumeurs circulent : les brigands.

« Les Français d'alors semblent obéir à une sorte d'harmonie préétablie qui leur fait faire les mêmes actes et prononcer les mêmes paroles partout, en même temps, et qui connaît les faits et gestes de tels bourgeois du Dauphiné ou de l'Auvergne, sait

---

[177] L. d'Estampes et Cl. Jannet : *La Franc-Maçonnerie et la Révolution*, p. 198. L. Dasté : *Marie-Antoinette et le complot maçonnique*.

l'histoire de toutes les villes de France au même moment ».[178]

Partout le mot d'ordre maçonnique s'exécutait.

Une des devises de la Maçonnerie était « *Lilia destrue pedibus* » et lors de la cérémonie initiatique de l'un des hauts gradés de la secte, celui de Chevalier Kadosch, le récipiendaire devait jurer haine à la Papauté et à la Royauté et plonger un poignard dans le cœur de deux mannequins couronnés, l'un d'une tiare et l'autre de la Couronne de France. Toute la Révolution est essentiellement maçonnique, et donc satanique. Quand Louis XVI et Marie-Antoinette découvrirent la main de la secte, il était trop tard

« Que n'ai-je cru il y a onze ans tout ce que je vois aujourd'hui, dit le Roi en 1792 à un ami fidèle, on me l'avait, dès lors, tout annoncé ».

« Prenez bien garde, là-bas, à toute association de francs-maçons,

---

[178] A. Cochin et G. Charpentier : *La Campagne électorale de 1789 en Bourgogne*. Voir également : Taine : *L'Ancien Régime*, p. 518, 519.
Carien : *La Vérité sur l'Ancien Régime et la Révolution*.
Ricaud : *La Bigorre et les Hautes-Pyrénées pendant la Révolution*.
A. Young : *Voyages en France* (1789-1790).
Dasté : *Marie-Antoinette et le complot maçonnique*.
De Lannoy : *La Révolution Préparée par la franc-maçonnerie*.
M. Talmeyr : *La franc-maçonnerie et la Révolution Française*.
L. d'Estampes et Cl. Jannet : *La Franc-Maçonnerie et la Révolution*. Barruel : *Mémoires pour servir à l'histoire du jacobinisme* 1805.
Le Franc : *Le voile levé pour les curieux ou le secret de la Révolution révélé à l'aide de la Franc-Maçonnerie* (1792).
A. Cochin : *Les Sociétés de pensée et la démocratie moderne*. Et les ouvrages de N. S. Jouin, et Delassus.

c'est par cette voie que tous les monstres d'ici comptent d'arriver dans tous les pays au même but », écrivit à son tour la Reine à son frère, l'Empereur Léopold, le 17 août 1790.

« On ne saurait mettre en doute que la Révolution, qui fit tomber la tête de Louis XVI, N'AIT VOULU ABATTRE LE PRINCIPE DE L'AUTORITÉ DIVINE »[179].

On ne saurait douter non plus qu'il fallait un châtiment pour les crimes du peuple comme pour les fautes de ses Rois : ce fut la Révolution.

Il fallait aussi des victimes expiatoires : ce furent Louis XVI, Marie-Antoinette, Madame Élisabeth et les martyrs de la Terreur, sans oublier Louis XVII dont la survie ne fut qu'un long et crucifiant calvaire. Aussi, n'est-on pas surpris de voir l'Église s'acheminer peu à peu vers la canonisation de tous ceux qui furent exécutés ou massacrés par les sans-culottes : les Bienheureuses Filles de la Charité d'Arras ; les trente-deux Bienheureuses Martyres d'Orange, les seize Carmélites de Compiègne, les Martyrs des Carmes, de l'Abbaye et de la Force, les Prêtres déportés des Îles de la Charente et de la Guyane, les Sœurs de la Charité d'Angers, les onze Ursulines de Valenciennes, Sœur Rutan de Dax, etc., etc., sans oublier le saint Pape Pie VI, mort prisonnier de la République à Valence à la suite de traitements indignes (29 août 1799). La Royauté s'effondre, sous les coups sataniques de la Maçonnerie,

---

[179] Abbé Delassus : *Louis XVI et sa béatification.*

dans une apothéose de sainteté et de martyre[180].

Madame Louise de France, fille de Louis XV, la Vénérable prieure du Carmel de Saint-Denis. Son Frère, le Dauphin, dont la vie toute de piété et de foi fut exemplaire et qui fut le père de trois martyrs ou saints : Le Roi Louis XVI, martyr, Madame Élisabeth, martyre, La Vénérable Marie-Clotilde, Reine de Sardaigne.

Ajoutons encore à cette couronne céleste, la Reine Marie-Antoinette, martyre, contre laquelle les sectes diaboliques se sont acharnées avec d'autant plus de haine que son caractère était plus noble, plus grand et plus énergique.

Ce sont autant de protecteurs célestes qui viendront se joindre à tant d'autres, au côté de saint Louis et de Jeanne d'Arc, pour intercéder en faveur de notre France.

Trois documents montreront, mieux qu'aucun autre, la piété du Roi. Le premier est trop peu connu ; c'est la lettre qu'il écrivit le 2

---

[180] Voir : *Vie de la Rév. Mère Thérèse de Saint-Augustin, prieure du Carmel de Saint-Denis.*
E. M. du L. : *Madame Élisabeth de France* (s'adresser au Carmel de Meaux).
A. Dechène : *Le Dauphin, fils de Louis XV.*
A. G. : *Le vrai Louis XVI, Royauté douloureuse, Royauté glorieuse.*
Abbé A. Delassus : *Louis XVI, les preuves de son martyre en haine de la Religion ; Louis XVI, Roi et Martyr et sa béatification ; Louis XVI et sa béatification.*
L. Dasté : *Marie-Antoinette et le complot maçonnique*, etc...
Mis de la Franquerie : *De la Sainteté de la Maison Royale de France. Louis XVI, Roi et Martyr. Madame Élisabeth de France.*
R. P. Charton : *Les Saints de la Famille Capétienne.*
O. Friedrichs : *Marie-Antoinette calomniée*, etc...

juillet 1790 au Pape au sujet de la Constitution Civile du Clergé.

« ... Très Saint Père, c'est en vous seul que j'ai mis mon espoir. Le petit fils de saint Louis, soumis au Successeur de saint Pierre, Vous demande non seulement des conseils, mais des ordres qu'il s'empressera de faire exécuter...

« Mais le temps presse ; l'esprit impur a soufflé. Très Saint Père, soyez l'interprète du Ciel. Hâtez-Vous de prononcer ; soyez l'Ange de lumière qui dissipe les ténèbres. J'attends avec impatience Votre décision, cette Bulle que réclame le Clergé et que Vous demande le Fils Aîné de l'Église, toujours fidèle au Saint-Siège. Louis ».

Le Roi ne signa la Constitution Civile du Clergé que parce que les deux Archevêques, désignés par le Pape pour le conseiller, ne lui firent pas connaître la décision pontificale.

Louis XVI avait un culte tout spécial envers le Sacré-Cœur ; aussi formula-t-il le vœu suivant :

« Si par un effet de la bonté infinie de Dieu, je recouvre ma liberté, je promets solennellement :

1° De révoquer, le plus tôt que faire se pourra, les lois qui me seront indiquées soit par le Pape, soit par un Concile, soit par quatre Évêques choisis parmi les plus éclairés et les plus vertueux de mon Royaume, comme contraires à la pureté et à l'intégrité de la Foi, à la discipline et à la juridiction spirituelle de la Sainte Église Catholique, Apostolique et Romaine et notamment la Constitution Civile du Clergé ;

2° De rétablir sans délai tous les Pasteurs légitimes et tous les bénéfices institués par l'Église, dont ils ont été injustement dépouillés par les Décrets d'une puissance incompétente.

3° De prendre, dans l'intervalle d'une année, tant auprès du Pape qu'auprès des Évêques de mon Royaume, toutes les mesures qu'il faudra pour établir, en suivant les formes liturgiques, une fête solennelle en l'honneur du Sacré-Cœur de Jésus.

4° D'aller moi-même en personne... et de prononcer... un acte solennel de la consécration de ma personne, de ma Famille et de mon Royaume au Sacré-Cœur de Jésus, avec promesse de donner à tous mes Sujets l'exemple du culte et de la dévotion qui sont dus à ce Cœur adorable... »

Mais à coup sûr, le plus beau monument que l'on puisse invoquer en faveur de Louis XVI, est son admirable Testament :

« Au nom de la Sainte-Trinité, du Père, du Fils et du Saint-Esprit, aujourd'hui vingt-cinquième jour de Décembre 1792, moi, Louis XVI de nom, Roi de France, étant depuis plus de quatre mois enfermé avec ma Famille dans la Tour du Temple à Paris par ceux qui étaient mes sujets, et privé de toute communication quelconque, même depuis le onze courant avec ma Famille, de plus impliqué dans un procès dont il est impossible de prévoir l'issue, à cause des passions, des haines et dont on ne trouve aucun prétexte, aucun moyen dans aucune loi existante, n'ayant que Dieu pour témoin de mes pensées, et auquel je puisse m'adresser, je déclare ici, en sa présence, mes dernières volontés et mes sentiments.

« Je laisse mon âme à Dieu, mon Créateur, je Le prie de la recevoir dans Sa miséricorde, de ne pas la juger d'après ses mérites mais par ceux de Notre Seigneur Jésus-Christ, qui s'est offert en sacrifice à Dieu, Son Père, pour nous autres Hommes quelqu'indignes que nous en fussions, et moi le premier.

« Je meurs dans l'union de notre Mère la Sainte Église Catholique et Romaine, qui tient ses pouvoirs par une succession ininterrompue de saint Pierre auquel Jésus-Christ les avait confiés. Je crois fermement et je confesse tout ce qui est contenu dans le Symbole et dans les commandements de Dieu et de l'Église, les Sacrements et les Mystères tels que l'Église les enseigne et les a toujours enseignés ; je n'ai jamais prétendu me rendre juge dans les différentes manières d'expliquer tous les Dogmes, qui déchirent l'Église de Jésus-Christ, mais je m'en suis rapporté et m'en rapporterai toujours, si Dieu m'accorde vie, aux décisions que les Supérieurs ecclésiastiques unis à la Sainte Église Catholique donnent et donneront, conformément à la discipline de l'Église suivie depuis Jésus-Christ.

« Je plains de tout mon cœur nos Frères qui peuvent être dans l'erreur ; mais je ne prétends pas les juger, et je ne les aime pas moins tous en Jésus-Christ, suivant ce que la charité chrétienne nous enseigne. Je prie Dieu de recevoir la confession que je Lui en ai faite et surtout le repentir profond que j'ai d'avoir mis mon nom quoique cela fût contraire à ma volonté à des actes qui peuvent être contraires à la discipline et à la croyance de l'Église catholique, à laquelle je suis toujours resté sincèrement uni de cœur.

« Je prie tous ceux que je pourrais avoir offensés par inadvertance de me pardonner, comme je pardonne à tous ceux qui se sont faits mes ennemis.

« Je recommande mes enfants à ma femme et la prie d'en faire surtout de bons chrétiens ; de ne leur faire regarder les grandeurs de ce monde, s'ils sont condamnés à les éprouver, que comme des biens dangereux et périssables, et de tourner leurs regards vers la seule gloire solide et durable de l'Éternité.

« Je recommande à mon fils, s'il avait le malheur de devenir Roi, de songer qu'il se doit tout entier au bonheur de ses concitoyens, qu'il ne peut faire le bonheur des peuples qu'en régnant suivant les lois.

« Je finis en déclarant devant Dieu et prêt à paraître devant Lui que je ne me reproche aucun des crimes qui sont avancés contre moi.

« Fait à la Tour du Temple le 25 décembre 1792. Louis ».

Ce document est inséparable de l'allocution prononcée, par le Souverain Pontife, Pie VI, au Consistoire du 11 juin 1793 ; c'est la condamnation formelle de la Révolution, de la République et des principes nouveaux. Cette allocution est une admirable préface au Syllabus de Pie IX. En voici le texte :

« Vénérables Frères, comment notre voix n'est-elle point étouffée dans ce moment par nos larmes et par nos sanglots ? N'est-ce pas plutôt par nos gémissements que par nos paroles, qu'il convient d'exprimer cette douleur sans bornes que nous sommes obligés de retracer devant vous en vous retraçant le spectacle que l'on vit à Paris le 21 du mois de janvier dernier,

« Le Roi très Chrétien Louis XVI a été condamné au dernier supplice par une conjuration impie et ce jugement s'est exécuté. Nous vous rappellerons en peu de mots les dispositions et les motifs de la sentence. LA CONVENTION NATIONALE N'AVAIT NI DROIT NI AUTORITÉ POUR LA PRONONCER.

« EN EFFET, APRÈS AVOIR ABOLI LA MONARCHIE LE MEILLEUR DES GOUVERNEMENTS, ELLE AVAIT TRANSPORTÉ TOUTE LA PUISSANCE PUBLIQUE AU PEUPLE, QUI NE SE CONDUIT NI PAR RAISON, NI PAR CONSEIL, NE SE FORME SUR AUCUN POINT DES IDÉES JUSTES, APPRÉCIE PEU DE CHOSES PAR LA VÉRITÉ ET EN ÉVALUE UN GRAND NOMBRE D'APRÈS L'OPINION ; QUI EST TOUJOURS INCONSTANT, FACILE À ÊTRE TROMPÉ, ENTRAÎNÉ À TOUS LES EXCÈS, INGRAT, ARROGANT, CRUEL. La portion la plus féroce de ce peuple, peu satisfaite d'avoir dégradé la majesté de son Roi, et déterminée à lui arracher la vie, voulut qu'il fût jugé par ses propres accusateurs qui s'étaient déclarés hautement ses plus implacables ennemis. Déjà, dès l'ouverture du procès, on avait appelé, tour à tour, parmi les Juges quelques Députés plus particulièrement connus par leurs mauvaises dispositions, pour mieux s'assurer de faire prévaloir l'avis de la condamnation par la pluralité des opinions.

« On ne put cependant pas assez en augmenter le nombre pour

obtenir que le Roi fût immolé en vertu d'une majorité légale. À QUOI NE DEVAIT-ON PAS S'ATTENDRE ET QUEL JUGEMENT EXÉCRABLE A TOUS LES SIÈCLES NE POUVAIT-ON PAS PRESSENTIR, EN VOYANT LE CONCOURS DE TANT DE JUGES PERVERS, ET DE TANT DE MANŒUVRES EMPLOYÉES POUR CAPTER LES SUFFRAGES.

« Toutefois, plusieurs d'entre eux ayant reculé d'horreur au moment de consommer UN SI GRAND FORFAIT, on imagina de revenir aux opinions, et les conjurés ayant ainsi voté de nouveau, prononcèrent que la condamnation était légitimement décrétée. Nous passerons ici sous silence UNE FOULE D'AUTRES INJUSTICES, DE NULLITÉS ET D'INVALIDITÉS que l'on peut lire dans les plaidoyers des Avocats et dans les papiers publics. Nous ne relevons pas non plus tout ce que le Roi fut contraint d'endurer avant d'être conduit au supplice : sa longue détention dans diverses prisons d'où il ne sortait jamais que pour être conduit à la barre de la Convention, l'assassinat de son Confesseur, sa séparation de la famille Royale qu'il aimait si tendrement ; enfin cet amas de tribulations rassemblé sur lui pour multiplier ses humiliations et ses souffrances. Il est impossible de ne pas en être pénétré d'horreur quand on n'a point abjuré tout sentiment d'humanité. L'indignation redouble encore de ce que le caractère unanimement reconnu de ce Prince était naturellement doux et bienfaisant ; que sa clémence, sa patience, son amour pour son peuple furent toujours inaltérables...

« Mais ce que nous ne saurions pas surtout passer sous silence, c'est l'opinion universelle qu'il a donnée de sa vertu par son testament, écrit de sa main, émané du fond de son âme, imprimé et répandu dans toute l'Europe. Quelle haute idée on y conçoit de sa vertu ! Quel zèle pour la religion catholique ! Quel caractère d'une piété véritable envers dieu ! Quelle douleur, quel repentir d'avoir apposé son nom malgré lui à des décrets si contraires à la discipline et à la Foi orthodoxe de l'Église. Prêt à succomber sous le poids de tant d'adversités qui s'aggravaient de jour en jour sur sa tête, il pouvait dire comme Jacques Ier, Roi d'Angleterre, qu'on le calomniait dans les Assemblées du peuple, non pour avoir commis un crime, mais parce qu'il était Roi, ce que l'on regardait comme le plus grand de tous les crimes...

« Et qui pourra jamais douter que ce monarque n'ait été principalement immolé en haine de la foi et par un esprit de fureur contre les dogmes catholiques ? Déjà depuis longtemps les calvinistes avaient commencé à conjurer en France la ruine de la religion catholique. Mais pour y parvenir, il fallut préparer les esprits et abreuver les peuples de ces principes impies que les novateurs n'ont ensuite cessé de répandre dans des livres qui ne respiraient que la perfidie et la sédition. C'est dans cette vue qu'ils se sont ligués avec des philosophes pervers. L'Assemblée Générale du Clergé de France de 1755 avait découvert et dénoncé les abominables complots de ces artisans d'impiété. Et Nous-même aussi, dès le commencement de notre Pontificat, prévoyant les exécrables manœuvres d'un parti si perfide, nous annonçâmes le péril imminent qui menaçait l'Europe dans notre lettre Encyclique adressée à tous les Évêques de l'Église Catholique...

« Si l'on eût écouté nos représentations et nos avis, nous n'aurions pas à gémir maintenant de cette vaste conjuration tramée contre les rois et contre les empires.

« Ces hommes dépravés s'aperçurent bientôt qu'ils avançaient rapidement dans leurs projets, ils reconnurent que le moment d'accomplir leurs desseins était enfin arrivé ; ils commencerent a professer hautement, dans un livre imprime en 1787, cette maxime d'hugues rosaire ou bien d'un autre auteur qui a pris ce nom, que c'etait une action louable que d'assassiner un souverain qui refusait d'embrasser la reforme ou de se charger de défendre les intérêts des protestants en faveur de leur religion.

« Cette doctrine ayant été publiée peu de temps avant que louis fût tombé dans le déplorable état auquel il a été réduit, tout le monde a pu voir clairement quelle était la première source de ses malheurs. Il doit donc passer pour constant qu'ils sont tous venus des mauvais livres qui paraissaient en france, et qu'il faut les regarder comme les fruits naturels de cet arbre empoisonné.

« Aussi, a-t-on publié dans la vie imprimée de l'impie voltaire, que le genre humain lui devait d'éternelles actions de grâces comme au premier auteur de la révolution française,

« C'est lui, dit-on qui en excitant le peuple à sentir et à employer ses forces, a fait tomber la première barrière du despotisme : le pouvoir religieux et sacerdotal. Si l'on n'eut pas brise ce joug, on n'aurait jamais brise celui des tyrans. L'un et l'autre se tenaient si étroitement unis que le premier, une fois secoue, le second devait L'être bientôt après. En célébrant comme le triomphe de Voltaire la chute de l'Autel et du Trône, on exalte la renommée et la gloire de tous les écrivains impies comme d'autant de généraux d'une armée victorieuse. Après avoir ainsi entraîné, par toutes sortes d'artifices, une très grande portion du peuple dans leur parti pour mieux l'attirer encore par leurs œuvres et par leurs promesses, ou plutôt pour en faire leur jouet dans toutes les provinces de la France, les factieux se sont servis du mot spécieux de liberté, ils en ont arboré les trophées et ils ont Invité de tous côtés la multitude à se réunir sous ses drapeaux. C'est bien là, véritablement, cette liberté philosophique qui tend à corrompre les esprits, à dépraver les mœurs, à renverser toutes les lois et toutes les institutions reçues. Aussi fut-ce pour cette raison que l'Assemblée du Clergé de France témoigna tant d'horreur pour une pareille liberté, quand elle commençait à se glisser dans l'esprit du peuple par les maximes les plus fallacieuses. Ce fut encore pour les mêmes motifs que nous crûmes devoir, nous-mêmes, la dénoncer et la caractériser en ces termes :

« Les philosophes effrénés entreprennent de briser les liens qui unissent tous les hommes entre eux, qui les attachent aux Souverains et les contiennent dans le devoir. Ils disent et répètent jusqu'à satiété que l'homme naît libre et qu'il n'est soumis à l'autorité de personne. Ils représentent, en conséquence, la Société comme un amas d'idiots dont la stupidité se prosterne devant les prêtres et devant les rois qui les oppriment, de sorte que l'accord entre le Sacerdoce et l'Empire n'est autre chose qu'une barbare conjuration contre la liberté naturelle de l'homme. Ces avocats tant vantés du genre humain ont ajouté au mot fameux et trompeur de liberté cet autre nom d'égalité qui ne l'est pas moins. Comme si entre des hommes qui sont réunis en société et qui ont des dispositions intellectuelles si différentes, des goûts si opposés et une activité si déréglée, si dépendante de leur cupidité individuelle, il ne devait y avoir personne qui réunît la force et l'autorité nécessaires pour contraindre, réprimer, ramener au devoir ceux qui s'en écartent, afin que la Société, bouleversée par tant de passions diverses et désordonnées, ne soit précipitée dans l'anarchie et ne tombe pas en dissolution.

« ... Après s'être établis, selon l'expression de saint hilaire de Poitiers, réformateurs des pouvoirs publics et arbitres de la religion, tandis que le principal objet est au contraire de propager partout un esprit de soumission et d'obéissance, ces novateurs ont entrepris de donner une constitution à l'église elle-même par de nouveaux décrets inouïs jusqu'à ce jour.

« C'est de ce laboratoire qu'est sortie une constitution sacrilège que nous avons réfutée dans notre réponse du 10 mars 1791 a l'exposition des principes qui nous avait été soumise par cent trente évêques. On peut appliquer convenablement à ce sujet ces paroles de saint cyprien : comment se fait-il que les chrétiens soient jugés par des hérétiques, les hommes sains par des malades... Les juges par des coupables, les prêtres par des sacrilèges.

« Que reste-t-il donc de plus que de soumettre l'église au capitole ? Tous les français qui se montraient encore fidèles dans les différents ordres de l'état et qui refusaient avec fermeté de se lier par un serment à cette nouvelle constitution, étaient aussitôt accables de revers et voués à la mort. On s'est hâte de les massacrer indistinctement ; on a fait subir les traitements les plus barbares à un grand nombre d'ecclésiastiques. On a égorgé des évêques... Ceux que l'on persécutait avec moins de rigueur se voyaient arraches de leurs foyers et relègues dans des pays étrangers, sans aucune distinction d'âge, de sexe, de condition. On avait décrété que chacun était libre d'exercer la religion qu'il choisirait, comme si toutes les religions conduisaient au salut éternel ; et cependant la seule religion catholique était proscrite.

« Seule, elle voyait couler le sang de ses disciples dans les places publiques, sur les grands chemins et dans leurs propres maisons. On eut dit qu'elle était devenue un crime capital. Ils ne pouvaient trouver aucune sureté dans les états voisins ou ils étaient venus chercher asile... Tel est le caractère constant des hérésies.

Tel a toujours été, dès les premiers siècles de l'église, l'esprit des hérétiques, spécialement développé de notre temps par les manœuvres tyranniques des calvinistes qui ont cherché persévéramment à multiplier leurs prosélytes par toutes sortes de menaces et de violences. D'après cette suite ininterrompue d'impiétés qui ont pris leur origine en France, aux yeux de qui n'est-il pas démontré qu'il faut imputer à la haine de la religion les premières trames de ces complots qui troublent et ébranlent toute l'Europe ? Personne ne peut nier que la même cause n'ait amené la mort funeste de louis XVI. On s'est efforcé, il est vrai, de charger ce prince de plusieurs délits d'un ordre purement politique. Mais, le principal reproche qu'on ait élevé contre lui, portait sur l'inaltérable fermeté avec laquelle il refusa d'approuver et de sanctionner le décret de déportation des prêtres, et la lettre qu'il écrivit à l'évêque de Clermont pour lui annoncer qu'il était bien résolu de rétablir en France, dès qu'il le pourrait, le culte catholique. Tout cela ne suffit-il pas pour qu'on puisse croire et soutenir, sans témérité, que louis fut un martyr ?

« ...Mais, d'après ce que nous avons entendu, on opposera ici, peut-être, comme un obstacle péremptoire au martyre de Louis, la sanction qu'il a donnée à la Constitution, que nous avons déjà réfutée dans notre susdite réponse aux Évêques de France. Plusieurs personnes nient le fait et affirment que lorsqu'on présenta cette Constitution à la signature du Roi, il hésita, recueilli dans ses pensées, et refusa son seing de peur que l'apposition de son nom ne produisît tous les effets d'une approbation formelle. L'un de ses ministres que l'on nomme, et en qui le Roi avait alors une grande confiance, lui représenta que sa signature ne prouverait autre chose que l'exacte conformité de la copie avec l'original, de manière que nous, à qui cette Constitution allait être adressée, nous ne pouvions sans aucun prétexte élever le moindre soupçon sur son authenticité.

« Il paraît que ce fut cette simple observation qui le détermina aussitôt à donner sa signature. C'est aussi ce qu'il insinue lui-même dans son testament quand il dit que son seing lui fut arraché contre son propre vœu.

« Et, en effet, il n'aurait pas été conséquent et se serait mis en contradiction avec lui-même, si, après avoir approuvé volontairement la Constitution du Clergé de France, il l'eut rejetée ensuite avec la plus inébranlable fermeté, comme il fit lorsqu'il refusa de sanctionner le Décret de déportation des Prêtres non assermentés, et lorsqu'il écrivit à l'Évêque de Clermont qu'il était déterminé à rétablir en France le culte catholique.

« Mais quoi qu'il en soit de ce fait, car nous n'en prenons pas sur nous la responsabilité, et quand même nous avouerions que louis, séduit par défaut de reflexion ou par erreur, approuva réellement la constitution au moment où il la souscrivit serions-nous obliges pour cela de changer de sentiment au sujet de son martyre ? Non, sans doute. Si nous avions un pareil dessein, nous en serions détournés par sa rétractation subséquente aussi certaine que solennelle et par sa mort même qui fut votée comme nous l'avons démontré ci-dessus, en haine de la religion catholique, de sorte qu'il parait difficile que l'on puisse rien contester de la gloire de son martyre.

« …Appuyé sur cette raison, celle du Pape Benoît XIV, et voyant que la rétractation de Louis XVI, écrite de sa propre main et constatée encore par l'effusion d'un sang si pur, est certaine et incontestable, Nous ne croyons pas nous éloigner du principe de Benoît XIV, non pas, il est vrai, en prononçant dans ce moment un Décret pareil à celui que nous venons de citer, mais en persistant dans l'opinion que nous nous somme formée du martyre de ce Prince, nonobstant toute approbation qu'il avait donnée à la Constitution Civile du Clergé quelle qu'elle eût été.

« Ah ! France ! Ah ! France ! Toi que nos prédécesseurs appelaient le miroir de la chrétienté et l'inébranlable appui de la foi, toi qui, par ton zèle pour la croyance chrétienne et par ta piété filiale, envers le siège apostolique, ne marche pas à la suite des autres nations, mais les précède toutes, que tu nous es contraire aujourd'hui ! De quel esprit d'hostilité, tu parais animée, contre la véritable religion !

« Combien la fureur que tu lui témoignes surpasse déjà les excès de tous ceux qui se sont montrés jusqu'à présent ses persécuteurs les plus implacables ! Et cependant tu ne peux pas ignorer, quand même tu le voudrais, que la religion est la gardienne la plus sure et le plus solide fondement des empires, puisqu'elle réprime également les abus d'autorité dans les puissances qui gouvernent, et les écarts de la licence dans les sujets qui obéissent. Et c'est pour cela que les factieux adversaires des prérogatives royales cherchent à les anéantir et s'efforcent d'amener d'abord le renoncement à la foi catholique.

« Ah ! Encore une fois, France ! Tu demandais même auparavant un roi catholique. Tu disais que les lois fondamentales du royaume ne permettaient point de reconnaitre un roi qui ne fut pas catholique, et c'est précisément parce qu'il était catholique que tu viens de l'assassiner ! »

« Ta rage contre ce Monarque s'est montrée telle, que son supplice même n'a pu ni l'assouvir, ni l'apaiser. Tu as voulu encore la signaler après sa mort sur ses tristes dépouilles ; car tu as ordonné, que son cadavre fût transporté et inhumé sans aucun appareil d'une honorable sépulture.

« O jour de triomphe pour Louis XVI à qui Dieu a donné et la patience dans les tribulations, et la victoire au milieu de son supplice !

« Nous avons la confiance qu'il a heureusement échange une couronne royale toujours fragile et des lis qui se seraient flétris bientôt, contre cet autre diadème impérissable que les anges ont tissé de lis immortels.

« Saint Bernard nous apprend dans ses lettres au Pape Eugène, son disciple, ce qu'exige de nous dans ces circonstances notre ministère apostolique, lorsqu'il exhorte à multiplier ses soins afin que les incrédules se convertissent à la Foi, que ceux qui sont convertis ne s'égarent plus et que ceux qui sont égarés rentrent dans le droit chemin. Nous avons, nous aussi, pour modèle la conduite de Clément VI, notre prédécesseur, qui ne cessa de poursuivre la punition de l'assassinat d'André, roi de Sicile, en infligeant les peines les plus fortes a ses meurtriers et à leurs complices, comme on peut le voir dans ses Lettres Apostoliques. Mais que pouvons-nous tenter, que pouvons-nous attendre, quand il s'agit d'un peuple qui, non seulement n'a eu aucun égard pour nos monitions mais qui s'est encore permis, envers Nous, les offenses, les usurpations, les outrages et les calomnies les plus révoltants ; et qui est enfin parvenu à cet excès d'audace et de délire, de composer sous notre nom des lettres supposées et parfaitement assorties à toutes les nouvelles erreurs.

« Laissons-le donc s'endurcir dans sa dépravation puisqu'elle a pour lui tant d'attraits, et espérons que le sang innocent de Louis crie en quelque sorte et intercède pour que la France reconnaisse

et déteste son obstination à accumuler sur elle tant de crimes, et qu'elle se souvienne des châtiments effroyables qu'un Dieu juste, Vengeur des forfaits, a souvent infligés à des Peuples qui avaient commis des attentats beaucoup moins énormes.

« Telles sont les réflexions que nous avons jugées les plus propres à vous offrir quelques consolations dans un si horrible désastre.

« C'est pourquoi pour achever ce qui nous reste à dire, nous vous invitons au Service solennel que nous célébrerons avec vous pour le repos de l'âme du Roi Louis XVI, quoique les prières funèbres puissent paraître superflues quand il s'agit d'un chrétien qu'on croit avoir mérité la palme du martyre, puisque Saint Augustin dit que l'Église ne prie pas pour les martyrs, mais qu'elle se recommande plutôt à leurs prières[181]... ».

Joseph de Maistre écrit sur le régicide de Louis XVI cette page terrible et véritablement prophétique :

« Un des plus grands crimes qu'on puisse commettre, c'est sans doute l'attentat contre la souveraineté, nul n'ayant des suites plus terribles. Si la souveraineté réside sur une tête, et que cette tête tombe victime de l'attentat, le crime augmente d'atrocité. Mais si ce souverain n'a mérité son sort par aucun crime ; si ses vertus mêmes ont armé contre lui la main des coupables, le crime n'a plus de nom. À ces traits on reconnaît la mort de Louis XVI ; mais ce qu'il est important de remarquer, c'est que jamais un plus

---

[181] Traduction de M. l'Abbé Delassus dans : *Louis XVI Roi et martyr, sa béatification*.

grand crime n'eut plus de complices...

« Il faut encore faire une observation importante, c'est que tout attentat commis contre la souveraineté au nom de la nation est toujours plus ou moins un crime national...

« Or, tous les crimes nationaux contre la souveraineté sont punis sans délai et d'une manière terrible ; c'est une loi qui n'a jamais souffert d'exception...

« Chaque goutte de sang de Louis XVI en coûtera des torrents à la France ! quatre millions de Français peut-être payeront de leurs têtes le grand crime national d'une insurrection antireligieuse et anti-sociale, couronnée par un régicide[182] ».

« Et comment pourrait-il en être autrement puisque, depuis lors, la France est un corps sans tête ; or un corps qui n'a pas sa tête, si bien organisé que vous le supposiez, n'est qu'un cadavre[183].

« C'est pourquoi depuis cette date fatale du 21 janvier 1793, pas un de nos échecs nationaux qui n'ait scellé quelque ruine, sinon définitive, tout au moins fort durable, puisque le dommage en a subsisté jusqu'à nous. Et pas un succès, pas une gloire, pas une conquête, pas un bonheur national qui n'ait eu les lendemains les plus douloureux. La suite de nos Rois représente la plus admirable continuité d'un accroissement historique, et l'assassinat de l'un d'eux donne le signal des mouvements inverses qui, malgré la

---

[182] J de Maistre. *Considérations sur la France*, chap. II, p. 11 à 13.
[183]

multitude des compensations provisoires, prennent dans leur ensemble la forme d'une régression. Pour le progrès social comme pour les mœurs, pour l'ordre politique comme pour l'étendue territoriale ou le nombre des habitants par rapport à celui des autres États d'Europe, la France est tombée au-dessous de ce qu'elle était en 1793. Premier fait ! Second fait ! avec des ressources admirables et d'incomparables moyens, la France tend à persévérer dans la chute en raison même des principes qui la déterminèrent il y a 116 ans (aujourd'hui plus de 200) à son régicide ».

« Il est donc vrai qu'en coupant la tête à son Roi, la France a commis un suicide[184] ».

Le régicide vint ajouter à notre Monarchie le plus beau fleuron : À la Royauté, saint Louis avait donné l'auréole de la sainteté, Henri IV de la bonté, Louis XIII de la justice, Louis XIV de la gloire et de la grandeur jusque dans le malheur, Louis XV de l'élan du repentir éclairé par la foi sur son lit de mort. Il lui manquait le sceau du martyr : Louis XVI l'en sacra. PAR L'ASSASSINAT MONSTRUEUX DE SON ROI[185], LA FRANCE A ROMPU LE PACTE PLUS QUE MILLÉNAIRE QUI LA LIAIT AU CHRIST. DÈS LORS LA SUITE DE NOTRE HISTOIRE N'EST QU'UNE LONGUE SÉRIE DE CHÂTIMENTS QUI CONTINUERONT JUSQU'AU JOUR OÙ NOTRE PATRIE REVIENDRA AU BERCAIL DIVIN POUR REPRENDRE EN MAIN L'ÉPÉE DE DIEU.

Ce jour viendra inéluctablement, car si la révolution satanique l'emporta, son triomphe ne fut pas sans une lutte acharnée, atroce,

---

[184] Cardinal Pie.
[185] Mgr Delassus p. 42, note 1.

grâce au soulèvement héroïque de la Vendée.

« Seule ou presque seule de toutes les provinces françaises, la Vendée eut la fierté de ne pas courber la tête sous l'ouragan révolutionnaire. Semblable à l'Archange saint Michel, champion des droits de Dieu contre le premier des révolutionnaires, Lucifer, elle n'hésita point à dresser les forces du bien contre celles du mal... Elle défendit, au prix de son sang, cet ordre social chrétien qui avait fait, pendant des siècles, l'honneur et la force de la France.

L'Histoire prouve que Joseph de Maistre a même été au-dessous de la réalité : Après une étude approfondie, M. de Broc, dans : *La France et la Révolution*, établit que, dans la seule période de 1792 à 1800, la Révolution a causé la mort de trois millions de Français : un million morts de misère, un million en Vendée et au cours des multiples exécutions à Paris et en Provence, un million tombés pendant les guerres révolutionnaires. Ce chiffre de trois millions est très incomplet ; il y a lieu en effet, d'y ajouter :

1° les victimes de toutes les guerres que la France a subies de 1800 à nos jours, ces guerres et invasions étant la conséquence directe de la Révolution et des principes de 1789 ;

2° les victimes des guerres civiles et des révolutions dont la France a été la victime depuis ce moment et qui en sont également la conséquence ;

3° celles du Code civil, dont le principe révolutionnaire et antifamilial du partage forcé a eu pour conséquence la dénatalité, les familles ne voulant plus qu'un enfant par foyer pour lui transmettre le patrimoine intact qui lui permettra de maintenir son rang dans la Société, et pour éviter le partage des terres que le morcellement indéfini rend improductives ;

4° celles des doctrines criminelles du malthusianisme, etc. issues également de la déchristianisation des masses, autre conséquence de la révolution et de ses principes sataniques ;

5° qu'on y ajoute enfin l'augmentation de population que ces millions de victimes ou d'enfants qui auraient dû naître n'auraient pas manqué de procréer et l'on s'expliquera pourquoi la population de la France (qui était la plus importante de l'Europe en 1789 et permettait à notre Pays de tenir victorieusement tête, seul, contre les autres coalisés, est tombée si bas... si bas même qu'il lui serait bien difficile de défendre son territoire dans le cas où elle serait attaquée par ses voisins. Tragique conséquence et terrible châtiment divin de la Révolution auxquels on songe trop peu...

5 « Le meurtre du 21 janvier est au point de vue de l'idéaliste, l'acte de matérialisme le plus hideux, la profession la plus honteuse qu'on ait jamais faite d'ingratitude, de bassesse, de roturière vilenie et d'oubli du passé. Ce jour-là commémore un suicide ». (Renan). « Le jour où la France trancha la tête à son Roi, elle la trancha du même coup à tous les Pères de famille ». (Honoré de Balzac).

« Surtout, c'est grâce à la résistance acharnée et indomptable de la Vendée que la France put recouvrer ses libertés religieuses ».

La Vendée a donc sauvé la Foi et l'honneur de la France et permis les résurrections futures de notre Patrie. Nous ne proclamerons jamais assez et sa gloire, et notre reconnaissance ![186]

---

[186] Voir de la Franquerie : *La Vierge Marie dans l'Histoire de France*, ch. XVII : *Vendéens et Chouans sauvent l'honneur de la France*, p. 223 et sv. Nous ne saurions trop recommander à nos lecteurs l'œuvre admirable du *Souvenir Vendéen* qui lutte victorieusement pour maintenir dans nos Provinces de l'Ouest les grandes traditions catholiques et françaises et entretient dans ces Régions le culte des grandes leçons et des sublimes exemples laissés par les héros et les martyrs de la Vendée à leurs descendants et au reste des Français.

L'ESPRIT APOSTOLIQUE DE LA ROYAUTÉ FRANÇAISE

On se ferait une idée incomplète du rôle de nos Rois si l'on n'étudiait pas succinctement leur esprit d'apostolat.

Déjà au temps des Mérovingiens, Clovis subjugue les hérétiques et fait triompher l'Église Romaine de l'hérésie Arienne. Puis ses successeurs encouragent et appuient l'évangélisation des peuples voisins ; des Princesses franques, mariées à des Rois païens ou hérétiques, convertissent leurs époux et leurs peuples telle que Berthe, reine d'Angleterre en 597.

Les Carolingiens convertissent les Saxons et les Germains.

Quant aux Capétiens, non seulement ils entraînent le monde aux Croisades et déposent en Orient le germe des futures MOISSONS APOSTOLIQUES[187], mais, dès que la prospérité intérieure et la paix extérieure leur en laissent la possibilité, ils tournent leurs regards vers l'apostolat missionnaire :

« La principale intention du Roy estant qu'on travaille à estendre la Religion Catholique, Apostolique et Romaine et qu'on instruise les sauvages », écrit le Père du Tertre définissant ainsi la pensée

---

[187] À l'exemple de Berthe, Redwige d'Anjou, par la conversion de son époux Jagellon, grand-duc de Lithuanie, obtient celle de tout son peuple.

fondamentale qui préside à la colonisation sous l'Ancien Régime.

« Ce qui frappe l'historien, quand il étudie les interventions du pouvoir central dans la fondation de nos vieilles colonies, c'est d'y trouver plus que des préoccupations commerciales et politiques, le désir de civiliser et d'évangéliser, de faire naître aux lointains rivages une nouvelle France catholique et apôtre, et cela, qu'il s'agisse de Richelieu ou de Colbert.

« Ainsi, la vocation missionnaire de la France s'inscrit dans les actes officiels : elle est reconnue, affirmée, favorisée, traduite en obligations juridiques très précises par les gouvernants qui n'ont d'autre pensée que de remplir en chrétiens leurs devoirs de chefs d'États ou de ministres, mais qui savent que la France a dans l'Église, un rôle à jouer et qu'il n'y a rien qui la grandisse et l'ennoblisse comme l'apostolat missionnaire[188] », comme de faire connaître et aimer le Christ, comme de lui donner des âmes. Une fois de plus : *Gesta Dei per Francos !*

Notre premier colonisateur, Jacques Cartier, débarque-t-il au Canada, dont il prend possession au nom du Roi, le 24 juillet 1534, il y plante une croix, voulant que son premier acte fût un hommage de sa conquête au Christ.

Henri IV envoie-t-il Champlain pour réoccuper le Canada, celui-ci (au dire de G. Goyau) est, par excellence, "l'explorateur apôtre". Le Roi lui envoie des missionnaires pour conquérir à Dieu les

---

[188] E. Jarry : *Les Missions coloniales françaises.* Almanach Catholique Français 1931, p. 264.

sauvages.

Après la mort du Roi, la Reine, Marie de Médicis, soutient les missions et fait travailler les Dames de la Cour aux ornements qui leur sont destinés. En 1615, quand Champlain repart, il emmène de nouveaux missionnaires, les Franciscains, et élève la chapelle autour de laquelle va surgir la ville de Québec. Pour évangéliser les Peaux-Rouges, il demande l'envoi de bonnes familles de paysans chrétiens qui apprendront aux sauvages à cultiver leur terre et leur âme par "l'exemple".

Peu après, le Père Joseph, grâce à l'appui de Louis XIII, organise de nouvelles missions en Orient. Le Roi de France, dans ces régions, est si bien considéré comme le protecteur des chrétiens, que notre ambassadeur écrit à son maître qu'à Naxos et à Scio « La fleur de lys et le nom du Roi sont en même honneur que dans la propre France »[189]. Présenté au Roi par le Père Joseph en 1626, l'Archevêque de Naxos lui attesta la popularité persistante de la France dont le Roi prenait place dans les prières publiques, immédiatement après le Pape. L'ambassadeur de France était, en effet, le protecteur de la population des Cyclades contre les exactions des fonctionnaires ottomans. Des missions sont fondées à Constantinople, Smyrne, Alep, Beyrouth, Sidon, en Chypre et en Perse, etc... Le Roi les soutenait par de nombreuses libéralités, à tel point qu'en 1633 « le Saint Siège consentit à ce que les missionnaires désignés par le Roi, pussent se rendre à leur poste sans autre approbation que celle du Nonce en France ».

---

[189] G. Fagniez : *Le Père Joseph et Richelieu*, pp. 326 et 356, T. I.

À la même époque, en 1626, Richelieu fonde, pour les Antilles, la Compagnie des Isles, dont le but, dit-il, est « le peuplement des îles découvertes et la conversion à la Religion Catholique, Apostolique et Romaine des sauvages indigènes ». Le 29 avril 1627, le Cardinal fonde la Compagnie des Cent Associés pour le Canada, à laquelle il impose les conditions suivantes :

« La Compagnie de la Nouvelle France s'engage à ne faire passer au Canada que les Français catholiques, à en transporter dès 1628 de deux à trois cents et jusqu'à quatre mille pendant les quinze années suivantes ; à se charger, trois ans durant, de la nourriture et de l'entretien des transportés ; à pourvoir, pendant quinze ans, aux frais du culte et à la subsistance de trois prêtres dans chaque poste de mission. Enfin, des avantages considérables seront faits aux sauvages convertis qui seront sensés et réputés naturels français[190] ».

En 1639, la Mère Marie de l'Incarnation part au Canada et fonde hôpital, école, etc... Dès 1641, elle a plus de 50 fillettes à éduquer et plus de 700 sauvages à assister spirituellement et temporellement. En 1658, Mgr de Martigny-Laval est nommé Vicaire Apostolique ; un séminaire est érigé en 1663 et Québec devient siège d'Évêché dès 1674. Grâce à l'esprit surnaturel du Gouvernement Royal, le Catholicisme va se répandre dans toute l'Amérique du Nord. Les expéditions du Père Marquette et de Cavelier de la Salle permettent de fonder de nombreuses missions en Louisiane, Hudson, Saint-Laurent, Natchez, Illinois, etc...

---

[190] G. Goyau : *Origines Religieuses du Canada*, pp. 56, 57.

Le territoire du Canada et des États-Unis actuels a été arrosé du sang de nos missionnaires et évangélisé par eux ; plus de vingt-cinq Évêchés aux États-Unis ont eu, pour premiers Évêques ou fondateurs, des Français. Et la perte de notre premier Empire Colonial sera une catastrophe, non seulement au point de vue national, mais aussi catholique, car l'Angleterre y introduira le protestantisme et luttera sournoisement contre le Catholicisme.

Dans la fondation de toutes nos colonies ou établissements, les mêmes préoccupations apostoliques guident nos Rois : sur les côtes du Sénégal, à Madagascar, à l'Île Bourbon, etc... ainsi que dans l'Inde avec Martin, Dupleix etc... et en Indochine.

Il n'est pas sans intérêt de constater que, dans ce dernier Pays dont l'Assemblée du Clergé de France de 1655 se préoccupe, les Évêques missionnaires Nos Seigneurs Pallu et de la Motte Lambert préconisent dès 1658 l'instauration et le développement des vocations religieuses des deux sexes. À la fin du XVIIIè siècle, Mgr Pigneau de Behaine, grâce à l'appui de Louis XVI, peut faire rayonner le catholicisme dans toutes les principautés constituant l'Indochine actuelle.

L'Ordonnance du Roi en date du 24 novembre 1781, manifeste une préoccupation très vive d'évangélisation :

« Voulons que nos dits Gouverneurs, Lieutenant Général et Intendant fassent honorer et respecter les dits supérieurs et missionnaires dans les fonctions de leur ministère... (art. III).

« Le Préfet Apostolique veillera particulièrement à ce que les esclaves, dans chaque paroisse, reçoivent de leur curé les instructions nécessaires et les sacrements de l'Église ; et dans le cas où il aurait connaissance de négligence ou empêchements de la part des maîtres en donnera avis au Gouverneur, Lieutenant Général ou Intendant afin qu'il y soit par eux pourvu... » (art. X).

La Révolution et l'Empire arrêtent net l'essor colonial et missionnaire de la France. Avec la Restauration, l'évangélisation reprend et la conquête de l'Algérie rend possible, non seulement la reconstitution de notre actuel Empire Colonial, mais encore la magnifique renaissance des œuvres et la création ou l'épanouissement des Instituts religions consacrés aux Missions, dans nos propres Colonies, comme aussi dans le monde entier. Aussi, la France est-elle le Pays qui assure à l'Église le plus grand nombre de missionnaires, et ceux qui obtiennent les résultats les plus beaux. Un exemple entre beaucoup d'autres le prouve nettement : alors que les missionnaires allemands, pendant 26 ans, avaient converti péniblement 25 000 noirs au Cameroun, les Pères du Saint-Esprit Français, qui remplacèrent en 1916 les Allemands, en convertirent en quinze ans dix fois plus. Malheureusement, les principes maçonniques, sur lesquels repose la République, portent leurs fruits et tendent à tuer le recrutement missionnaire, à lutter sournoisement contre les missions, à détruire les bases de notre Empire colonial et à faire disparaître ainsi l'influence de la France dans le monde.

La Royauté avait donné à notre politique coloniale une impulsion et des méthodes basées sur l'apostolat catholique et l'évangélisation des peuplades indigènes. Dans ce domaine également il est nécessaire que le Roi revienne pour restaurer cette politique qui lui permettra de sauver ce qui reste de l'Empire et, par la France, de donner le monde à Jésus-Christ.

DEUXIÈME PARTIE :
LA NÉGATION DES DROITS DE DIEU LES *DROITS DE L'HOMME* CHARTE DE LA FRANCE DEPUIS 1789

LES RÉGIMES SE SUCCÈDENT ET S'ÉCROULENT

« Depuis la Révolution, nous sommes en révolte contre l'autorité divine et humaine avec qui nous avons, d'un seul coup, réglé un terrible compte le 21 janvier 1793 », a dit Clémenceau.

Depuis lors en effet, aucun Gouvernement n'a osé rompre avec les Droits de l'Homme ; tous ont pactisé avec eux. OR LES DROITS DE L'HOMME SONT LA NÉGATION DE CEUX DE DIEU. Tant que la France ne reprendra pas sa place de Fille aînée de l'Église, nous la verrons changer de Constitution tous les vingt ans ; rouler d'abîme en abîme, de révolution en révolution.

Pourquoi ne trouvons-nous pas la stabilité depuis un siècle et demi ? Parce que nous avons renié nos traditions, déchiré notre constitution de peuple élu de dieu. Phénomène unique dans l'histoire du monde, la France est le seul pays qui abhorre, déteste, maudit son passé, le plus glorieux assurément de tous les peuples ![191]

Un aperçu rapide sur le siècle dernier en est la preuve évidente :

La Révolution provoque le déchaînement des passions les plus viles, des instincts les plus abjects et des pires sauvageries : c'est l'enfer déchaîné. Les vertus de l'âme française n'apparaissent que parmi les Victimes, dans l'admirable épopée Vendéenne et aux Armées.

L'Empire n'est établi, comme le montre remarquablement M. Jacques Bainville[192], que pour empêcher la restauration de la Monarchie Traditionnelle. Napoléon, c'est la Révolution bottée a dit très justement Mme de Staël.

« C'est au régime-consulaire, aux institutions de l'An VIII, qu'elle (la France) doit le double fléau de la centralisation et de la dépopulation, ce ralentissement de la vie locale qui anémia l'esprit civique, ce morcellement des foyers qui tarit nos familles et tua dans leurs germes des millions d'individus, Français possibles, Français à naître et qui ne sont point nés parce que les conditions de l'être leur étaient refusées par ce code de lois dont parlait Renan, fait pour un citoyen idéal naissant enfant trouvé et mourant célibataire.

---

[191] C'est ce que constatait le maréchal Lyautey dans son discours de réception à l'Académie Française.
[192] Jacques Bainville : *Le 18 Brumaire*.

« Aucun Français ne devrait parler ou écrire de Napoléon sans se rappeler qu'il a été le premier auteur de la concentration et de l'unification de l'Allemagne.

« Une politique générale qui, ayant gagné ses batailles, perd ses guerres et qui finalement paralyse un pays, le dépeuple, donne à ses plus redoutables voisins le moyen de grandir et de prospérer à ses dépens, ne mérite d'autres fleurs ni couronnes que les guirlandes mortuaires qu'on dépose sur les tombeaux. Des Français peuvent continuer d'avoir la fièvre au seul nom de Napoléon. La France, qu'il a laissée plus petite qu'il ne la reçut, doit se dire qu'en dernière analyse, ce sublime esprit fonctionna au rebours de nos intérêts[193] ».

« Toute la mentalité française issue de la Révolution, veut bien nous écrire un historien de valeur, réside dans le geste du plus grand représentant de cette Révolution, de Napoléon, lors de son sacre. Au moment du Couronnement, il a enlevé la couronne des mains de Pie VII et s'est couronné lui-même. Geste sacrilège. Que devenait alors le Christ à Notre-Dame ? Un simple invité. Comment celui qui, il faut bien le reconnaître, avait rendu le culte catholique à la France, n'a-t-il pas entrevu alors ni l'étendard de saint Michel avec sa devise « *Quis ut Deus ?* » ni le rocher de Sainte-Hélène et son châtiment ? »

Sans doute Napoléon signa le Concordat, mais il emprisonna l'Église par les articles organiques et, à la fin de son règne, il persécutera le Pape et le retiendra prisonnier à Fontainebleau où,

---

[193] Maurras : *Napoléon avec la France ou contre la France !* pp. 77 et 79.

par un juste châtiment de Dieu, il sera obligé d'abdiquer.

Cependant, Dieu, dans Sa justice infinie ne devait pas abandonner l'âme de celui qui avait formellement voulu rétablir le catholicisme (alors qu'on le poussait à établir le protestantisme en France) l'Empereur expia terriblement ses terribles fautes. Une seule voix s'éleva en sa faveur : celle de Pie VII qu'il avait maltraité. Quand l'expiation fut achevée, Napoléon mourut en chrétien :

« Général, dit-il à Montholon, j'ai rempli tous mes devoirs ; je suis heureux de vous souhaiter le même bonheur à votre mort. Ce qui me console en ce moment, c'est d'avoir rétabli la religion catholique en France, car sans la religion, que deviendraient les hommes ? »

La Restauration mérita bien son nom. Ayant trouvé le Pays vaincu et ruiné, en 1815, elle restaura la France en quelques années, elle releva les finances, et dès 1823, grâce à la sage administration du Baron Louis, le franc était au pair et la rente le dépassait à 104 francs or. En dix ans, notre commerce extérieur avait presque doublé. La prospérité devint générale. On établit les caisses d'épargne. Successivement furent fondées l'École des Mines, l'École des Chartes, l'École Forestière, l'École Centrale, etc. Aussi Renan a-t-il pu dire : « La Restauration a fondé le vrai développement intellectuel de la France au XIXè siècle ».

Au point de vue extérieur, la Restauration rendit à la France la place prépondérante que les défaites impériales lui avaient fait perdre parce que Louis XVIII, se plaçant sur le terrain traditionnel de la politique royale, et s'adressant à des Souverains, put leur parler non seulement « d'égal à égal », mais encore avec « toute la supériorité de sa race ! » À tel point que quinze ans après, notre Ministre de la Marine ne craignit pas de répondre à l'Ambassadeur d'Angleterre, venu pour manifester l'opposition de son Pays à l'expédition d'Alger : la France « se f... de l'Angleterre. Elle fera dans cette circonstance, ce qu'elle voudra sans souffrir de contrôle ni d'opposition », et la France alla à Alger.

« Waterloo, Alger, Sedan, trois noms qui sonnent le glas de trois règnes, mais de façon combien différente ! Alors que le Premier et le Second Empires s'effondrent dans la défaite et la patrie envahie, la vieille monarchie de droit divin à la veille de sa chute, plante victorieusement son drapeau fleurdelisé sur Alger et lègue au pays qu'elle a formé, comme un dernier fleuron de sa couronne treize fois séculaire, cet empire colonial africain qui, en se développant et en s'étendant deviendra, en compensation du Canada et de la Louisiane ravis par l'Angleterre, une nouvelle France[194] ».

Pourquoi la Monarchie tombe-t-elle en pleine victoire et au moment où, en Europe également, elle va recueillir les fruits de ses patients efforts et de sa politique aussi sage que hardie, la frontière naturelle du Rhin ? C'est, hélas, que la Restauration ne semble guère rechercher la trace de Celui qui seul a droit au Trône, Louis XVII, pour l'y rétablir ; elle capitule, elle aussi, devant les prétendus « droits de l'homme » et n'ose répondre au nouvel appel

---

[194] Em. Déborde de Montcorin : *A propos du Centenaire de la prise d'Alger*. Revue des *Études Historiques* avril-juin 1930. Voir le livre de S.A.R. le Prince Sixte de Bourbon : *La dernière Conquête du Roi*. Alger, 1830.

que le Sacré-Cœur fait au Roi par l'intermédiaire de la Mère Marie de Jésus, du Couvent des Oiseaux, le 21 juin 1823 :

« LA FRANCE EST TOUJOURS BIEN CHÈRE À MON DIVIN CŒUR ET ELLE LUI SERA CONSACRÉE.

« MAIS IL FAUT QUE CE SOIT LE ROI LUI-MÊME QUI CONSACRE SA PERSONNE, SA FAMILLE ET SON ROYAUME À MON DIVIN CŒUR ;

QU'IL LUI FASSE ÉLEVER UN AUTEL, AINSI QU'ON EN A ÉLEVÉ UN AU NOM DE LA FRANCE, EN L'HONNEUR DE LA SAINTE VIERGE.

« JE PRÉPARE À LA FRANCE UN DÉLUGE DE GRÂCES LORSQU'ELLE SERA CONSACRÉE À MON DIVIN CŒUR, ET TOUTE LA TERRE SE RESSENTIRA DES BÉNÉDICTIONS QUE JE RÉPANDRAI SUR ELLE... ».

M. de Montyon avait raison de dire à Louis XVIII : la France a possédé de tout temps une Constitution non écrite, consubstantielle à son Histoire, et le malheur de la Monarchie vient de l'avoir méconnue.

La Restauration, n'ayant pas répondu à la volonté divine, tombe quelques années après.

Quant à la Monarchie de Juillet, son origine même la voue à l'échec et aussi à l'athéisme politique. Fonder une Monarchie sur la violation du droit monarchique est inconcevable : c'est ce que fait Louis-Philippe, il n'est qu'un usurpateur. Le Gouvernement du "Roi Citoyen" inaugure une politique antireligieuse. Le Catholicisme, de Religion d'État, tombe au rang de religion de la majorité des Français. L'État accorde aux pasteurs protestants et aux rabbins un traitement, les mettant ainsi illégitimement sur le même pied que les Prêtres Catholiques[195].

Une fois de plus, avant de châtier, le Christ rappelle sa mission à la France. Le 20 novembre 1843, Il dit dans une apparition à Marie Lataste, Religieuse du Sacré-Cœur[196] :

« LE PREMIER ROI, LE PREMIER SOUVERAIN DE LA FRANCE, C'EST MOI. Je suis le Maître de tous les Peuples, de toutes les Nations, de tous les Royaumes, de tous les Empires, de toutes les dominations ; JE SUIS PARTICULIÈREMENT LE MAÎTRE DE LA FRANCE.

« JE LUI DONNE PROSPÉRITÉ, GRANDEUR ET PUISSANCE AU-DESSUS DE TOUTES LES AUTRES NATIONS, QUAND ELLE EST FIDÈLE À ÉCOUTER MA VOIX.

« J'AI CHOISI LA FRANCE POUR LA DONNER À MON ÉGLISE COMME SA FILLE DE PRÉDILECTION.

« À peine avait-elle plié sa tête sous Mon joug qui est suave et léger, à peine avait-elle senti le sang de Mon cœur tomber sur son cœur, pour la régénérer, pour la dépouiller de sa barbarie et lui communiquer Ma douceur et Ma charité, qu'elle devint l'espoir

---

[195] Le traitement fourni aux prêtres par l'État est une dette sacrée ; c'est le simple intérêt (bien minime) du capital considérable que la Révolution vola à l'Église en lui enlevant tous ses biens. Aucun vol de ce genre n'a été commis contre les Ministres des autres Cultes. C'était en outre mettre sur le même pied les représentants du vrai Dieu et ceux de l'erreur.

[196] Abbé Pascal Darbins : *Vie de Marie Lataste*. T. III, p. 395 à 399, chez Bray et Retaux, 82, rue Bonaparte, 1877.

de Mes Pontifes et, bientôt après, leur défense et leur soutien.

« ILS LUI DONNÈRENT LE NOM BIEN MÉRITÉ DE FILLE AINÉE DE L'ÉGLISE.

« Or, vous le savez, tout ce qu'on fait à Mon Église Je le regarde, comme fait à Moi-même. Si on l'honore, Je suis honoré en elle ; si on la défend, Je suis défendu en elle ; si on la trahit, Je suis trahi en elle ; si on répand son sang, c'est Mon sang qui coule de ses veines.

« Eh bien ! Ma fille, je le dis à l'honneur, à la gloire de votre patrie, pendant des siècles, la France a protégé mon église ; elle a été mon instrument plein de vie, le rempart indestructible et visible que je lui donnais pour la protéger contre ses ennemis.

« Du haut du ciel, je la protégeais, elle, ses rois et leurs sujets.

« Que de grands hommes elle a produits, c'est-à-dire que de saints dans toutes les conditions, sur le trône, comme dans les plus humbles chaumières !

« Que de grands hommes elle a produits, c'est-à-dire que d'intelligences, amies de l'ordre et de la vérité !

« Que de grands hommes elle a produits, c'est-à-dire que d'esprits uniquement fondés, pour leurs actions, sur la justice et sur la vérité !

« Que de grands hommes elle a produits, c'est-à-dire que d'âmes embrasées du feu brûlant de la charité !

« C'est Moi qui lui ai donné ces hommes, qui feront sa gloire à jamais !

« Ma générosité n'est pas épuisée pour la France. J'ai les mains pleines de grâces et de bienfaits, que Je voudrais répandre sur elle. Pourquoi a-t-il fallu, faut-il encore et faudra-t-il donc, que Je les arme de la verge de Ma justice ?

« Quel esprit de folle liberté[197] a remplacé dans son cœur, l'esprit de la seule liberté véritable, descendue du ciel, qui est la soumission à la volonté de dieu !

« Quel esprit d'égoïsme sec et plein de froideur[198] a remplacé dans son cœur, l'esprit ardent de la charité descendue du ciel qui est l'amour de dieu et du prochain !

« Quel esprit de manœuvres injustes et de politique mensongère a remplacé dans son cœur la noblesse de sa conduite et la droiture de sa parole, conduite et parole autrefois dirigées par la vérité, descendue du ciel, qui est dieu lui-même !

« Je vois encore, je verrai toujours dans le Royaume de France, des hommes enflammés de charité, des hommes amis de la vérité ; mais à cette heure, Ma fille, le nombre en est petit.

« Aussi elle brise le trône de ses rois (Louis XVI), exile, rappelle (Louis XVIII), exile encore (Charles X) ses monarques, souffle sur eux le vent des tempêtes révolutionnaires, et les fait disparaître,

---

[197] Les droits de l'homme.
[198] L'individualisme révolutionnaire.

comme les passagers d'un navire, engloutis dans les abîmes de l'océan.

« Je lui ai suscité des rois[199], elle en a choisi d'autres à son gré[200].

« N'a-t-elle point vu, ne voit-elle pas que je me sers de sa volonté pour la punir, pour lui faire lever les yeux vers moi ? Ne trouve-t-elle pas aujourd'hui le joug de son Roi pénible et onéreux ? Ne se sent-elle pas humiliée devant les Nations ? Ne voit-elle pas la division parmi les esprits de ses populations ?

« Elle n'est point en paix.

« Tout est dans le silence à la surface, mais tout gronde, tout mugit, tout fermente en dessous[201], dans le peuple, dans ceux qui se trouvent immédiatement au-dessus du peuple, comme parmi les grands.

« L'injustice marche tête levée et semble être revêtue d'autorité ! elle n'a pas d'obstacle ; elle agit comme elle veut agir[202].

« L'impiété fait ses préparatifs pour dresser son front orgueilleux et superbe dans un temps qu'elle ne croit pas éloigné et veut hâter de tout son pouvoir[203].

« Mais en vérité je vous le dis, l'impiété sera renversée, ses projets

---

[199] La race de Clovis : mérovingiens, carolingiens, capétiens.
[200] Napoléon I, Louis-Philippe, Napoléon III.
[201] Révolution de 1848, Commune de 1871.
[202] La République Maçonnique.
[203] La période contemporaine.

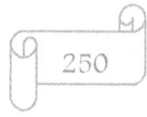

dissipes, ses desseins réduits à néant a l'heure où elle les croira accomplis et exécutés pour toujours.

« France ! France ! Combien tu es ingénieuse pour irriter et pour calmer la justice de Dieu !

« Si tes crimes font tomber sur toi le châtiment du Ciel, ta vertu de charité criera vers le Ciel : Miséricorde et pitié, Seigneur !

« Il te sera donné, ô France, de voir les jugements de Ma Justice irritée, dans un temps qui te sera manifeste et que tu connaîtras sans crainte d'erreur.

« Mais tu connaîtras aussi les Jugements de Ma compassion et de Ma miséricorde et tu diras : Louange et remerciements, amour et reconnaissance à Dieu, à jamais dans les Siècles et dans l'Éternité !

« Oui, ma fille, au souffle qui sortira de ma bouche, les hommes, leurs pensées, leurs projets, leurs travaux disparaitront comme la fumée au vent.

« Ce qui a été pris sera rejeté ; ce qui a été rejeté sera pris de nouveau.

« Ce qui a été aimé sera détesté et méprisé ; ce qui a été méprisé et détesté sera de nouveau estimé et aimé.

« Quelquefois, un arbre est coupé dans la forêt ; il ne reste plus que le tronc ; mais un rejeton pousse au printemps et les années le développent et le font grandir, il devient lui-même un arbre magnifique et l'honneur de la forêt.

« Priez pour la France, Ma Fille, priez beaucoup, ne cessez point de prier ! » Trois ans plus tard, en 1846, c'est la Vierge qui vient à la Salette :

« Je ne peux plus retenir le bras de mon Fils » et ce fut la Révolution de 1848. Mais la Vierge avait ajouté :

« Que le Vicaire de mon Fils, le Souverain Pontife Pie IX se méfie de Napoléon. Son cœur est double et quand il voudra être à la fois Pape et Empereur, bientôt Dieu se retirera de lui. Il est cet aigle qui, voulant toujours s'élever, tombera sur l'épée dont il voulait se servir pour obliger les peuples à le faire élever ».

Ainsi dès le 19 septembre 1846, Louis-Philippe régnant, avant que quiconque songe au Prince Napoléon, tout le règne de celui-ci est annoncé.

Le cœur de Napoléon III est double en effet, le 18 août 1849, quand il a l'audace de dire à Pie IX que le pouvoir temporel ne pourrait être rétabli que si le Pape accordait des réformes dans l'esprit des "Droits de l'Homme" ; cœur double, quand, en 1856, excluant le Pape du Concert Européen, il y fait entrer le Sultan pour juger du droit de la Papauté au pouvoir temporel ; cœur double en 1860, quand il répond à Cavour qui lui demande d'envahir les États Pontificaux :

« Faites vite » ; cœur double en 1870 quand « voulant être à la fois Pape et Empereur », il menace le Pape de retirer ses troupes de

Rome pour empêcher le Concile de décréter l'infaillibilité pontificale.

En regard de cette conduite, que dit M. le Comte de Chambord :

« Ici, naturellement, ma pensée se porte avec tristesse sur Rome où nous laissons abattre en ce moment une des grandes choses que Dieu a faites par la France, *Gesta Dei per Francos*, je veux dire la Souveraineté temporelle du Chef de l'Église, indispensable garantie de son indépendance et du libre exercice de son autorité spirituelle dans tout l'univers... Dans son pouvoir temporel, c'est bien son autorité spirituelle qu'on veut atteindre ; c'est au principe même de toute religion et de toute autorité qu'on s'en prend. Bientôt, on demandera logiquement que de nos lois et de nos Tribunaux disparaisse l'idée de Dieu. Alors, il n'y aura plus entre les hommes, d'autre lien que l'intérêt, la Justice ne sera plus qu'une convention. Il ne restera plus d'autre moyen pour l'obtenir que la force, et l'édifice social, miné jusque dans ses fondements, s'écroulera de toutes parts... Non, la cause de la souveraineté temporelle du pape n'est pas isolée. Elle est celle de toute religion, celle de la société, celle de la liberté. Il faut donc à tout prix en prévenir la chute...[204]

Et au Baron de Charette, le 15 novembre 1867 l'un des héros qui commandait les Zouaves Pontificaux, tous royalistes[205] :

---

[204] Lettre au général de Saint-Priest du 9 décembre 1866. *La Monarchie Française, lettres et documents politiques* (1844-1907), p. 100.
[205] Idem. p. 104.

« Grâce à ces merveilleux dévouements et à ce brillant courage, la Révolution, pour la première fois depuis de longues années, a été obligée de reculer, et jusqu'ici la Souveraineté du Saint-Père est sauvée, Gloire à vous et à vos Compagnons d'armes ! »

Quelle différence de langage entre le petit-fils de saint Louis et l'Empereur de la Révolution ! Pourtant Napoléon III avait été prévenu de ce qu'il lui arriverait par le plus grand Évêque français du XIXè siècle, le futur Cardinal Pie[206], et en quels termes... ! le 15 mars 1859 :

« Ah Sire ! Lorsqu'on se rappelle que pendant onze siècles la politique de l'Europe chrétienne fut de combattre le Turc, comment n'éprouverait-on pas quelque étonnement de voir le Souverain d'un Pays catholique se faire le soutien de la Puissance ottomane et aller, à grands frais, assurer son indépendance ?

« Or, ne suis-je pas fondé à dire que c'est, par là même, assurer des abus ? car enfin qui protégeons-nous ?

« Il y a à Constantinople un homme, ou plutôt un être que je ne veux pas qualifier, qui mange dans une auge d'or deux cents millions prélevés sur les sueurs des Chrétiens. Il les mange avec ses huit cents femmes légitimes.

« Et c'est pour perpétuer et consolider un tel état de choses que nous sommes allés en Orient ! C'est pour en assurer l'intégrité que nous avons dépensé deux milliards, 63 Officiers supérieurs, 350

---

[206] Mgr Baunard : *Vie du Cardinal Pie*, t. I, p. 666 et suivantes.

jeunes gens, la fleur de nos Grandes Familles, et deux cent mille Français !

« Après cela nous sommes venus à parler des abus de la Rome pontificale ! »

« Excusez-moi, Sire, mais à ce Turc, non seulement nous avons dit : Continue à te vautrer comme par le passé dans ta fange séculaire ; je te garantis tes jouissances et je ne souffrirai pas qu'on touche à ton Empire. Mais nous avons ajouté :

« Grand Sultan ! jusqu'à présent le Souverain de Rome, le Pape, avait présidé aux Conseils de l'Europe. Eh bien ! nous allons avoir un Conseil Européen ; le Pape n'y sera pas, mais tu y viendras, toi, qui n'y étais jamais venu ! Non seulement tu y seras, mais nous ferons devant toi le cas de conscience de ce Vieillard absent ; et nous te donnerons le plaisir de voir éclater et soumettre à ton jugement les prétendus abus de son Gouvernement !

« En vérité, Sire, n'est-ce pas là ce qui s'est fait ?

« Et après de telles tolérances, pour ne rien dire de plus, est-on bien en droit d'alléguer des scrupules, qui nous seraient venus au sujet des abus d'un Gouvernement qui est bien, à n'en pas douter, le plus doux, le plus paternel, le plus économique des Gouvernements de l'Europe ?...

« ... Ni la Restauration ni Vous n'avez fait pour Dieu ce qu'il fallait faire, parce que ni l'un ni l'autre vous n'avez relevé Son trône ; parce que ni l'un ni l'autre vous N'AVEZ RENIÉ LES PRINCIPES DE LA

RÉVOLUTION, dont vous combattez cependant les conséquences pratiques, parce que l'Évangile social, dont s'inspire l'État, est encore la déclaration des droits de l'homme, laquelle n'est autre chose, sire, que la négation formelle des droits de dieu.

« Or, c'est le droit de dieu de commander aux états comme aux individus. Ce n'est pas pour autre chose que Notre-seigneur Jésus-Christ est venu sur la terre !

« Il doit y régner en inspirant les lois, en sanctifiant les mœurs, en éclairant l'enseignement, en dirigeant les conseils, en réglant les actions des gouvernements comme des gouvernés.

« Partout où Jésus-Christ n'exerce pas Son règne, il y a désordre et décadence.

« Or, j'ai le devoir de vous dire qu'il ne règne pas parmi nous, et que notre constitution n'est pas, loin de là, celle d'un État chrétien et catholique. Notre droit public, établit bien que la Religion Catholique est celle de la majorité des Français ; mais il ajoute que les autres Cultes ont droit à une égale protection. N'est-ce pas proclamer équivalemment que la constitution protège pareillement la vérité et l'erreur ?

« Eh bien ! Sire, savez-vous ce que Jésus-Christ répond aux Gouvernements qui se rendent coupables d'une pareille contradiction ?

« Jésus-Christ, Roi du Ciel et de la terre leur répond : Et Moi aussi, Gouvernements qui vous succédez en vous renversant les uns les autres, MOI AUSSI JE VOUS ACCORDE UNE EGALE PROTECTION ! J'ai accordé une pareille protection à l'Empereur votre oncle ; J'ai accordé la même protection aux Bourbons[207] ; la même protection à la République, et à Vous aussi, la même protection vous sera accordée ! »

Et à l'objection de l'Empereur lui disant que le moment n'est pas encore favorable, il répond, avec quelle admirable grandeur d'âme et quelle implacable logique :

« Sire ! Quand de grands politiques, comme Votre Majesté, m'objectent que le moment n'est pas venu, je n'ai qu'à m'incliner, parce que je ne suis pas un grand politique. Mais je suis un Évêque et comme Évêque je leur réponds :

« LE MOMENT N'EST PAS VENU POUR JÉSUS-CHRIST DE RÉGNER ? EH BIEN ! ALORS, LE MOMENT N'EST PAS VENU POUR LES GOUVERNEMENTS DE DURER !

1870, voilà le châtiment. Le 2 août, il (l'Empereur) était l'arbitre de l'Europe et du monde ; le 2 septembre, il n'est plus qu'un vil prisonnier de guerre sans couronne et sans épée, puisqu'il a rendu son épée à Guillaume !

« Je ne crois pas que depuis Clovis il y ait eu un Souverain français tombant en pareille catastrophe[208] ! »

Quels rapprochements à faire entre les dates de cette guerre et celle de la chute du pouvoir temporel des Papes par la prise de

---

[207] Les Bourbons de la Restauration.
[208] Abbé Vial, op. cit., p. 513.

Rome. Nous empruntons à l'Abbé Vial le tableau[209] qu'il a tracé, il est tristement éloquent :

4 Août 1870	
Annonce officielle de l'évacuation de Rome par les Soldats français	Premier désastre des Français à Wissembourg ; 5 000 Français écrasés par 30 000 Allemands.
5 Août 1870	
Le corps d'occupation abandonne Viterbe, seconde Ville des États du Pape.	Les Allemands envahissent la frontière française.
6 Août 1870	
Le Général Dumont s'embarque pour la France à 2 heures de l'après-midi. Le drapeau est descendu des bastions de Civita-Vecchia à 5 h.	Écrasé à Woerth, Freschwiller, Reichshoffen, Mac-Mahon opère sa retraite à 2 heures de l'après-midi. Nombre considérable de drapeaux français tombent aux mains des Prussiens à 5 heures.
7 Août 1870	
Départ des derniers 4000 Français qui défendaient le Saint-Siège	4000 Français faits prisonniers par les Prussiens.
14 Août 1870	
Inauguration à Paris de la statue de Voltaire qui est une insulte publique à Dieu et à la France chrétienne.	Les Prussiens commencent le bombardement de Strasbourg, capitale de notre Alsace.
4 Septembre 1870	

---

[209] Abbé Vial, p. 516 et 517.

Les Piémontais, s'emparent de Civita-Vecchia.	Les Prussiens s'emparent de Versailles
19 Septembre[210]	
Investissement complet de Rome par les piémontais.	Investissement complet de Paris par les Prussiens
20 Septembre	
La Canonnade italienne frappe les remparts de Rome	La canonnade prussienne réduit en Cendres, la résidence impériale de Saint-Cloud.
24 septembre	
L'armée Pontificale obligée de capituler devant les bandes piémontaises.	Toul capitule devant les Prussiens. Effarement de Paris.
28 Septembre	
Le Général piémontais agit en souverain dans Rome.	Strasbourg capitule, 7000 prisonniers.
11 Octobre	
Victor-Emmanuel accepte officiellement le plébiscite qui lui donne Rome.	Orléans, la Ville de Jeanne d'Arc, prise par les Prussiens.
22 Octobre 1870	
Le Ministre italien répond à la lettre de l'Ambassadeur français qui le félicitait d'avoir pris Rome ! ... Il en avait le temps... et le courage	Saint-Quentin canonné, pris et imposé de 2 millions. Cinq jours après, Metz capitule : 173 000 soldats, 1665 canons, 278 289 fusils, quantité de munitions, de drapeaux livrés à l'ennemi.
30 Décembre 1870	

---

[210] Le jour anniversaire de l'apparition de N. D. de la Salette. 24 ans auparavant la Vierge pleurait sur les châtiments qui allaient frapper la France si elle ne revenait pas à Dieu. Et la France n'avait pas cru et la France était châtiée.

Victor-Emmanuel part pour Rome.	Les Français abandonnent leur Artillerie aux Prussiens sur le plateau d'Avron.
23 Janvier 1871	
Le prince Humbert entre à Rome et s'installe au Quirinal.	Jules Favre s'humilie devant Bismarck à Versailles, pour négocier la capitulation de Paris.
1 Février 1871	
La Chambre italienne déclare la dépossession du Pape un fait accompli.	L'Armée de l'Est (80 000 hommes) non comprise dans l'armistice du 28 janvier passe en Suisse. Les Prussiens reprennent Dijon et déclarent définitive la défaite de la France.

Le Roi de Prusse, Guillaume Ier, reconnut lui-même la grande loi providentielle des châtiments infligés à la France quand notre Patrie est infidèle à sa vocation : « Je n'ai pas vaincu les Français, dit-il, Dieu me les a livrés ! »

La France crie : « Pitié, mon Dieu ! » Alors parait Notre-Dame d'Espérance de Pontmain :

« Mais priez, mes enfants ! Dieu vous exaucera en peu de temps ! Mon Fils se laisse toucher ! »

Et c'est la paix ; mais une paix qui mutile la France de deux de ses plus chères provinces, l'Alsace et la Lorraine, dont la superficie correspond exactement à celle des États Pontificaux... Quelle grande et terrible leçon ! En outre, une indemnité de cinq milliards est à verser à l'ennemi.

Après les désastres, la Providence donne à la France la possibilité de se relever PAR LE RÉTABLISSEMENT DE LA MONARCHIE TRÈS CHRÉTIENNE. HENRI V, prince accompli et éminent, dont le Conseiller religieux est le grand Cardinal Pie, PEUT, SEUL, REDONNER À LA FRANCE SA VOCATION DES TEMPS PASSÉS. Aussi est-il l'espoir des vrais Français, de l'Église et du Pape Pie IX.

Deux jours avant la signature du traité de Francfort, le 8 mai 1871, voici la lettre que ce grand Prince envoie à M. de Crayon-Latour[211] :

« Sachons reconnaître que l'abandon des principes est la vraie cause de nos désastres.

« Une Nation chrétienne ne peut pas impunément déchirer les pages séculaires de son histoire, rompre la chaîne de ses traditions, inscrire en tête de sa Constitution la négation des droits de Dieu, bannir toute pensée religieuse de ses codes et de son enseignement public. Dans ces conditions, elle ne fera jamais qu'une halte dans le désordre ; elle oscillera perpétuellement entre le Césarisme et l'anarchie, ces deux formes également honteuses des décadences païennes, et n'échappera pas au sort des peuples infidèles « à leur mission ».

« ...La monarchie chrétienne et française est dans son essence même, une monarchie tempérée qui n'a rien à emprunter à ces

---

[211] Op. cit., p. 115.

Gouvernements d'aventure qui promettent l'âge d'or et conduisent aux abîmes[212].

« On dit que l'indépendance de la papauté m'est chère, et que je suis résolu à lui obtenir d'efficaces garanties. On dit vrai.

« La liberté de l'église est la première condition de la paix des esprits et de l'ordre dans le monde. Protéger le Saint-Siège fut toujours l'honneur de notre patrie et la cause la plus incontestable de sa grandeur parmi les nations...

« ...Je ne ramène que la Religion, la concorde et la paix ; et je ne veux exercer de dictature que celle de la clémence, parce que, dans mes mains, et dans mes mains seulement, la clémence est encore la justice...

« La parole est à la France et l'heure est à Dieu[213] »

Le 15 octobre 1872, nouvelle lettre à ses amis d'une clairvoyance prophétique ; les catholiques libéraux y trouveraient une excellente leçon :

« Il est impossible de s'y méprendre. La proclamation de la République en France a toujours été et serait encore le point de départ de l'anarchie sociale, le champ ouvert à toutes les convoitises, à toutes les utopies... Si le pays a la faiblesse de se laisser entraîner par les courants qui l'agitent, rien n'est moins

---

[212] Manifeste du 2 juillet 1874, op. cit., p. 135.
[213] A. M. de Carayon-Latour, député de la Gironde, à l'Assemblée Nationale, 8 Mai 1871 op. cit, p. 117.

inconnu que l'avenir. Nous courons à un abîme certain.

« En vain essaierait-on d'établir une distinction rassurante entre ce parti de la violence qui promet la paix aux hommes en déclarant la guerre à dieu, et ce parti plus prudent, mieux discipliné, arrivant à ses fins par des voies détournées, mais atteignant le même but.

« Ils diffèrent par leur langage, mais ils poursuivent la même Chimère ; ils ne recrutent pas les mêmes soldats, mais ils marchent sous le même drapeau ; ils ne peuvent nous attirer que les mêmes malheurs.

« Conserver l'illusion d'une république honnête et modérée après les sanglantes journées de juin 1848 et les actes sauvages de la seconde terreur, si meurtrières toutes deux pour notre brave armée, n'est-ce pas oublier trop vite les avertissements de la providence et traiter les leçons de l'expérience avec trop de dédain ?

« C'est au moment où la France se réveille en s'affirmant par un grand acte de foi, qu'on prétendrait lui imposer LE gouvernement le plus menaçant pour ses libertés religieuses !

« À la politique des fictions et des mensonges, opposons partout et toujours notre politique à ciel ouvert.

« Le jour du triomphe est encore un des secrets de Dieu, mais ayez confiance dans la mission de la France. L'Europe a besoin d'elle. La papauté a besoin d'elle et c'est pourquoi la vieille nation chrétienne ne peut pas périr[214] ».

L'admirable Syllabus de Pie IX et ses avertissements restent lettre morte. La France continue de vouloir concilier Dieu et Satan, l'Église et la Révolution, l'Évangile et les Droits de l'Homme. L'Assemblée Nationale délègue quelques-uns de ses membres pour offrir la couronne au Comte de Chambord, aux conditions suivantes :

- Un programme à peu près conforme aux principes de 89 ;
- Le drapeau tricolore.

Le petit-fils de saint Louis ne pouvait devenir le Roi des "Droits de l'Homme". Il ne pouvait pas adopter le drapeau tricolore quelles que soient les gloires dont sont chargés ses plis parce que ce drapeau ayant présidé aux échafauds de la Terreur et à toutes nos discordes nationales, est, par excellence, le drapeau de la Révolution et a été imposé à la France par les loges maçonniques et donc par Satan. Il n'avait pas le droit d'abandonner le drapeau blanc fleurdelisé, la vieille bannière de saint Louis et de Jeanne d'Arc, qui, tant de fois, conduisit nos Pères à la victoire. C'eût été renier son principe.

Il refuse et nous trouvons toute sa pensée exprimée dans sa lettre au comte de Mun :

« IL FAUT POUR QUE LA FRANCE SOIT SAUVÉE QUE DIEU Y RENTRE EN MAITRE

---

[214] A. M. de la Rochette, député de la Loire-Inférieure, 15 octobre 1872, op. cit., p. 122.

POUR QUE J'Y PUISSE RÉGNER EN ROI[215]. »

Hélas, cette grande voix, qui, de l'exil, guidait l'âme du pays, ne devait pas tarder à disparaître.

« J'ai voulu donner à la France un Roi qu'elle a refusé », déclara Notre-Seigneur qui ajouta ensuite : « J'achève d'éteindre la dernière lumière qui était encore l'espérance du chrétien et de la France...

C'est le flambeau qui s'éteint et la France qui, pour ainsi dire, périt ».

Le 24 août 1883, le Christ annonça la mort du Comte de Chambord pour le lendemain et d'une voix terrible ajouta :

« Plus d'espérance du côté de la terre !

« La France n'ayant pas mérité celui qui devait la sauver, Dieu l'a enlevé de la terre. C'est le premier châtiment ![216] »

---

[215] Lettre au Comte de Mun, 20 novembre 1878, op. cit. p. 140.
[216] Extase de Marie-Julie : 26 juin 1874, 25 mai 1877, 24 août 1883, 17 octobre 1883.

Le plus grand des châtiments : la République[217]

I - La Troisième République

La France refusant le salut que Dieu lui envoie en la personne du Comte de Chambord, les châtiments reprennent. Le plus grand de tous est l'institution de la République. Dès lors ce n'est pas seulement un Gouvernement neutre, c'est un État athée et anticlérical, établi sur la volonté de Bismarck[218] et des loges, uniquement pour détruire le Catholicisme et rendre la France impuissante en la divisant. Rappelons la lettre que le Chancelier

---

[217] Un des plus grands théologiens de l'époque actuelle, le Cardinal Billot a bien voulu écrire à l'auteur la lettre suivante :
Rome, 23 décembre 1926. Le Cardinal Billot offre ses meilleurs remerciements à Monsieur de la Franquerie pour l'hommage de son livre sur la *Mission divine de la France*. On y trouve assurément de belles pages, mais aucunes ne valent celles du dernier chapitre : *Le plus grand des châtiments : la République*.

[218] Voir : *Pensées, souvenirs et correspondances* de Bismarck. *Correspondance du Comte d'Arnim et de Bismarck.*
Correspondance secrète de Gambetta avec Bismarck.
La République de Bismarck, par de Roux. —
Bismarck et la France, par Bainville.
Les *Mémoires* de Gontaut-Biron, etc...

de Guillaume Ier écrivit à son Ambassadeur à Paris, le Comte d'Arnim, le 16 novembre 1871 :

« Nous devons enfin désirer le maintien de la république en France pour une dernière raison qui est majeure : la France monarchique était et sera toujours catholique : Sa politique lui donnait une grande influence en Europe, en Orient et jusque dans l'Extrême-Orient. Un moyen de contrecarrer son influence au profit de la nôtre, c'est d'abaisser le Catholicisme et la Papauté, qui en est la tête. Si nous pouvons atteindre ce but, la France est à jamais annihilée. La monarchie nous entraverait dans cette tentative : la république nous aidera.

« J'entreprends contre l'Église Catholique une guerre qui sera longue et peut-être terrible... On m'accusera de persécution et j'y serai peut-être conduit ; mais il le faut pour achever d'abaisser la France et établir notre suprématie religieuse et diplomatique, comme notre suprématie militaire...

« Eh bien ! Je le répète : ici encore les républicains nous aideront ; ils jouent notre jeu ; ce que j'attaque par politique, ils l'attaquent par fanatisme antireligieux. Leur concours nous est assuré !

« Entretenez dans les feuilles radicales françaises à notre dévotion la peur de l'épouvantail clérical, en faisant propager les calomnies ou les préjugés qui ont fait naître cette peur... Faites aussi souvent parler dans ces feuilles des dangers de la réaction ! Des crimes de l'absolutisme, des empiétements du clergé ! Ces balivernes ne manquent jamais leur effet sur les masses ignorantes.

« Oui, mettez tous vos soins à entretenir cet échange de services mutuels entre les républicains et la Prusse !

C'est la France qui en paiera les frais ![219]

Dès que Thiers eut déclaré dans son manifeste électoral : « Faisons la République », il reçut le télégramme suivant :

« Deux amis, réunis dans la campagne de l'un d'eux, saluent leur illustre commun ami en lui souhaitant tout le succès. Ranke, Manteuffel »[220].

Ranke, l'historien haineux contre la France et Manteuffel, feld-maréchal prussien et futur statthalter d'Alsace-Lorraine !

Le fondateur de la République recevait ainsi tous les souhaits de deux grands ennemis de la France, ses amis...

Quant au second fondateur de la République, Gambetta, juif germano-italien [221]. Il avait été recevoir les directives du

---

[219] Cité par M. Gaudin de Vilaine au Sénat, le 6 avril 1911, voir *Journal Officiel* du 7-4-1911.

[220] Archives de la Bibliothèque Nationale. "*Analyse du Courrier de M. Thiers*" par Daniel Halévy, Paris, 1920.

[221] « À la suite du remuement des peuples par la Révolution française, certains juifs... se mirent à parcourir l'Europe cherchant çà et là à s'établir. Un juif wurtembergeois, A. Gamberlé, se fixa à Gênes au temps du blocus continental, fit le commerce des cafés et la contrebande, épousa une juive du pays dont un des parents avait été pendu et italianisa alors son nom, en s'appelant Gambetta*. Le fils ou le petit-fils vint en France, s'établit à Cahors, et nous donna le grand homme qui n'eut jamais absolument rien de français ». E. Drumont, *La France juive*, t. I, p. 530.

*Voir "*Le Judaïsme en France*" publié à Stuttgart en 1872. Ouvrage presque introuvable.

Chancelier de Bismark à Varzin et lançait deux mots d'ordre, le premier pour écarter le péril de la revanche contre l'Allemagne : « Pensez-y toujours (à l'Alsace-Lorraine), n'en parlez jamais ! » le second pour tuer l'âme de la France et déclencher la guerre religieuse : « Le cléricalisme, voilà l'ennemi ! »

Oui vraiment la République est bien le règne de l'étranger ! Une rapide étude de ses faits et gestes le montrera mieux que tout le reste. Dans son essence même, en France, elle est SATANIQUE et il faut être un aveugle volontaire pour ne pas voir que :

RÉPUBLIQUE = Judéo-Maçonnerie = Démonocratie

C'est ce que viennent confirmer plusieurs manifestations d'ordre surnaturel :

« Le soir du 4 septembre (1870), date de la proclamation de la République, Hélène Poirier vit entrer un grand nombre de démons qui lui apprirent que la République venait d'être proclamée à Paris. Pour en témoigner leur joie ils se mirent à chanter, à rire, à danser avec frénésie. Ce qui les réjouit, c'est, disent-ils, qu'à la tête du Gouvernement sont les leurs et qu'ainsi eux, démons, auront

---

les juifs l'ayant fait disparaître. Sur la collusion de Gambetta avec Bismarck : Eugène Tavernier : *Cinquante ans de politique*, p. 226.
Mme J. Adam : *Après l'abandon de la revanche*.
J. Bainville : *Bismarck et la France*.
Correspondance secrète de Bismarck et de Gambetta.
La république de Bismarck.
Mémoires du Prince de Hohenlohe. Etc.
Vte de Gontaud-Biron : *Mon ambassade en Allemagne* (1872 - 1873).

plus de facilités pour anéantir le règne de Jésus-Christ »[222].

De nombreuses années après, à Marie Martel, la Voyante de Tilly[223], la Sainte Vierge annonça la chute de la République en lui disant :

« Il faut prier pour le futur Roi. La République va tomber, C'EST LE RÈGNE DE SATAN ».

Une fois encore l'Exilé de Froshdorf, M. le Comte de Chambord montre leur devoir à tous les catholiques dignes de ce nom dans sa lettre au Comte de Mun (20 nov. 1878) :

« La révolution, poursuivant son idéal d'état sans dieu, c'est-à-dire contre dieu, a inscrit sur ses listes de proscription l'humble éducateur des enfants du peuple et l'admirable fille de la charité ; c'est l'heure ou l'indifférence et l'inaction seraient, pour tout homme de cœur, une honte et une trahison...

« Je n'en doute pas plus que vous, la vérité nous sauvera, mais la vérité tout entière...

« Oui, l'avenir est aux hommes de foi, mais à la condition d'être en même temps des hommes de courage, ne craignant pas de dire en face à la révolution triomphante ce qu'elle est dans son essence,

---

[222] Chanoine Champeaur : *Une possédée contemporaine*, 1834-1914, Hélène Poirier, de Coulons, Loiret, p. 326.
L'abbé Sutter dans : *Le Diable, ses paroles, son action dans les possédés d'Illfurt*, p. 66, rapporte des déclarations identiques de Satan.
[223] Les manifestations de Tilly ont été étudiées par un éminent théologien, le R. P. Lesserteur. Voir son rapport au Congrès Marial de Fribourg en 1902.

et à la contre-révolution ce qu'elle doit être dans son œuvre de réparation et d'apaisement...

Voilà un langage qui diffère sensiblement de celui des libéraux. Dès 1890, un grand Évêque, Mgr Freppel, après le toast d'Alger, a porté sur la République ce jugement que les siècles à venir ratifieront :

« Oui, l'épreuve est faite, cela est vrai ; mais quelle épreuve, Grand Dieu ! La religion chrétienne bannie de toutes les écoles primaires ; les manifestations du culte interdites dans la plupart des grandes villes ; les religieux expulsés de leurs Couvents et leurs chapelles fermées ; les sœurs de charité chassées des hôpitaux de Paris ; le clergé mis à la porte des bureaux de bienfaisance et de toutes les commissions hospitalières ; nos prêtres menacés de perdre leur modique traitement, sur la délation du premier venu et au moindre caprice ministériel ; les catholiques pratiquants exclus de toutes les fonctions civiles, judiciaires, administratives ; l'athéisme social devenu en droit comme en fait le mot d'ordre du régime, à tel point que depuis le premier jusqu'au dernier magistrat de la République, aucun n'ose même plus prononcer en public le nom de Dieu ; et tout cela sans qu'il apparaisse le moindre signe d'un changement quelconque dans la disposition du parti dominant.

« Une chose demeure incontestable, c'est que la République en France, n'est pas comme ailleurs une simple forme de gouvernement acceptable en soi, mais une doctrine antichrétienne dont l'idée mère est la laïcisation ou la sécularisation de toutes les institutions sous la forme de l'athéisme social. C'est ce qu'elle a été dès son origine en 1789 ; c'est ce qu'elle était en train de devenir en 1848, pour peu qu'elle eût vécu ; c'est ce qu'elle est à l'heure actuelle en 1890 ».

Que dirait-il aujourd'hui s'il vivait encore ce grand Évêque ! Plus que jamais il conclurait à la nécessité du principe monarchique qui a créé la France et dirait avec Psichari :

« Ce n'est pas en vain que la Maison de France découle d'un Saint. Nous n'y pouvons rien, nous sommes engagés, enroutés. La France fait son salut malgré elle. Au pied de l'arbre français nous avons un Saint qui intercède pour toute la Maison de France.

« Et comment séparerions-nous la Maison de France de la France elle-même : la France elle-même de ceux qui l'ont faite ! »[224]

À coup sûr, on objectera le ralliement[225]. Pour montrer à quel point les catholiques ont été victimes de cet accord loyalement tenté avec le régime et aussi quelles furent la duplicité et la mauvaise foi des républicains, il suffit de rappeler la conversation qu'eut un peu avant le 16 février 1892 un ancien ministre de la République, M. Flourens, avec l'un de ceux qui négocièrent avec Rome, conversation qu'il publia en avril 1914 dans la *Revue catholique des Institutions et du Droit* :

« Je pris un jour M. Constans à l'écart, dans le désœuvrement

---

[224] Ernest Psichari : *Les voix qui crient dans le désert*, p. 261.
[225] Sur ce sujet voir la remarquable : *Étude sur le Ralliement*, de M. Robert Havard de la Montagne.

d'une de nos séances de la Chambre des Députés, écrit

M. Flourens, et je lui dis :

- Il paraît que vous allez vous jeter dans les bras du Pape. Il sourit et me répondit :
- Je ne fais rien, vous le savez, que d'accord avec Brisson et les Loges.
- Mais alors que faites-vous ? Carnot veut donner du lustre à ses réceptions de l'Élysée et l'aristocratie du faubourg Saint-Germain, sous son prédécesseur, s'y faisait plutôt rare.

Il vit, que je ne me contenterais pas de semblables explications et il ajouta :

- Jusqu'ici le clergé a été le centre autour duquel se sont groupés les partis hostiles à la République, et, en dépit des dissentiments profonds qui les séparent, il leur a servi de lien. Nous en avons la conviction s'il se mettait activement à l'œuvre, il formerait un faisceau assez fort pour nous inquiéter. Eh bien ! alors ?

Eh bien ! alors il a été l'instrument de leur union, nous voulons qu'il devienne l'instrument de leur désunion. Il a servi à les rallier, nous voulons qu'il serve à les disperser. Le Pape commandera aux Catholiques de se rallier à la République. Parmi les Royalistes et les Bonapartistes, certains obtempéreront à cet ordre ; d'autres non. D'où discorde entre eux. Ceux qui se sépareront de l'Église perdront leur prestige sur les électeurs ruraux. Ils iront bouder dans leur coin. Quant aux Catholiques qui se rallieront, ils seront honnis par leurs anciens amis qui les traiteront de renégats et croyez-moi, les républicains ne leur accorderont pas plus d'estime. Ils n'auront aucun crédit dans le pays et aucune autorité dans la Chambre parce qu'ils manqueront de programme politique. Leur conduite ne sera qu'un amoncellement d'illogismes et leur vie qu'un perpétuel reniement de leur passé. Ils ne compteront pas. Ce sera une poussière qui ne saura où s'accrocher.

- Mais quelles concessions, répliquais-je, faites-vous donc en échange d'avantages politiques, d'après vous, si appréciables ?
- Aucune.
- Vous arrêtez au moins la course à la Séparation ?
- Au contraire, nous l'accélérons. Dans dix ou quinze ans d'ici, ce sera chose faite ».

Dans la pensée de Léon XIII, le ralliement n'avait de raison d'être qu'autant qu'il amènerait une détente en faveur des Catholiques. Cette détente s'est-elle produite ?... Hélas ! Du jour où le ralliement a été consommé, la persécution a repris avec plus de violence que jamais. Dès lors, l'essai loyal d'entente avec la République entrepris par le Saint-Siège ayant complètement échoué, le ralliement n'est plus défendable, surtout depuis la Séparation. La preuve est faite de l'incompatibilité absolue qui existe en France entre l'Église et la République. Léon XIII lui-même l'a reconnu quand, tristement, il s'écria parlant des dirigeants républicains, en 1902 :

« Eh bien ! puisqu'ils sont inconvertissables, il n'y a plus qu'une chose à faire : les renverser ! »[226] et le 21 avril 1903, d'une voix vibrante, devant six cents Français :

« La France reviendra aux traditions de saint Louis, ou elle périra dans la honte et la ruine ». Le grand Pape arrivait ainsi à la même conclusion que Mgr Delassus :

« La France est née, elle a vécu catholique et monarchique. Sa croissance et sa prospérité ont été en raison directe du degré où elle s'est rattachée à son Église et à son Roi. Toutes les fois, qu'au contraire, ses énergies se sont exercées à l'encontre de ces deux idées directrices, l'organisation nationale a été profondément, dangereusement troublée.

D'où, cette impérieuse conclusion, que la France ne peut cesser d'être catholique et monarchique sans cesser d'être la France ! »[227]

Ainsi, à la fin de son règne, Léon XIII avait donné aux Catholiques de France la nouvelle direction à suivre. C'est cette politique que son successeur, saint Pie X, va continuer. Il ne va pas cesser de donner les instructions les plus nettes à tous les Catholiques de France, de s'unir sur le terrain religieux et non plus sur le terrain constitutionnel.

Ce n'est pas sans raison qu'à chaque réception de pèlerins français, saint Pie X revenait sur la nécessité pour un peuple qui

---

[226] Voir "*Le Bloc Catholique*" n° de juillet 1914 : *La question politique française*, p. 251.
[227] Mgr Delassus, *L'esprit familial*, p. 210.

veut vivre de respecter, d'aimer, de vénérer ses traditions et son passé et de toujours rester dans la voie tracée par les ancêtres. C'était à dessein qu'il suppliait les Français d'avoir toujours présents à la mémoire le Testament de saint Remy et la mission divine de Jeanne d'Arc :

« Vous direz aux Français qu'ils fassent leur trésor des Testaments de saint Remy, de Charlemagne et de saint Louis, qui se résument dans ces mots si souvent répétés par l'héroïne d'Orléans : Vive le Christ qui est Roi de France »[228].

Bien aveugles ou de parti-pris furent ceux qui ne comprirent pas !

Ces directives étant contraires aux désirs et aux intérêts des libéraux et des démocrates, ceux-ci firent la conjuration du silence[229] ; opposèrent la force d'inertie à la volonté du saint

---

[228] Saint Pie X à Monseigneur Touchet le 13 décembre 1908 lors de la lecture du décret de Béatification de Jeanne d'Arc.

[229] On consultera avec intérêt sur toute cette période : Abbé Barbier : *Histoire du Catholicisme libéral et social en France. Les démocrates chrétiens et le modernisme. Les erreurs du Sillon*, etc.. et la collection complète de la Revue doctrinale qu'il a publiée : *La critique du libéralisme*.

Mgr Delassus : *La démocratie chrétienne vue du Diocèse de Cambrai. La condamnation du modernisme social dans la censure du Sillon. Vérités sociales et erreurs démocratiques.*

R. Havard de la Montagne : *Histoire de la démocratie chrétienne de Lamennais à Georges Bidault.*

Enfin, les Revues ou publications actuelles : *La Pensée catholique. Verbe*, la Cité Catholique. *Paternité Maternité. Les volontaires du Sacré-Cœur. Terre et Foi.*

R. P. Dal Gal : Beato Pio X. Vie officielle publiée par la Postulation de la cause. (Seule l'édition en italien est complète). Le Cardinal Merry del Val. Hary Mitchell : *Pie X le Saint. Pie X et la France.*

Charles Maurras : *Le Bienheureux Pie X, Sauveur de la France.*

Pontife qui laissa, à plusieurs reprises, éclater la douleur que lui causait une telle attitude[230]. Ils donnèrent ainsi, par leur conduite, une éclatante confirmation à la perspicacité de saint Pie X qui avait ainsi tracé leur portrait :

« Ces diseurs de nouveautés, hommes au langage pervers, sujets de l'erreur et entraînant à l'erreur, s'efforçant avec un art nouveau et souverainement perfide d'annuler les vitales énergies de l'Église et même, s'ils le pouvaient, de renverser de fond en comble le règne de Jésus-Christ. Ennemis d'autant plus redoutables qu'ils se cachent dans le sein même et au cœur de l'Église »[231].

Benoît XV (et c'est peut-être l'une des raisons pour lesquelles on l'a tant critiqué) ne modifia en rien la ligne de conduite tracée aux catholiques par son prédécesseur.

À Monseigneur Marty, désireux de supprimer toute équivoque sur la conduite politique des Français à l'égard du régime, Benoît XV répondit[232] :

« La base de l'action catholique reste toujours le terrain religieux. PAS DE RALLIEMENT. Sous Léon XIII, il parut nécessaire de dissiper certains préjugés tendant à établir l'incompatibilité du

---

[230] Voir : C. Bellaigue : *Pie X et Rome*. Abbé Barbier : *Cas de conscience, les Catholiques et la République*.
[231] Pie X, *Encyclique sur les doctrines modernistes* 1907.
Voir Barbier : *Les infiltrations maçonniques dans l'Église*. Gaudeau : *Le péril intérieur de l'Église*, et notre brochure : *Les démocrates chrétiens et le Sillon catholique*.
[232] *Bulletin catholique de Montauban*, 8 mai 1915.

Catholicisme et de la forme républicaine. La démonstration a été suffisamment faite. Il n'y a pas à y revenir ».

Le Souverain Pontife avait compris que « le crime inexpiable de la République, c'est l'assassinat des âmes »[233].

LA RÉPUBLIQUE CONTRE LA FAMILLE.

Tout État qui ne protège pas la famille est voué à la mort. La Monarchie française, en plein accord avec l'Église, a toujours favorisé et protégé la Famille, considérée comme cellule sociale et base fondamentale de toute autorité. Dans chaque Paroisse existait une école, tenue bien souvent par le Curé ou le Vicaire ou par des Religieux ou Religieuses. L'enseignement était donc foncièrement chrétien, et comprenait, outre les sciences et la morale, le catéchisme, les devoirs des époux, l'indissolubilité de leurs liens et le but de leur union. Instruction et éducation étaient donc complètes et parfaitement adaptées aux nécessités religieuses et nationales,

« La seule force organisée au IXè siècle, écrit Funck-Brentano, dans son livre *L'Ancienne France : le Roi*, la seule force qui fut intacte autour du seul abri que rien ne peut renverser, car il a ses fondements dans les sentiments les plus profonds du cœur humain, était la famille.

« Au Xè siècle, dans les Chartes et Chroniques, l'ensemble des personnes placées sous l'autorité du père s'appelait "*Familia*".

---

[233] Titre d'une brochure publiée en 1922 par M. Lacointa, au *Bloc Catholique*.

L'ensemble des personnes réunies sous l'autorité du seigneur chef de la mesnie s'appelait "*Familia*". L'ensemble des personnes réunies sous l'autorité du fief féodal est appelé "Familia".

Le territoire sur lequel s'exerce l'autorité du père, du seigneur, du roi s'appelle "Patria". La famille est ainsi nettement à l'origine de la patrie.

« Quant au roi, disait au XIè siècle, Hugues de Fleury, il est l'image du Père. Son autorité est celle du Père de la famille à laquelle il commande comme à sa maison ». Aussi La Bruyère disait-il très justement : « Nommer le Roi le père du peuple ce n'est pas faire son éloge, mais sa définition ».

On l'a dit très exactement : le jour où la Révolution, a coupé la tête de Louis XVI, elle l'a coupé à tous les pères de famille.

Depuis la Révolution, en effet, les Assemblées instituèrent le divorce (que supprime la Restauration, mais rétabli par la troisième République à l'instigation du juif Naquet), tendent de plus en plus à assimiler les enfants naturels et adultérins aux enfants légitimes, et à introduire dans les mœurs l'union libre qui supprime la descendance. Le Code civil au dire du Professeur Morin, de Montpellier, "est la fin de l'ordre social" par la désagrégation de la famille et de l'autorité paternelle.

Le paysan français, passionnément attaché à sa terre, en est arrivé à n'avoir qu'un enfant unique... du fait de la loi du partage forcé.

Par arrêt de la Cour de Cassation, en date du 23 novembre 1912, la distribution des brochures malthusiennes, l'exposition publique et la vente des produits malthusiens et l'exposition des procédés à employer sont choses licites « à la condition que le vendeur, l'exposant ou le vulgarisateur ait obéi à une préoccupation commerciale ou scientifique et non à une préoccupation obscène... »

Les lois laïques, l'école sans Dieu, l'expulsion des congrégations enseignantes et autres, ont eu pour conséquence de pervertir l'âme des enfants et, par le dogme égalitaire, de détruire le respect dû aux parents ; l'immoralité et la débauche en sont les conséquences fatales et de plus en plus généralisées. Forcément, cet abominable régime devait porter ses fruits : le Royaume de France, qui était le pays le plus peuplé et le plus prolifique avant la Révolution, est maintenant celui où la crise de la natalité sévit avec une telle gravité qu'elle devient une question de vie ou de mort pour lui à bref délai. Conséquence directe de la dénatalité : la France a connu six invasions en 150 ans...

Après le désastre sans précédent de 1940, le Gouvernement tutélaire du Maréchal a commencé à réagir et par de sages mesures enrayé la crise.

Sans doute, le gouvernement de la quatrième République a été dans l'obligation de conserver les allocations familiales, mais tout le reste de sa législation, dont la base demeure l'athéisme, achève la destruction de la famille.

« La Monarchie, elle, au contraire, a intérêt à la reconstitution d'un tel élément d'ordre, car c'est dans la force et la stabilité des familles que la Monarchie peut espérer trouver sa propre force et sa propre stabilité, un tel régime ne pouvant s'appuyer que sur ce qui dure et se perpétue comme lui. L'hérédité du Trône, disait Bonald, est la garantie de toutes les hérédités et la sauvegarde de tous les héritages »[234].

LA DIPLOMATIE RÉPUBLICAINE

La République, établie par les pires ennemis de la France (la Judéo-Maçonnerie et Bismark), est fatalement prisonnière de ses origines. L'instabilité ministérielle (environ deux ministères par an !) fatale en régime parlementaire, empêche toute action diplomatique suivie ; les différents gouvernements républicains oscillent, tout d'abord, pendant trente ans, entre une politique d'entente avec l'Angleterre (à laquelle celle-ci imprime un sens anti-allemand) et des tentatives de rapprochement avec l'Empire allemand que ce dernier marque au coin d'une tendance hostile à la perfide Albion. Quand, décidément, l'entente prévaut avec l'Angleterre et nous asservit à elle [235], il devient rapidement évident que, sous prétexte de briser un encerclement Imaginaire, l'Allemagne en viendra à la guerre pour assurer son hégémonie

---

[234] Léon de Montesquiou : *Les origines et la doctrine de l'Action Française*, p. 31 et 32.
On lira avec beaucoup de fruit : Mgr Delassus : *L'esprit familial dans la Maison, dans la Cité, dans l'État*. De Roux : *L'État et la natalité*.
Amiral de Penfentenyo : *Manuel du Père de Famille. Vivre ... ? ou mourir.*
Dr F. Bussière : *Sous le règne des fossoyeurs d'Empire. Dieu : message, suprême de la science, laïcité : suprême forfaiture de l'État*.
[235] Voir Emile Flourens : *La France conquise, Edouard VII et Clemenceau.*

sur le monde entier.

Malgré les incidents de plus en plus fréquents et violents provoqués par la diplomatie du Kaiser : Tanger, Algésiras, Casablanca, Saverne, etc., et alors que son puissant voisin se transforme en une immense usine de guerre, la République désarme la France et ne sait même pas profiter des avances que l'Autriche fait en 1910 et 1911 pour se rapprocher de l'Entente et sortir de la Triplice. Aussi, quand la guerre éclatera, la France sera sans défense (pendant quinze ans le parlement ayant criminellement refusé les crédits demandés par l'État-Major) les poitrines devront remplacer les canons et le matériel absents ; dix-huit cent mille des nôtres en seront les victimes.

Pendant la guerre, l'Empereur Charles d'Autriche offre-t-il la paix à des conditions avantageuses et une alliance avec la France, la République refuse sur l'ordre de la Maçonnerie qui, déjà, élabore dans l'ombre les treize points que proclamera en son nom le Président Wilson.[236]

Lors de l'élaboration des traités de paix, les réunions des négociateurs se transforment en un véritable convent judéo-maçonnique ; chacun des chefs des principales délégations est placé sous la tutelle d'un juif pour assurer le triomphe du Kahal sur le monde et abaisser définitivement les puissances

---

[236] Prince Sixte de Bourbon : *L'offre de paix séparée de l'Autriche.* Antoine Rédier : *Zita, princesse de la Paix.*
J. Troude : *Charles I.*
R. Vallery-Radot : *Le Temps de la colère.*
Léon de Poncins : *S.D.N. super-état maçonnique.*

catholiques :

Parce qu'elle demeure en dépit de tout, le pays catholique par excellence, la France n'obtient que les frontières humiliantes de Waterloo ; sans doute on lui octroie sur le papier un nombre imposant de milliards pour réparer ses ruines, mais la judéo-maçonnerie, qui poursuit la destruction de notre Pays, prend soin, à côté de chaque clause qui crée une obligation pour l'Allemagne, d'en ingérer une autre qui lui permet de s'y soustraire. Par contre, l'Angleterre protestante est payée au comptant : la flotte et les principales colonies allemandes.

Au nom du principe du droit des Peuples à disposer d'eux-mêmes, la secte établit sur les frontières orientales et méridionales de l'Allemagne une poussière d'États sans frontières naturelles et incapables de se défendre contre leur puissante voisine ; elle va jusqu'à glisser des sources de conflits dans le tracé de leurs frontières pour provoquer une nouvelle conflagration mondiale le jour où elle le voudra.

Parce qu'ils refusent d'entrer dans la judéo-maçonnerie l'Empereur Charles d'Autriche et l'impératrice Zita (la Princesse française au grand cœur), qui ont tant fait pour rendre la paix au monde, sont détrônés et voient leur Empire démembré alors que l'Allemagne protestante, qui s'est rendue coupable des pires atrocités et est responsable de la guerre, demeure le seul État puissant au centre de l'Europe démembrée et voit son unité consacrée. L'œuvre maçonnique de Bismark est sauvée : tout est prévu et ordonné pour permettre à l'Allemagne de se relever très rapidement et de prendre sa revanche.

Nos chefs militaires avaient gagné la guerre malgré la République ; à cause de la République la paix est perdue, et la langue française, qui était restée la langue diplomatique même après nos défaites de 1814, 1815 et 1870, perd ce privilège après notre victoire de 1918[237].

Depuis lors, à chaque Conférence internationale, la France trahie par son Gouvernement, abandonne quelques bribes de sa victoire et se refuse à appuyer les tentatives de restauration de l'Empereur et Roi Charles en Hongrie, alors que cette restauration est l'une des conditions indispensables au maintien de la paix.

Certains Républicains le reconnaissent et avouent, nécessaire une Confédération des États Danubiens pour réparer les désastres de ces traités absurdes et criminels et concluent :

« Et ce sera peut-être le commencement d'une Union plus vaste qui s'étendrait de l'occident à l'Orient et engloberait tous les États catholiques d'Europe, y compris ceux du Sud de l'Allemagne, laissant complètement isolée la Prusse dominatrice et brutale, objet de discordes et de batailles.

« Qu'importeraient alors à la France pacifique l'impérialisme anglais, la rapacité allemande ou la folie russe »[238] ?

Cette politique est précisément celle des Rois de France ; celle du

---

[237] Raymond Recouly : *Mes entretiens avec le Maréchal Foch.*
[238] Charles Tisseyre : *Une erreur diplomatique la Hongrie mutilée*, p. 110.

renversement des alliances complétée par le Pacte de Famille, groupant les Puissances catholiques contre les attaques des Puissances protestantes et des Sectes occultes et démoniaques. Le malheur de la France veut que la Révolution et les régimes qui en sont issus, la République et l'Empire, en aient toujours pris le contre-pied. Ainsi, à deux siècles de distance, le Roi de France a encore raison ; n'était- ce pas alors, n'est-ce pas encore de nos jours la vraie ligne de conduite de la Fille aînée de l'Église ?...

Les leçons de la guerre de 1914 sont oubliées : la République reprend sa politique criminelle de désarmement et par sa faiblesse laisse l'Allemagne réarmer. Elle conduit le Pays à l'abîme[239]. Elle a l'inconscience criminelle de déclarer la guerre à l'Allemagne, sous le prétexte de défendre la Pologne, alors qu'elle est incapable d'assurer la sécurité de la France : résultat inévitable : le plus gigantesque écroulement de notre Histoire.

Alors, pendant quatre ans, le Maréchal Pétain, avec la ténacité qui l'a toujours caractérisé, se mit à la tâche (et son prestige aidant) redressa si bien la situation diplomatique qu'un Ministre des Affaires Étrangères d'une Puissance alliée de l'occupant s'adressa non à son allié, mais au Vieux Soldat pour étudier les bases éventuelles d'une paix reposant sur des principes chrétiens...

---

[239] Voir Bainville : *Histoire de deux peuples.* id. : *Histoire de trois générations.* id. : *Les conséquences politiques de la paix.* id. et de Roux : *La République de Bismarck.*
Ch. Maurras : *Kiel et Tanger*, et *Le Pape, la guerre et la Paix, Le mauvais traité.*
Voir également nos études : *Le péril allemand, A propos du plébiscite sarrois, Les Armements secrets de l'Allemagne.* La plupart des prophéties sérieuses annoncent ce désastre et aussi le redressement miraculeux qui suivra, après l'expiation.

Lors de l'écroulement de l'Allemagne, en 1944, le Maréchal fut emmené prisonnier sur l'ordre du Führer. Depuis lors, la quatrième République n'a plus de politique étrangère : l'étranger y est le maître.

Anatole France, avait raison quand, parlant de la diplomatie républicaine, il disait :

« Nous n'avons pas, nous ne pouvons pas avoir de politique extérieure ».

LA RÉPUBLIQUE CONTRE L'ARMÉE ET LA MARINE

Le patriotisme est une vertu rappelait Sa Sainteté Pie XII, alors Secrétaire d'État, en s'adressant spécialement aux Français, lors de la clôture du Jubilé de la Rédemption, à Lourdes. Or « l'Armée incarne en quelque manière à nos yeux la France elle-même », disait le Cardinal de Cabrière. Si donc « il y a dans les Sociétés humaines, du consentement de tous, une chose sacrée, c'est l'Armée ».[240]

La République ayant été instituée dans notre Pays pour tuer l'âme de la France, l'Armée devait en être une des premières victimes. Le Gouvernement, à l'instigation des loges, y fait admettre les juifs ; le résultat ne tarde pas, c'est l'affaire Dreyfus que l'Allemagne exploite en obtenant la suppression du Deuxième Bureau de l'État-Major général français, chargé du contre-espionnage ; c'est à la Sûreté Générale qu'incombe, depuis lors, cette mission ; mais

---

[240] Anatole France en 1887.

recrutée en grande partie parmi les adeptes des loges, l'étranger y a facilement accès et notre Armée se trouve tellement privée d'informations que la guerre de 1914 s'en trouvera prolongée, que le Ministre de l'Intérieur et le Préfet de Police ayant été condamnés pour haute trahison devant l'ennemi, il faudra, en pleine guerre, retirer ce Service à la police gangrenée et le restituer à l'Armée qui devra l'improviser à ce moment particulièrement difficile.

Avant la guerre de 1914, la Judéo-Maçonnerie, pour atteindre le moral de l'armée, organise l'ignoble affaire des fiches contre les meilleurs officiers : les catholiques.

Toutes les lois tendent à diminuer ou à détruire le prestige de l'Armée et l'École publique devient le foyer par excellence de l'antimilitarisme, un trop grand nombre d'instituteurs ne cessant d'inculquer aux enfants de France la haine de Dieu et de la Patrie.

Après la Victoire de 1918 la République reprit et aggrava sa politique antimilitariste. Il est donc normal que la conflagration de 1939 ait provoqué l'écroulement de notre Armée et l'invasion du territoire.

La Marine n'est pas mieux traitée, elle est systématiquement désorganisée par les Ministères Lanessan et Pelletan avant la guerre de 1914 ; au lendemain même de notre victoire, la République en consacre la ruine à Washington et rend ainsi très précaire non seulement le ravitaillement du Pays en cas de conflit européen, mais encore la possession de notre magnifique Empire colonial.

La marine est chose royale, a-t-on dit très justement ; l'armée aussi. Le Roi, seul, pourra leur rendre le rang et le prestige qu'elles n'auraient jamais dû perdre parce qu'elles personnifient le devoir, le sacrifice et l'honneur, en même temps que la grandeur de la France dont le Roi est, seul, la vivante incarnation.

LA RÉPUBLIQUE CONTRE LES TRAVAILLEURS

La République accorde-t-elle du moins à l'ouvrier la protection et le bien-être auxquels il a droit ?

Tout observateur impartial est obligé de reconnaître que notre pays est le plus en retard en ce qui concerne la protection vraie des travailleurs. C'est la conséquence logique de la Révolution, qui, par la loi Lechapelier, supprime les Corporations, interdit toute association et empêche l'ouvrier et le petit patron de défendre leurs droits. Aussi les institutions de protection des travailleurs ne peuvent-elles suivre l'évolution qui se produit dans les autres pays. Enfin, à partir de 1884, lors du vote de la loi sur les syndicats, au lieu de revenir au système corporatif, la République pousse ces organismes vers la lutte des classes, alors que l'intérêt de l'employeur et de l'employé, du patron comme de l'ouvrier, est commun et veut que l'entreprise prospère. Au lieu d'unir en s'efforçant de provoquer bienveillance et sollicitude chez les uns, dévouement chez les autres, on divise et on attise les haines réciproques

De plus entre 1840 et 1860, la grosse industrie, en se constituant, tue les petits métiers familiaux et oblige les travailleurs à quitter les campagnes pour venir à la ville. L'ouvrier étant sans défense, doit subir toutes les conditions de travail que lui imposent les gros capitalistes ; considéré en tant qu'individu et non comme représentant d'une famille, son salaire lui permet à peine de vivre avec les siens ; malheur à lui s'il tombe malade, c'est la misère ! Or, il ne peut habiter que des taudis infects, sans air ni lumière, véritables foyers de tuberculose ; cette terrible maladie fait des ravages effrayants. Lentement mais sûrement, cette concentration urbaine tue la race moralement et physiquement, provoque la crise de la natalité, et voue les masses ouvrières à la révolte et à l'émeute où les poussent ces Juifs internationaux qui fondent *l'Humanité* et veulent provoquer la révolution, pour établir leur domination sur les ruines de notre Pays.

« Ah ! Je l'ai déjà dit, seule la République, puissance ploutocratique et anonyme, peut ainsi traiter des hommes. Un Roi aurait pitié, mais la République est sans entrailles ».

Encore une fois, la Monarchie apporte la solution de cette crise par les corporations qui donnent à l'ouvrier défense et liberté dans la dignité[241].

---

[241] Anatole France à la Bechellerie, Marcel Le Goff.
Voir : *Vers un ordre social chrétien et aphorismes de politique sociale*, par le Marquis de la Tour du Pin. Mgr Delassus : *Vérités sociales et erreurs démocratiques*.
E. Mathon : *La Corporation, base de l'organisation économique.* F Bacconier : *Le salut par la corporation.*
Jean Paillard : *L'A.B.C. du corporatisme.*
M.-H. Lenormand : *Du syndicat à la corporation technique de l'organisation*

LA JUSTICE RÉPUBLICAINE

Lors de l'exécution des décrets Ferry contre l'Église et les Congrégations religieuses, de nombreux magistrats se refusèrent à violer le droit et leur conscience et « faisant pièce au gouvernement, se déclarèrent incompétents pour déterminer le préjudice causé aux Religieux ». Leur résistance fut vaine. Gabriel Hanotaux avoue, dans son *Histoire* que "les précautions" avaient été prises. Le Garde des Sceaux de l'époque réunit alors le Tribunal des Conflits, en prit la présidence et trancha la question dans le sens voulu par les Loges.

« En outre, on inscrivit au programme républicain "l'épuration de la magistrature", et, finalement, une loi suspendant l'inamovibilité permit de se débarrasser des magistrats peu complaisants. La leçon fut sévère à l'égard de ceux qui pensaient ne relever que de leur conscience ; elle ne fut pas perdue pour les autres ».

Dès lors, la République ayant une magistrature à son image et à sa dévotion, les scandales et les assassinats politiques se multiplièrent et l'épargne publique put être impunément pillée non seulement par la politique spoliatrice du gouvernement et l'établissement d'impôts toujours plus lourds et souvent inutiles, mais par les écumeurs publics sortis des ghettos et des loges et toujours protégés par une police et une justice aux ordres du parti politique dominant.

Citons notamment parmi les scandales, avant la guerre de 1939 :

---

corporative, et *La Charte du Travail décrétée par le Maréchal Pétain.*

Wilson, le gendre du Président Grévy, qui dut démissionner ; Humbert ; l'Affaire du Panama ; le milliard des Congrégations liquidé (!) par le juif Duez ; Hanau ; Oustric ; Stavisky ; l'Affaire dite de l'Union Douanière Européenne, etc... Depuis la "Libération", la putréfaction est telle qu'on ne les compte plus...

Quant aux assassinats politiques, on ne peut passer sous silence ceux de :

Félix Faure parce qu'il s'opposait à la révision de l'Affaire Dreyfus, officier juif condamné pour trahison ; Syveton, exécuté pour arrêter son action vengeresse au Parlement contre l'abominable Affaire des Fiches, organisée par le Général André au Ministère de la Guerre sur l'ordre de la Judéo-Maçonnerie ; Calmette, le Directeur du Figaro, assassiné par la femme du Ministre des Finances, Caillaux, craignant des révélations compromettantes ; le Général Mangin, empoisonné parce que son action remarquable allait donner à la France sa frontière naturelle du Rhin ; Alméreyda, le traître, étranglé dans sa prison, et Stavisky "suicidé" en Savoie pour empêcher la dénonciation des complices, ceux de Petlouria et du Général Koutiepof ; de Marius Plateau et de Jean Guiraud, adversaires du régime ; celui de Philippe Daudet auquel on aurait voulu faire assassiner son père, pour déshonorer et faire disparaître le tribun royaliste, l'enfant s'y étant refusé fut assassiné et l'assassinat grimé en suicide ; le Président Doumer, pour venger l'échec de Briand dont l'élection à la Présidence de la République devait permettre la réussite de combinaisons louches au profit d'une maffia ennemie du Pays ; le Conseiller Albert Prince, afin d'empêcher la justice d'atteindre de très hauts magistrats dont l'action couvrait de formidables intérêts contre le patrimoine national. Sans oublier les assassinats collectifs des patriotes, le 6 février 1934, sur la place de la Concorde à Paris[242].

Fatalement, la République ayant foulé au pied toutes les traditions religieuses et nationales, devait aboutir au désastre le plus effroyable de l'Histoire de France. Ultime conséquence de la Révolution dite française. Il était juste, il était logique qu'ayant rejeté Dieu, l'édifice se soit écroulé... *Nisi Dominus ædificaverit domum, in vanum laboraverunt eam. Nisi Dominus custodierit civitatem, frustra vigilat qui custodit eam...*

Mais il était juste aussi que la France soit protégée jusque dans son désastre, car elle avait été encore plus victime que coupable et la justice de Dieu devait en tenir compte...

---

[242] Voir : H. Dutraît-Crozon : *La Justice républicaine*.
Léon Daudet : *La Police Politique*.

II – Le gouvernement restaurateur du Maréchal Pétain

L'Église a toujours enseigné que, sous peine de faute grave, l'obéissance est due aux pouvoirs légitimes. Ce principe est formel, absolu et ne souffre guère d'exception. Lors du désastre de 1940, l'Assemblée Nationale a régulièrement transmis les pouvoirs au Maréchal Pétain, devenu Chef de l'État pour sauver le Pays. Le gouvernement du Vainqueur de Verdun était donc incontestablement le seul gouvernement légitime de la France ; l'obéissance lui était due, sous peine de faute grave. Trop de Français, guidés par un sentiment patriotique indiscutable, mais mal compris, du fait de l'obscurcissement des principes les plus élémentaires, ne comprirent pas que le Maréchal était l'homme choisi par la Providence pour le salut de la France, et ils écoutèrent les voix venues de l'étranger. La révolte contre l'autorité légitime entraîne toujours des catastrophes et encourt un rigoureux châtiment. Nous recueillons actuellement les fruits amers du rejet de ce principe fondamental.

Oui, le Maréchal était bien l'homme de la Providence.

Tout naturellement, instinctivement, le Pays, dans le malheur, s'était tourné vers lui qui était l'une des plus pures figures de notre Histoire. Il consentit à sacrifier sa gloire et un repos qu'il avait bien mérité :

« Je fais à la France le don de ma personne pour atténuer son malheur ».

Comme un Père, le Vainqueur de Verdun, qui avait si admirablement redressé le moral du soldat en 1917 parce qu'il l'aimait et le comprenait, se pencha sur la France meurtrie et, par ses magnifiques appels et ses voyages qui soulevaient l'enthousiasme du Pays, lui montra les causes du désastre et les moyens de le réparer. Par une administration sage, prudente, prévoyante, économe et ordonnée, il compléta dans le domaine matériel l'action qu'il avait entreprise pour sauver le cœur et l'âme de la France.

Malgré l'occupation ennemie et les entraves qui en résultaient, en très peu de temps le redressement spirituel, intellectuel, moral et matériel fut prodigieux. Libéré enfin de l'étreinte satanique de la démocratie, le Pays se sentait renaître dans une atmosphère purifiée. C'est qu'avec la collaboration pleinement dévouée de M. Jacques Chevalier, le très éminent philosophe spiritualiste, devenu Ministre de l'Éducation Nationale, le Maréchal avait eu le courage de s'attaquer au laïcisme qui assassinait les âmes et de rétablir dans les écoles l'enseignement de Dieu. Tous les espoirs étaient alors permis.

Le Maréchal avait compris mieux que beaucoup de chefs religieux la mission providentielle de la France dans le monde et voulait ramener le Pays à cette mission. C'est la raison pour laquelle, sur la demande et en présence du Marquis de la Franquerie, il consacra la France au Cœur Immaculé de Marie, le 18 novembre

1940, et tint à renouveler officiellement ce grand acte, en mars 1943, en l'église Saint-Louis de Vichy, escorté de ses Maisons Militaire et Civile, le jour même où, sur l'ordre des Évêques de France, dans toutes les églises et chapelles, eut lieu la consécration de la France au Cœur Immaculé de Marie. En outre, le Maréchal tint à écrire au Cardinal Suhard, Archevêque de Paris, pour lui faire savoir que le Chef de l'État s'associait à cette Consécration solennelle. Ce faisant, il avait confirmé la donation du Roi Louis XIII à la Vierge et permis la résurrection future de la Patrie. Le Maréchal pouvait disparaître, l'essentiel était accompli.

III – La Quatrième République proclame la laïcité de l'État et consomme la destruction de la France

Lors de la "Libération", l'état de la France exigeait l'union de tous les Français pour redresser le Pays. C'était le conseil que le Souverain pontife avait donné aux chefs politiques français venus le voir. Dans ce but le Maréchal avait envoyé un émissaire au Général de Gaulle ; il ne fut pas reçu.

Les conséquences en furent tragiques : des dizaines de milliers d'assassinats furent perpétrés par la lie de la population et un ramassis d'étrangers expulsés de leur Pays, le fait n'est plus contesté officiellement ; ces assassinats permirent de "couvrir" ainsi la "suppression" d'une partie importante de l'élite de la nation, voulue par les pires ennemis de la France. Cette "épuration" criminelle fut complétée par les procès intentés par des cours d'exception, sous prétexte de "collaboration", afin d'éliminer de la scène politique les adversaires de ceux qui avaient pris le pouvoir. Le procès intenté au Maréchal Pétain en est l'exemple le plus abominable.

La spoliation de la presse française indépendante permit aux sectateurs du pouvoir occulte de se constituer d'immenses fortunes et de prendre la direction de l'information et de la pensée française, par la suppression de toute opposition et ainsi de pouvoir rapidement réaliser le plan d'asservissement puis de destruction totale de la France par les suppôts de Satan[243].

Aussi, lors de la remise des lettres de créance du nouvel ambassadeur de France près le Saint-Siège, Sa Sainteté Pie XII tint à mettre les choses au point et à dégager la terrible leçon des événements catastrophiques causés par ceux qui avaient refusé de suivre ses conseils paternels :

« Des expériences funestes, une tragique évolution politique, d'après-guerre d'abord, puis la marée montante des idées de domination et de violence, ont mis la France à mal ; elle en a tant souffert que, à présent, à tous les degrés de l'échelle sociale, les esprits réfléchis et conscients de leurs responsabilités répudient avec plus d'horreur que jamais l'idolâtrie de la force.

« Tout ce qui se pouvait faire pour conduire à résipiscence, pour acheminer vers une pacifique collaboration les mouvements dominés par cet esprit de violence, l'Église, et en particulier son Autorité suprême, l'a fait, et nous ne doutons pas que l'histoire impartiale et sereine saura le reconnaître. Mais que de larmes eussent été épargnées si ceux qui aujourd'hui contemplent, épouvantés, les conséquences de leurs erreurs, avaient voulu écouter l'église quand elle les avertissait que leurs rêves d'ambition et de grandeur leur faisaient prendre le chemin des

---

[243] Claude Hisard : *Histoire de la spoliation de la Presse Française*, 1944-1955. Jean Madiran : *Ils ne savent ce qu'ils font*.
Ducaud-Bourget : *Faux témoignage de Chrétien*.

ténèbres et de l'abime[244]...

La leçon était sévère mais juste. Malheureusement, les hommes au pouvoir refusèrent de l'entendre, comme ils avaient refusé d'écouter auparavant les conseils venus de la plus haute Autorité Spirituelle, et volontairement, ils s'enfoncèrent davantage dans leur erreur,

L'Assemblée Nationale par 440 voix (Communistes, Socialistes et Mouvement Républicain Populaire dit M.R.P.) contre 106, a adopté le 29 septembre 1946 la constitution de la IVè République dont le texte a été soumis au référendum populaire le 13 octobre suivant et approuvé par 9 154 829 voix contre 8 017 589 opposants et 7 903 077 abstentions (soit par 36% seulement des voix !) C'est ce qu'on appelle la majorité en démocratie...

Le titre Ier, Article Ier de cette Constitution est ainsi rédigé

« La France est une République indivisible, LAÏQUE, démocratique et sociale ». Et le treizième paragraphe du Préambule :

« L'organisation de l'enseignement public gratuit et LAÏQUE à tous les degrés est un devoir de l'État ».

Suprême insulte à l'égard de Dieu ! Même au temps de la guerre anti-religieuse sous la troisième République, la laïcité n'avait pas été inscrite comme loi fondamentale et constitutionnelle de l'État.

UN CHÂTIMENT PLUS RIGOUREUX QUE TOUS LES PRÉCÉDENTS NE PEUT PAS

---

[244] *Documentation Catholique*, 10 juin 1945, p. 420.

MANQUER DE LA SANCTIONNER. C'EST UNE APOSTASIE NATIONALE.

Depuis lors, la France roule d'abîme en abîme elle n'a plus guère voix au chapitre des grandes Puissances, son Empire Colonial s'effrite et le Pays se débat dans une décomposition quasi-totale, une déliquescence telle qu'on en rencontre peu d'exemples dans l'Histoire du Monde. Déjà les adversaires de notre Patrie s'en vont répétant : *Finis Galliæ* ! et les amis de la France ceux qui l'aiment comme une seconde patrie sont atterrés, car ils ne voient aucune nation qui puisse, comme elle l'a fait dans le passé, tenir le drapeau de la civilisation, incarner la foi, l'idéal et toutes les nobles causes qui soulèvent l'homme au-dessus de lui-même et l'élèvent vers les principes éternels qui, seuls peuvent satisfaire le cœur, l'intelligence et l'âme.

Conclusion

Certitude du salut miraculeux de la France

Oui vraiment, si l'on ne croyait pas en Dieu, on pourrait désespérer de la France, car la République est bien le règne de Satan et de l'étranger. Elle est le plus grand châtiment que la Providence a permis pour punir notre Pays de l'abandon de toutes ses traditions. *Digitus Dei est hic !* Dieu veut montrer à notre Patrie ce qu'il en coûte de renier sa mission, de marcher sous le signe de Lucifer et de regimber contre la volonté divine. La théologie l'enseigne : Le démon est le père de la mort, des guerres, des tempêtes, des maladies, etc.

« C'est cet infâme révolté qui, portant sur son front le stigmate de la malédiction, l'attire sur tous ceux qui deviennent ses partisans et ses esclaves. Voilà pourquoi les ennemis de Dieu appellent sur les peuples qu'ils gouvernent, à cause de leur amitié et de leur union avec Satan, tous les malheurs, toutes les calamités, toutes les misères ; que la haine du démon peut déchaîner contre l'homme.

« Au contraire, les peuples qui sont gouvernés par les amis de Dieu, empressés à faire observer Sa loi, voient s'accroître leur prospérité et jouissent, avec les bénédictions du ciel, de la paix et de l'abondance de tous les biens[245] ».

Ce sont les suppôts de Satan qui sont les maîtres de notre malheureuse Patrie, il est donc impossible qu'elle ne roule pas à l'abîme. Humainement tout est désespéré, mais l'acharnement de Lucifer contre notre Pays sera le gage de sa résurrection. Le Christ et Sa Divine Mère auront pitié.

Ah ! sans doute, depuis trop longtemps la patience et la bonté divines ont été mises à l'épreuve, et il faudra bien que tous les crimes et toutes les fautes soient expiés, mais, ô mon Dieu, si Votre justice doit être satisfaite, Votre justice aussi sera notre salut. En effet, si depuis plus de deux cents ans la France est coupable, elle est encore plus victime des embûches et de la haine de Satan qui ne s'est tant acharné sur Elle que, parce que pendant quinze siècles, elle avait été Votre meilleur soldat et donc son ennemi le plus redoutable ; Vous tiendrez compte aussi des erreurs de la politique religieuse qui, à plusieurs reprises, dans un but de conciliation et d'entente, loin de l'aider à secouer le joug satanique et républicain, l'y a asservie un peu plus. Le sang de nos martyrs, la vertu de nos saints, et tant d'actes héroïques ou méritoires accomplis par nos Pères pendant quinze siècles pour l'amour de Vous, intercèdent pour nous. À tous Vos appels nos aïeux ont répondu avec une ardeur et un enthousiasme inégalés, et chaque battement de Votre Divin Cœur faisait battre le leur. Vous n'oublierez pas tout ce que notre France a fait pour Votre Divine Mère, Notre-Dame ; Vous Vous souviendrez qu'Elle Lui a été

---

[245] *Dieu, la Royauté et le Salut de la France*, p. 114.

consacrée et que cette consécration confère à la Reine du Ciel des droits particuliers sur notre Pays qui a toujours été Son Royaume de prédilection ; Vous écouterez donc les supplications qu'Elle ne cesse de Vous adresser en faveur de Son Peuple. Vous tiendrez compte aussi, ô mon Dieu, des prières, des souffrances, des sacrifices, des larmes de Vos enfants fidèles qui veulent à quelque prix que ce soit et malgré les persécutions dont ils sont les victimes et les dangers auxquels ils s'exposent tenir haut et ferme le drapeau de la vérité totale et être les pionniers du règne de Votre Sacré Cœur et du Cœur Immaculé de Marie. Enfin l'héroïsme de nos missionnaires français les plus intrépides et les plus nombreux qui vont évangéliser le monde, Vous prouveront que notre France demeure, en dépit de tout, le peuple apôtre par excellence. Alors, Vous frapperez non dans Votre rigoureuse justice, mais dans Votre miséricorde et Vous sauverez notre France.

Tout est perdu, tout le paraît du moins.

Le trouble est si grand, la vérité si voilée, que les royalistes qui, seuls, possèdent la vraie doctrine politique, se divisent eux-mêmes sur la Personne du Prince : partisans des Orléans, des Bourbons d'Espagne, des Bourbons-Busset, des descendants de Louis XVII, du Roi caché que Dieu révélera au monde à son heure.

Tous sont de bonne foi et ont le culte et la passion de la France et de nos Rois. Dieu seul est témoin de l'angoisse poignante et de la crucifiante douleur que causent à certains d'entre eux le doute et l'incertitude sur le "vrai héritier et Fils de Roi !"

IL N'EST QU'UN MIRACLE ÉCLATANT DE DIEU QUI PUISSE LES ÉCLAIRER ET REFORGER L'UNITÉ D'ÂME DE LA FRANCE EN MONTRANT À TOUS, ROYALISTES ET AUTRES, LE PRINCE QUI, SEUL, A DROIT À LA COURONNE.

Tout est perdu, tout le paraît du moins.

Nous vivons le règne de Satan. Quand on voit dans le monde entier la formidable conjuration antichrétienne [246], les athées triomphant de toutes parts et si puissants qu'ils font prendre à leur gré le bien pour le mal et le mal pour le bien, si l'on n'avait pas la Foi, si l'on ne comptait pas sur les promesses d'éternité faites à Saint Pierre, on serait tenté de s'écrier aussi :

« C'en est fait de l'Église ! » Tout est perdu, tout le paraît du moins, c'est donc l'heure de Dieu ! Car « les portes de l'Enfer ne prévaudront pas contre Elle ! »

COURAGE ET CONFIANCE.

Une fois de plus le vieil adage ne mentira pas : *Gesta Dei per Francos !* Les Francs accompliront les gestes de Dieu !

« Le Sauveur va de nouveau sauver le monde par des moyens de Sa charité dont Il n'a pas encore fait usage. On ne peut imaginer la grandeur de ce qu'Il fera pour le monde, de ce que Dieu prépare en Sa miséricorde... Il faut que tout soit perdu, sans ressources, afin qu'on voie que LE SALUT VIENT DE DIEU SEUL. Le sauveur m'a dît : Je le ferai seul, et personne ne pourra dire : C'est moi qui l'ai

---

[246] Mgr Delassus : *La conjuration antichrétienne.* Mgr Jouin : *Le Péril judéo-maçonnique* (les cinq volumes).

fait !²⁴⁷ »

Le Christ va intervenir et voici pourquoi :

« Le peuple qui a fait alliance avec Dieu aux fonts baptismaux de Reims se repentira et retournera à sa première vocation. Les mérites de tant de ses fils qui prêchent la vérité de l'Évangile dans le monde presque entier et dont beaucoup l'ont scellée de leur sang, les prières de tant de saints qui désirent ardemment avoir pour compagnons dans la gloire céleste les frères bien aimés de leur patrie, la piété généreuse de tant de ses fils qui, sans s'arrêter à aucun sacrifice pourvoient à la dignité du clergé et à la splendeur du culte catholique, et, par-dessus tout, les gémissements de tant de petits enfants qui, devant les tabernacles, répandent leur âme, dans les expressions que Dieu même met sur leurs lèvres, appelleront certainement sur cette nation les miséricordes divines. Les fautes ne resteront pas impunies, mais ELLE NE PÉRIRA JAMAIS la fille de tant de mérites, de tant de soupirs et de tant de larmes.

« Un jour viendra, et nous espérons qu'il n'est pas très éloigné, où la France, comme Saul sur le chemin de Damas, sera enveloppée d'une lumière céleste et entendra une voix qui lui répétera : « Ma fille, pourquoi Me persécutes-tu ? » Et sur sa réponse : « Qui es-tu Seigneur ? » La voix répliquera : « Je suis Jésus que tu persécutes. Il t'est dur de regimber contre l'aiguillon, parce que dans ton obstination, tu te ruines toi-même ». Et, Elle, tremblante et

---

²⁴⁷ *Vie de la Mère Marie de Sales Chappuis*, rédigée par les Religieuses de la Visitation, p. 258.

étonnée, dira : « Seigneur, que voulez-Vous que je fasse ? » Et Lui : « Lève-toi, lave-toi des souillures qui t'ont défigurée, réveille dans ton sein les sentiments assoupis et le Pacte de notre alliance, et va, fille aînée de l'Église, nation prédestinée, vase d'élection, va porter, comme par le passé, Mon Nom devant tous les peuples et devant les rois de la terre[248] ».

Un grand mouvement de foi se dessine dans l'élite ; il ne peut avoir qu'une cause surnaturelle, divine. Une image revient à la pensée : saint Pie X distribuant paternellement à de tous jeunes enfants le Pain de Vie, la divine Eucharistie. Ce n'est pas en vain que le Sauveur a voulu Se donner dans l'âge le plus tendre à ces Enfants, alors qu'ils sont toute innocence et toute pureté, pour les prémunir d'un bouclier vainqueur et faire germer en eux, avant l'âge des passions, alors qu'ils n'ont pas même encore été effleurés par les contingences et les vilenies de ce monde, cette éclosion magnifique qui commence à poindre de nos jours.

Aussi peut-on penser qu'à l'heure où, inspiré par l'Esprit Saint, le Grand Pontife décréta la Communion des tout petits, il lança le dernier trait qui d'ici peu fera chanceler définitivement la

---

[248] *Actes de saint Pie X*, tome VII, p. 162 et 163. Allocution Vi Ringrazio, lors de l'imposition de la barrette aux Cardinaux de Cabrières, Billot, Dubillard et Amette, le 29 novembre 1911. Comparez : Cardinal Pie : *Œuvres* p. 506-507.
Lors de la béatification du Curé d'Ars, le 8 janvier 1905, saint Pie X avait dit aux pèlerins Français : « Et puisque la béatification du Curé d'Ars prouve que Dieu garde pour la France Sa prédilection, je vous prie de vous unir à moi dans cette conviction : bientôt Dieu opérera des prodiges qui nous donneront non plus seulement la confiance que la France ne cesse point d'être la Fille aînée de l'Église, mais la joie de le constater, non seulement par des paroles, mais par des actes. (*Semaine Religieuse d'Autun*, 29 août 1914, p. 729).

Révolution et sauvera le monde des abîmes ouverts devant lui. Et cette Révolution satanique, comme l'a dit Joseph de Maistre, qui débuta par la proclamation des « Droits de l'Homme », c'est-à-dire par la négation de ceux de Dieu, ne se terminera que par la proclamation des devoirs de l'Homme et des droits de Dieu ! parce que les petits communiants de saint Pie X auront compensé dans la balance de la Justice Divine, les blasphèmes et les révoltes de notre France bien-aimée[249].

Lors de la béatification de la Pucelle, saint Pie X affirmait solennellement :

« Je n'ai pas seulement l'espérance, j'ai LA CERTITUDE DU PLEIN TRIOMPHE... Je suis affermi dans cette certitude par la protection des martyrs qui ont donné leur sang pour la foi et par l'intercession de Jeanne d'Arc, qui, comme elle vit dans le cœur

---

[249] En 1873, à Notre-Dame de Paris, Notre-Seigneur apparut et fit connaître à une tertiaire de saint François, Jeanne Baillet, pourquoi Il soumettait les Nations Catholiques à tant d'épreuves : « Je suis traduit devant les tribunaux. Je suis jugé, condamné, livré à tous les supplices. Il ne leur reste plus que la mort à M'infliger. Je te parle des réunions secrètes (celles de la F∴M∴) qui se tiennent en grand nombre et qui font la force du mal le plus ingénieux et le plus puissant pour détruire Mon Église et tout ordre social... Ce que je désire c'est que de bons prêtres, par l'offrande du Très Saint Sacrifice de la Messe, fassent *Réparation à la très Sainte Trinité*, des outrages qui Lui sont faits dans ces réunions criminelles. Qu'ils s'unissent trois par trois pour honorer par cette union, l'adorable Trinité si indignement outragée. Par cette réparation Je m'engage à anéantir ces sociétés impies ».
(Voir le petit fascicule de *l'Association Réparatrice*, publiée avec l'Imprimatur). Le 7 janvier 1875, Pie IX approuvait la fondation de *l'Association Réparatrice à la Très Sainte Trinité* et l'étendait aux fidèles, demandant à ceux-ci de se réunir trois par trois pour communier le même jour dans les mêmes buts. Cette œuvre, que nous ne saurions trop recommander, existe toujours.

des Français, répète aussi sans cesse au ciel la prière : Grand Dieu, sauvez la France ! »[250]

COURAGE ET CONFIANCE !

Par un miracle éclatant, plus éclatant peut-être que tous les précédents, Dieu permettra que Jeanne d'Arc vienne accomplir ce que Monseigneur Delassus appelle sa mission posthume et fasse connaître à nouveau "LE VRAI HÉRITIER DE FRANCE ET FILS DE ROI" c'est-à-dire celui que Dieu choisira parmi les descendants de nos Rois et le conduise à son "digne sacre", montrant ainsi, une fois de plus, que la Royauté en France repose sur le choix divin et que le Roi n'est Roi que PAR LA GRÂCE DE DIEU.

Alors, MAIS ALORS SEULEMENT, la France redeviendra la plus puissante Nation car le Christ renouvellera avec son Roi qui seul a le droit et le pouvoir de le faire L'ALLIANCE TUTÉLAIRE EN VUE DE LAQUELLE A ÉTÉ CRÉÉ NOTRE PEUPLE. Alors le Grand Roi, en pleine union avec le Saint Pontife, rétablira en tous lieux l'ordre et la paix, et assurera le triomphe du règne du Sacré-Cœur, du Saint-Esprit et de la Vierge. Le Sacré-Cœur embrasera les âmes que Marie ornera de toutes ses vertus et le Saint-Esprit illuminera les intelligences. Jamais l'Église militante ne connaîtra pareil triomphe, aussi pourra-t-elle réunir le Grand Concile qui dissipera toutes les erreurs passées et assurera l'épanouissement et le rayonnement de la vérité religieuse jusqu'à la fin des temps ; on peut même espérer, qu'après tant de services éclatants rendus par le Roi et la France à l'Église, le Souverain Pontife, qui régnera alors, profitera de cette

---

[250] Pie X, *Actes.* Tome V, p. 205, 206.

circonstance pour proclamer la mission divine de la race de nos Rois et de la France.

Après le règne le plus glorieux qu'on aura jamais vu, le Roi, devenu Empereur, ira déposer sa Couronne et son sceptre à Jérusalem, sur le Mont des Oliviers, dans cette Basilique que les nations élèvent au Sacré-Cœur et que son règne seul permettra d'achever. C'est là, en effet, que doit finir le saint Empire Romain et Chrétien, sur cette colline qui fut le « témoin des mystères du Christ, qui entendit Sa prière et Ses Enseignements, Ses prophéties et l'acclamation de Sa Royauté », sur laquelle se trouve la Grotte où il apprit le Pater à ses Apôtres et d'où Il les envoya évangéliser toutes les nations [251] sur cette montagne qui fut celle de Son Ascension glorieuse et sur laquelle Il doit revenir pour présider au jugement général.

COURAGE ET CONFIANCE !

Bientôt, nous en avons la certitude, selon la tradition de nos Pères,

---

[251] Voir du R. P. J.-B. Lemius : *Vœu de l'Univers Catholique pour l'érection d'une basilique au Sacré-Cœur à Jérusalem.* Pèlerinage au Sacré-Cœur du Mont des Oliviers. Demander toute documentation et envoyer toutes les offrandes pour la construction de cette basilique au Monastère de la Visitation, 13, rue de la Dalbade, à Toulouse. Ajoutons que c'est à la France qu'est due l'érection de cette basilique. Au milieu du siècle dernier, la Princesse de la Tour d'Auvergne, duchesse de Bouillon, remit en honneur le Sanctuaire dédié à la Prière du Sauveur. Pour conserver plus sûrement ces Lieux privilégiés à l'Église catholique, elle en fit don à la France, y érigea un monastère dédié au Sacré-Cœur et commença les fouilles pour retrouver la Grotte des enseignements du Sauveur. Pendant la guerre de 1914-1918, des âmes françaises pensèrent à ériger un temple international « où toutes les nations se donnèrent rendez-vous dans l'amour du Sacré-Cœur pour obtenir la paix ». Et le Gouvernement Français donna à cet effet le terrain de la Montagne des Oliviers. Une fois de plus : *Gesta Dei per Francos !*

nous pourrons crier, ivres de Foi, d'amour et d'espérance :

NOËL, NOËL ! VIVE LE ROI ! NOËL, NOËL ! VIVE LE CHRIST QUI EST ROI DE FRANCE !

VIVE LE ROI DE FRANCE QUI EST LIEUTENANT DU CHRIST !

Nihil obstat Parisiis, 1a die Martii 1926 D. LALLEMENT. Imprimatur, Parisiis, 2a Martii 1926 E. ADAM, Vic. général. Imprimatur pour les parties ajoutées dans cette 5è édition Auch, le 27 octobre 1955. N. LALAGUE, Vic. général.

Déjà parus

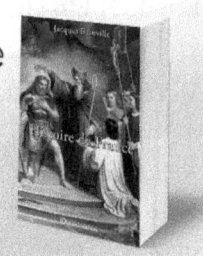

Histoire de Saint Louis Roi de France

Omnia Veritas Ltd présente :

HISTOIRE DU MOYEN-ÂGE
395-1270
de CHARLES VICTOR LANGLOIS

Toute **religion** est un effort de l'homme vers **Dieu**, une transition de l'humain au divin, ou une **manifestation** du divin dans **l'homme**...

La conception de la religion chrétienne était trop haute...

Omnia Veritas Ltd présente :

Childéric, roi des Francs
de ANNE-MARIE DE BEAUFORT

Les Francs n'estimoient que la profession des armes ; ils laissoient l'agriculture et les métiers aux esclaves

tout citoyen étoit soldat et se présentoit toujours armé...

Omnia Veritas Ltd présente :

L'Angleterre et l'Empire Britannique
de
Jacques Bainville

La Perfide Albion racontée comme jamais par le grand historien.

Un éclairage **sur les ressorts ancestraux** de la politique anglaise.

Une compilation d'articles passionnante et édifiante !

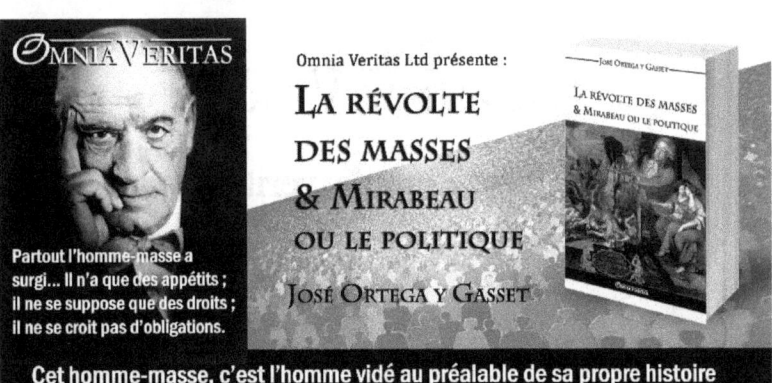

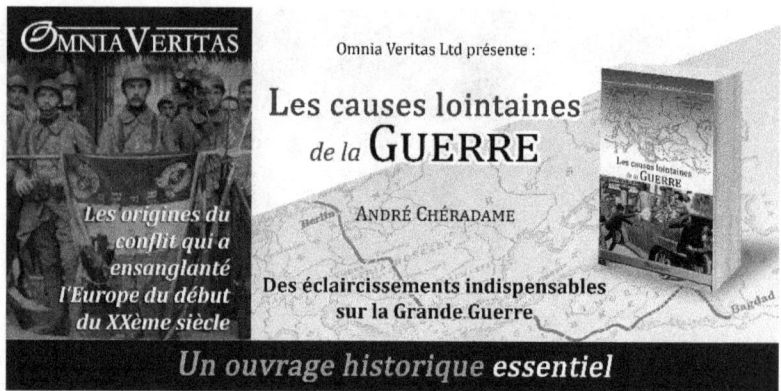

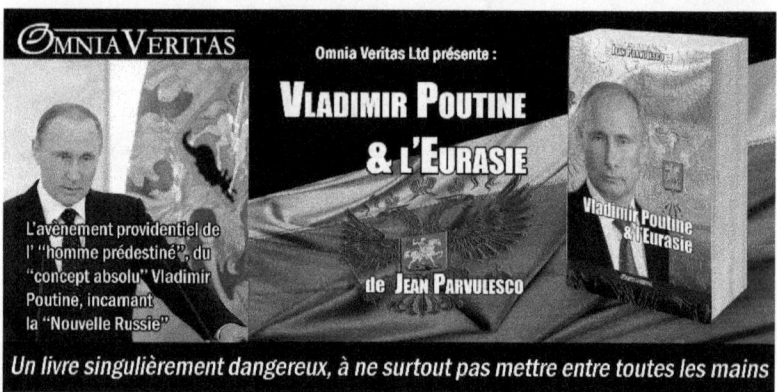

www.omnia-veritas.com